雇用保険制度の実務解説

労働新聞社 編

改訂
第12版

はじめに

雇用保険制度は、昭和 50 年に、それまでの失業保険制度にかわり雇用に関する総合的な機能を有する制度として発足し、その後、数次にわたる改正を重ねつつ、今日まで我が国の高い雇用水準の維持、失業の予防、雇用構造の改善、労働者の能力の開発および向上その他労働者の福祉の増進等雇用失業対策の重要な柱として機能してきました。

本書は、これらの制度改正を含めて内容を最新のものとし、雇用保険制度全般についてわかりやすく解説を行ったものであります。原則として令和 4 年 12 月施行分までの改正法に対応した内容となっています。

本書が実務に携わる方々を始め関係者に広く利用され、雇用保険制度についての理解を深められる一助となり、失業者の再就職促進のためにいささかでもお役に立つことができれば幸いです。

令和 5 年 1 月

編　者

目　　次

第１章　雇用保険制度のあらまし

第2章　適用に関する実務

第３章　雇用保険の被保険者

第4章　失業者等に対する諸給付

第５章　育児のための休業取得者に対する給付

第６章　雇用安定事業および能力開発事業

第７章　費用の負担

第１章
雇用保険制度のあらまし

1　雇用保険の目的としくみ

雇用保険制度は、①労働者が失業した場合、雇用の継続が困難となる事由が生じた場合、労働者が自ら職業に関する教育訓練を受けた場合および労働者が子を養育するための休業をした場合に必要な給付を行い、労働者の生活および雇用の安定を図るとともに、求職活動を容易にするなどその就職を促進し、②あわせて労働者の職業の安定に資するため、失業の予防、雇用状態の是正および雇用機会の増大、労働者の能力の開発向上、その他労働者の福祉の増進を図ることを目的としています。

雇用保険制度では、上で述べた目的を達成するために、①失業者、雇用の継続が困難となる事由が生じた者および自ら職業に関する教育訓練を受けた者に対して失業等給付の支給を行い、子を養育するための休業をした者に育児休業給付の支給を行うほか、②雇用安定事業および能力開発事業を行うこととしています。②の両事業は、急速な少子高齢化の進展、景気変動、産業構造の変化、急速な技術革新などに対応して、質量両面にわたる完全雇用の要請に積極的に応えていくために実施されるもので、その財源については、事業主のみの負担による保険料があてられています。

適用範囲については、雇用保険制度は全産業の雇用労働者を適用対象としています。

なお、農林水産業については、事業所の把握などに困難が予想されるため、当分の間、５人未満の労働者を雇用する個人経営の事業については任意適用とされています。

2　失業等給付

失業等給付には、求職者給付、就職促進給付、教育訓練給付および雇用継続給付の４種類があります。求職者給付は、失業者が求職活動をする間の生活の安定および求職活動の援助を図るためのものです。就職促進給付は、失業者の再就職を援助促進するために支給されるものです。教育訓練給付は、労働者の主体的な能力開発を支援するために支給されるものです。さらに、雇用継続給付は、高齢者や介護を行う者の職業生活の円滑な継続を援助、促進するために支給されるものです。

（1）求職者給付

求職者給付には、被保険者の種類に応じて、一般被保険者の求職者給付、高年齢被保険者の求職者給付、短期雇用特例被保険者の求職者給付および日雇労働被保険者の求職者給付の４種類があります。

1　一般被保険者の求職者給付

一般被保険者の求職者給付には、基本手当、技能習得手当、寄宿手当および傷病手当があります。

(1)　基本手当

①　受給要件

基本手当は、被保険者が失業した場合に、算定対象期間〔原則として離職の日以前２年間（当該期間に傷病等のため、引き続き 30 日以上賃金の支払いを受けることができなかった場合は、その日数を２年に加算した期間。ただし、最長４年間）〕に被保険者期間が 12 カ月以上あったときに、支給されます。

ただし、有期労働契約が更新されなかったこと等による離職者（特定理由離職者）および倒産・解雇による離職者（特定受給資格者）については、算定対象期間等を離職の日以前１年間（当該期間に傷病等のため、引き続き賃金の支払いを受けることができなかった場合には、その日数を１年に加算した期間。ただし、最長４年間）とし、その間に被保険者期間が６カ月以上あったときにも支給されます。

被保険者期間の計算方法は、離職の日からさかのぼって満１カ月の間に賃金支払基礎日数が11日以上（被保険者期間が不足するときは賃金支払基礎時間80時間以上）ある場合に、その満１カ月を被保険者期間の１カ月として計算することになります。

② 給付率と日額

基本手当の給付率（離職前の賃金日額に対する基本手当の額の割合）は、賃金日額2,657円以上5,030円未満については８割、賃金日額5,030円以上12,380円以下については５割から８割までの範囲で賃金の低い人ほど給付率が高くなるようにし、賃金日額12,380円超については５割を基準とする（60歳以上65歳未満の受給資格者については、特例が設けられています）ことにより、低所得者層に配慮を加えています。なお、賃金日額が2,657円に満たない者については2,657円を賃金日額とし、また、年齢別に賃金日額の上限が設定されています。

③ 基本手当の所定給付日数

基本手当の所定給付日数は、定年退職者や自己の意思で離職した者など離職前から予め再就職の準備ができるような者は150日から90日、また倒産、解雇等により、再就職の準備をする時間的余裕なく離職を余儀なくされた者（特定受給資格者）は330日から90日の範囲で設定されます。

特定理由離職者のうち、本人の希望にもかかわらず、有期労働契約が更新されなかった離職者については、平成29年４月１日から令和７年３月31日までの間に離職した場合には、特定受給資格者と同じ所定給付日数が適用されます。

④ 受給期間

基本手当を支給する期間は、離職の日の翌日から起算して原則１年間ですが、出産、育児、傷病等により職業に就くことができない場合や、離職後に事業を開始等した場合には、本人の申出により、最高４年まで延長し、将来、再就職活動をするときに、基本手当の支給を受けながら求職活動を行うことができるようになっています。また、定年退職者等については、最高２年まで延長されます。

⑤　給付日数の延長

基本手当の所定給付日数は次の場合には、延長されます。

イ　訓練延長給付

受給資格者が公共職業訓練等を受ける場合には、その訓練等を受ける期間（２年以内）等について、給付日数を延長します。

ロ　個別延長給付

就職困難者以外の特定受給資格者および特定理由離職者（本人の希望にかかわらず有期労働契約が更新されなかった者に限ります）について、持病や災害の被災状況を踏まえ、再就職促進のため職業指導が必要な場合、60 日（一部 30 日）を限度に、給付日数を延長します。

就職困難者については、激甚災害の被災状況を踏まえ、再就職促進のため職業指導が必要な場合、120 日（一部 90 日）を限度に、給付日数を延長します。

ハ　広域延長給付

受給資格者が失業多発地域における広域職業紹介活動の対象者となった場合には、90 日を限度に、給付日数を延長します。

ニ　全国延長給付

全国的に失業情勢が特に著しく悪化した場合には、すべての受給資格者について、90 日を限度に、給付日数を延長します。

ホ　暫定措置による延長給付（地域延長給付）

就職困難者以外の特定受給資格者および特定理由離職者（本人の希望にかかわらず有期労働契約が更新されなかった者に限ります）が、雇用機会が不足する地域に居住し、再就職促進のため職業指導が必要な場合、60 日（一部 30 日）を限度に、給付日数を延長します。

⑥　失業の認定

基本手当を受けるためには、原則として４週間に１回、公共職業安定所に出頭して、失業の認定を受けなければなりません。

(2)　技能習得手当および寄宿手当

技能習得手当は、受給資格者が公共職業訓練等を受ける場合に基本手当に加えて支給され、受講手当（日額 500 円）、通所手当（月額最高 42,500 円）の２種類があります。

寄宿手当は、受給資格者が公共職業訓練等を受けるために家族と別居して寄宿する場合に支給されます（月額 10,700 円）。

(3) 傷病手当

受給資格者が傷病のために職業に就くことができない状態にある場合には基本手当は支給されませんが、その代わりに傷病手当が支給されます。その金額は基本手当と同額です。傷病手当を受給した日数は、基本手当の所定給付日数から差し引かれます。

2 高年齢被保険者の求職者給付

65 歳以上の被保険者（高年齢被保険者）が失業した場合には、基本手当の支給に代えて、一時金として基本手当の 30 日分または 50 日分の高年齢求職者給付金が支給されます。

3 短期雇用特例被保険者の求職者給付

季節的に雇用される者は、一般の被保険者とならずに短期雇用特例被保険者となります。そして、短期雇用特例被保険者が失業した場合には、基本手当ではなく、特例一時金が支給されます。特例一時金の額は、基本手当の 30 日分（当分の間は 40 日分）に相当する額となっています。

なお、短期雇用特例被保険者については、受給資格要件についても特例が設けられ、当分の間、暦月計算による被保険者期間６カ月以上あれば足りることとしています。

4 日雇労働被保険者の求職者給付

日雇労働被保険者が失業した場合には、求職者給付として、日雇労働求職者給付金が支給されます。その日額は３段階制になっており、第１級 7,500 円、第２級 6,200 円、第３級 4,100 円となっています。

（2）就職促進給付

就職促進給付には、就業促進手当（就業手当、再就職手当、就業促進定着手当、常用就職支度手当）、移転費および求職活動支援費（広域求職活動費、短期訓練受講費、求職活動関係役務利用費）の８種類があります。

1　就業促進手当

①　就業手当

受給資格者が所定給付日数の３分の１以上、かつ、45日以上を残して再就職手当の対象とならない常用雇用等以外の形態で就業した場合に、就業日ごとに基本手当日額の10分の３に相当する額（上限あり）が、就業手当として支給されます。

②　再就職手当

受給資格者が所定給付日数の３分の１以上を残して安定した職業に就いた場合に、基本手当日額に支給残日数の10分の６（３分の２以上を残した場合は10分の７）を乗じた額が、再就職手当として支給されます。

③　就業促進定着手当

再就職手当の受給者が、同一の事業主に６カ月以上雇用され、再就職後の賃金が離職前より低下した場合、６カ月分の差額（基本手当日額に支給残日数の10分の４（３分の２以上を残した場合は10分の３）を乗じた額が上限）が支給されます。

④　常用就職支度手当

障害者など常用就職が困難な受給資格者等が安定した職業に就いた場合に、基本手当日額（上限あり）の36日（所定給付日数が270日未満であって支給残日数が90日未満の場合には18～36日分）に相当する額が、常用就職支度手当として支給されます。

2　移転費

受給資格者等が公共職業安定所、特定地方公共団体、職業紹介事業者の紹介した職業に就くため、または公共職業安定所長の指示した公共職業訓練等を受けるため、移転しなければならない場合に、交通費、移転料および着後手当が支給されます。

3　求職活動支援費

① 広域求職活動費

受給資格者等が公共職業安定所の紹介による広範囲の地域にわたる求職活動をする場合に、交通費および宿泊料が支給されます。

② 短期訓練受講費

受給資格者等が公共職業安定所の職業指導に従って職業に関する教育訓練の受講その他の活動を行う場合に、支払った費用の２割相当（上限100,000 円）が支給されます。

③ 求職活動関係役務利用費

受給資格者等が求職活動を容易にするための役務（子の一時預かり）を利用した場合、その費用（１日当たりの上限 8,000 円）の８割相当（支給上限日数あり）が支給されます。

（3）教育訓練給付

一定の要件を満たす被保険者等が、厚生労働大臣の指定する教育訓練の講座を受講し、修了した場合に、教育訓練給付（教育訓練給付金）が支給されます。

一般教育訓練給付と専門実践教育訓練の２種類が設けられています。

一般教育訓練に対する支給額は、その教育訓練の受講のために自ら支払った費用の２割相当（上限 100,000 円）です。特にキャリア形成に資するとして指定された教育訓練（「特定一般教育訓練」といいます）を受講した場合は給付率 40%、上限 200,000 円が適用されます。

中期的なキャリア形成を促進する専門実践教育訓練に対する支給額は、同５割相当（上限は１年 400,000 円）ですが、資格取得のうえ職に就いているときは７割相当（上限は１年 560,000 円）に引き上げられます。通常は３年が上限ですが、４年の修業年限が規定されている教育訓練（「長期専門実践教育訓練」といいます）の場合、高収入者等を除き、最長４年分が支給されます。

（4）雇用継続給付

雇用継続給付には、高年齢雇用継続給付および介護休業給付の２種類があります。

1　高年齢雇用継続給付

被保険者であった期間が５年以上ある 60 歳以上 65 歳未満の労働者であって、原則として、各月に支払われる賃金が 60 歳時点または離職時の賃金の 75％未満のときに高年齢雇用継続給付（高年齢雇用継続基本給付金、高年齢再就職給付金）が支給されます。なお、令和７年４月１日から高年齢雇用継続給付の給付率引下げが実施される予定となっています。

2　介護休業給付

対象家族の介護をするため介護休業をした被保険者であって、介護休業開始前２年間（当該２年間に傷病等のため、引き続き 30 日以上賃金を受けることができなかった場合は、その日数を２年に加算した期間。ただし、最長４年間）にみなし被保険者期間（原則として賃金支払の基礎となった日数が 11 日以上の月）が 12 カ月以上ある者には、介護休業給付金が支給されます。

3　育児休業給付

従来、育児休業給付は失業等給付の中の雇用継続給付の１種に分類されていましたが、令和２年４月１日からは失業等給付とは独立した給付項目として位置付けられています。

１歳（その子が１歳に達した日後の期間について休業することが雇用の継続のために特に必要と認められる場合には最長で２歳、夫婦が交代で休業するときは１歳２カ月）未満の子を養育するために育児休業をした被保険者であって、育児休業開始前２年間（当該２年間に傷病等のため、引き続き30日以上賃金を受けることができなかった場合は、その日数を２年に加算した期間。ただし、最長４年間）にみなし被保険者期間（原則として賃金支払の基礎となった日数が11日以上ある月）が12カ月以上ある者には、育児休業給付金が支給されます。

なお令和３年９月１日から、被保険者期間において上記要件を満たせなくとも、産前休業開始日等を起算点として、その日前２年間に上記のみなし被保険者期間があれば要件を満たすものとされています。

4　雇用安定事業および能力開発事業

雇用安定事業および能力開発事業は、経済社会の動向に即応して、質量両面にわたる完全雇用を達成するために、失業の予防および雇用機会の増大、年齢・地域にみられる雇用の不均衡の是正等を図るとともに、職業生活の全期間を通じてその能力の開発向上を促進するための生涯教育訓練体制の整備等を図ろうとするものです。

（1）雇用安定事業

雇用安定事業は、失業の予防、雇用状態の是正、雇用機会の増大その他雇用の安定を図るために行われるもので、その内容の概要は次のとおりです。

1　雇用調整を助成する措置

景気の変動、産業構造の変化その他の経済的な理由により事業活動の縮小を余儀なくされ、休業等（休業および教育訓練）または出向を行った事業主に対し、必要な助成（雇用調整助成金）を行うものです。

2　離職者の再就職を援助する措置

事業規模の縮小等に伴い離職を余儀なくされる労働者に対し、労働施策総合推進法に基づく再就職援助計画に基づき、労働者の再就職援助のための措置を講じる事業主等に対し、必要な助成（労働移動支援助成金）を行うものです。

3　高年齢者の雇用の安定のための措置

高年齢者の活用促進のために雇用環境を整備する事業主や高年齢者の有期契約労働者を無期雇用に転換させる事業主等に対し、必要な助成（65歳超雇用推進助成金）を行うものです。

4　高年法に規定する事業に関する措置

地域高年齢者就業機会確保計画に基づき国が実施する事業のうち、雇用の安定に関するものを行います。

5　地域の雇用開発を促進する措置

雇用機会を増大させる必要がある地域等への事業所の設置・整備により新たに労働者を雇い入れる事業主等に対する助成（地域雇用開発助成金）を行うものです。

6　その他就職困難者を助成する措置

障害者その他就職が特に困難な者の雇入れの促進に対する助成（特定求職者雇用開発助成金）、全国的に雇用状況が悪化した場合における労働者の雇入れの促進その他の事業を行うものです。

（2）能力開発事業

能力開発事業は、職業生活の全期間を通じて、労働者の能力を開発向上させることを促進するために行うもので、その事業内容のあらましは、次のとおりです。

1　事業主等の行う職業訓練の振興

一定の基準に合致する職業訓練を実施する事業主、事業主団体等に対して、助成（人材開発支援助成金など）および援助を行います。

2　公共職業訓練等の充実

公共職業能力開発施設等の設置運営および都道府県に対する補助を行います。

3　再就職を促進するための訓練等の実施

求職者や退職予定者に対する職業講習並びに作業環境に適応させるための訓練を行います。

4　有給教育訓練休暇の助成および援助

労働者が自ら職業に関する教育訓練を受ける機会を確保できるよう有給教育訓練休暇を与える事業主に対する助成・援助を行います。

5　訓練等の受講の奨励

訓練、講習等の受講者に対する援助および労働者に有給で職業訓練を受けさせる事業主に対する助成を行います。

6　キャリアコンサルティングの機会の確保

労働者の職業能力の開発および向上を促進するため必要に応じてキャリアコンサルティングの機会を確保するなどの措置を講じます。

7　技能検定の助成

技能検定を行う団体等に対する助成を行います。

8　高年法に規定する事業に関する措置

地域高年齢者就業機会確保計画に基づき国が実施する事業のうち、労働者の能力の開発および向上に関するものを行います。

9　その他労働者の能力の開発向上のために必要な事業の実施

１から８に掲げる措置のほか、労働者の能力の開発向上のために必要な事業を行うものです。

5　費用の負担

雇用保険事業に要する経費は、労使の負担する保険料および国庫の負担によってまかなわれます。

（1）保険料率

令和４年度の雇用保険の保険料率は、前半（令和４年４月１日～９月30日、以下同様）が1000分の9.5、後半（令和４年10月１日～令和５年３月31日、以下同様）が1000分の13.5ですが、失業等給付に要する費用は1000分の６（前半は1000分の２）の部分、育児休業給付に要する費用は1000分の４の部分の保険料をあて、労使折半負担とし、雇用安定事業および能力開発事業に要する費用は、1000分の3.5の部分の保険料をあて、これは事業主の負担とすることとしています。この結果、労働者の負担は、1000分の５（前半は1000分の３）、事業主の負担は1000分の8.5（前半は1000分の6.5）となります。

なお令和５年度においては※失業等給付に要する費用にあてられる部分が1000分の８に引き上げられる予定です。育児休業給付に要する費用と雇用安定事業および能力開発事業に要する費用にあてられる部分は変わりません。この結果、保険料率は1000分の15.5となり、労働者の負担は1000分の６、事業主の負担は1000分の9.5となります。

※2022年12月時点の情報です。

（2）短期雇用特例被保険者を多数雇用する産業に関する特例

短期雇用特例被保険者を多数雇用する農林水産業、建設業、清酒製造業等については、社会的公平の見地からできる限り、給付と負担の均衡化を図ることができるよう、保険料率は、1000分の15.5（前半は1000分の11.5）とされています〔建設業については、1000分の16.5（前半は1000分の12.5)〕。これらの産業に雇用される労働者の負担は、1000分の6（前半は1000分の4）、事業主の負担は1000分の9.5（前半は1000分の7.5）となります〔建設業については1000分の10.5（前半は1000分の8.5)〕。

令和5年度においては※1000分の17.5となる予定です（建設業については、1000分の18.5)。またこれらの産業に雇用される労働者の負担は1000分の7、事業主の負担は1000分の10.5となります（建設業については1000分の11.5)。

※2022年12月時点の情報です

（3）高年齢労働者に関する保険料免除措置の終了

64歳以上の被保険者についての保険料免除措置は、令和2年3月31日をもって終了しました。

（4）日雇労働被保険者に関する保険料

日雇労働被保険者については、一般保険料のほかに印紙保険料を徴収することとなっています。印紙保険料の額は、賃金日額に応じ、下記の3段階となっています。

等　級	賃金日額	印紙保険料日額
第1級	11,300円以上	176円
第2級	8,200円以上 11,300円未満	146円
第3級	8,200円未満	96円

第 2 章
適用に関する実務

雇用保険は、被保険者である労働者が失業した場合等に必要な給付を行って失業中等の生活および雇用の安定と再就職の促進を図るなど労働者の職業の安定を図るための諸事業を、被保険者である労働者、被保険者である労働者を雇用する事業主および国の三者が連帯して実施していこうとする制度であることは、前述したとおりです。

したがって、雇用保険の保護の対象であり、かつ、制度の一方の担い手である被保険者の範囲、被保険者となったことあるいは被保険者でなくなったこと等の被保険者としての資格に関する事務、保険料の一部を負担するほか必要な義務を負うことになる適用事業主の範囲および適用事業主が行うこととされる諸手続などは、保護の範囲を確定し、保険事業の基礎となる保険料を確保し、必要な場合に的確な失業等給付その他の事業を実施する上で重要な前提となることはいうまでもありません。

1　適用に関する基本的な考え方

雇用保険の保護の対象となる者すなわち被保険者について、雇用保険法第４条第１項では「この法律において『被保険者』とは、適用事業に雇用される労働者であって、第６条各号に掲げる者以外のものをいう。」と規定し、さらに、第５条第１項では、「この法律においては、労働者が雇用される事業を適用事業とする。」と規定しています。

つまり、雇用保険は、業種や規模に関係なく、全産業の全事業に適用され、一定の例外を除いて、そこに雇用される労働者はすべて被保険者とされることになります〔ただし、農林水産業の事業のうち、雇用する労働者の数が５人未満の個人の事業は、事業所の把握が困難であることその他の問題があり、一時に全面適用とすることが困難であるため、当分の間、任意適用とされています（法附則第２条、令附則第２条）〕。

一般に、保険制度への加入の仕方には、保険への加入が当事者の意思に委ねられている任意加入の方式と当事者の意思のいかんにかかわらず一定の状態にあれば当然に保険関係が成立する強制保険の方式がありますが、雇用保険は、他の多くの社会保険と同様に、強制保険方式をとっていることになります。

2　適用事業

（1）適用単位――「事業」

雇用保険の保険関係は、「事業」を単位として成立します（徴収法第4条）。ここでいう事業とは、1つの経営組織として独立性をもったもの、すなわち、一定の場所において一定の組織のもとに有機的に相関連して行われる一体的な経営活動をいいます。

したがって、事業とは、経営上一体をなす本店、支店、工場等を総合した企業そのものを指すのではなく、個々の本店、支店、工場、鉱山、事務所のように、1つの経営組織として独立性をもった経営体をいうことになります。

また、事業主は、雇用保険の被保険者に関する各種の届出事務を行う義務を負います。この届出事務は、原則として、その事業所ごとに処理しなければならないことになっています（則第3条）が、この「事業所」とは、雇用保険の適用を受ける事業を行う場所または施設をいうものですから、この事業所の概念も結局、経営体ないし経営活動としての事業を場所的、施設的な面でとらえたものにほかならず、事業所の単位と事業の単位とは同一のものであり、労働保険料の申告納付その他徴収法上の事務処理単位である「事業場」とも一致するのが原則です。

ただし、失業保険と労災保険の適用および保険料の徴収事務が一元化された昭和47年度前に設置されている事業所あるいは徴収法第9条の規定による継続事業の一括の認可を受けている事業主の事業所である場合等には「事業場」の単位と一致しないこともあるので注意が必要です。

なお、「事業主」とは、「事業」についての法律上の権利義務の主体となるものをいい、自然人の行う個人企業ではその人が、会社その他法人の行う事業ではその会社など法人が、いわゆる法人格のない社団にあってはその社団が、それぞれ事業主となりますが、個人企業以外では、それぞれの団体を代表する人がその団体としての活動をすることになります。

（2）適用事業

雇用保険は、事業を単位として適用されますが、雇用保険の適用を受ける事業を「適用事業」といいます。

既に述べたように、農林水産の事業の一部を除き、労働者を雇用する事業はすべて、その事業を開始したときから、事業主や労働者の意思のいかんにかかわらず法律上当然に適用事業となります（徴収法第４条）。そして、その事業に雇用される労働者は、一部の例外を除き、その全員が被保険者となります。

（3）暫定任意適用事業

農林水産の事業であって、雇用労働者５人未満の個人の事業は、事業主が厚生労働大臣（都道府県労働局長）の認可（任意加入の認可）を受けて初めて保険関係が成立することになります。この事業を「暫定任意適用事業」といいます。これに対して、農林水産の事業であっても、国、都道府県、市町村その他これらに準ずるものの事業、法人である事業主が行う事業および常時５人以上の労働者を雇用する事業は、当然に適用事業となります。

なお、ここでいう農林水産の事業とは、次に掲げる事業のことをいいます。

① 土地の耕作もしくは開墾または植物の栽植、栽培、採取もしくは伐採の事業その他農林の事業―いわゆる農業、林業と称せられるすべての事業

② 動物の飼育または水産動植物の採捕もしくは養殖の事業その他畜産、養蚕または水産の事業（船員が雇用される事業を除く）

暫定任意適用事業の場合は、その事業主が厚生労働大臣（都道府県労働局長）の認可を受けたときに、雇用保険の適用事業となりますが、認可を受けた時点から、事業主は、一般の適用事業の事業主の場合と同様、法および徴収法上事業主に課せられた責務を負い、また、その事業に雇用される労働者は、法第６条の規定により法の適用を受けない者を除きその意思のいかんにかかわらず、当然被保険者となります。

3　適用のしくみ

(1) 徴収法との関係

雇用保険の適用事業については、2で述べたとおりですが、適用事業についての保険関係の成立および消滅については、労働保険の保険料の徴収等に関する法律（以下「徴収法」といいます）の定めるところによるとされています（法第5条第2項）。

徴収法では、雇用保険および労災保険の適用および保険料の徴収の事務の効率的な運営を図るため、原則として両保険をあわせて一元的に処理することとします。すなわち、各適用事業ごとに原則として両保険一体となった「労働保険の保険関係」が成立するものとして適用をし、両保険一体となった「労働保険料」を徴収することとしています。

このため、徴収法は、労働保険（労災保険と雇用保険を総称します）の事業の効率的な運営を図るため、労働保険の保険関係の成立および消滅、労働保険料の納付の手続、労働保険事務組合等に関して必要な事項を定めています。

(2) 一元適用事業と二元適用事業

雇用保険に係る保険関係は、原則として労災保険に係る保険関係とあわせて、ひとつの労働保険の保険関係として取り扱われ（暫定任意適用事業であるため、いずれか一方の保険関係のみが成立している場合を含みます）、保険料の算定、徴収等が両保険につき一元的に処理されることになっていますが、このような事務処理が行われる事業を「一元適用事業」といいます。

これに対して、一定の事業については、両方の保険のしくみの違いから一元的に事務処理を行うことが困難なため、両保険に係る保険関係を別個に取り扱い、それぞれの保険関係ごとに保険料の算定、徴収等の事務処理を行うこととしています。このような事業を「二元適用事業」といい、次に掲げる事業がこれに該当します。

① 都道府県および市町村の行う事業
② 都道府県に準ずるものおよび市町村に準ずるものの行う事業
③ 港湾労働法第２条第２号の港湾運送の行為を行う事業
④ 雇用保険法附則第２条第１項各号に掲げる事業（いわゆる農林水産の事業）
⑤ 建設の事業

（３）労働保険事務組合

労働保険に関する諸届、保険料の納入その他事業主が行うこととされている事務は、多岐にわたり、専任の事務担当者を置くことができない中小零細事業主にとっては、単独で事務処理を行うことが困難な場合も少なくないと思われます。そこで、労働保険事務の処理能力が十分でない中小零細企業の事業主に代わり、厚生労働大臣（実際には、都道府県労働局長）の認可を受けた事業主の団体などがこれを処理することによって、事業主の事務の負担を軽減し、政府の行う労働保険事務についてもその効率化と簡素化を図ることを目的として、「労働保険事務組合」の制度が設けられています。

すなわち、中小企業等協同組合法第３条の事業協同組合または協同組合連合会その他の事業主の団体またはその連合団体は、団体の構成員または連合団体を構成する団体の構成員である事業主その他厚生労働省令で定める事業主の委託を受けて、これらの者が行うべき労働保険料の納付その他の労働保険に関する事項（印紙保険料に関する事務を除く）を処理することができることとされています（徴収法第33条第１項）。つまり、労働保険事務組合とは、一定の団体が労働保険事務を処理するために認可を受けた場合の団体の呼称であって、その認可を受けたことによって全く新しい団体が設立されるわけではなく、既存の事業主の団体などがその事業の一環として、事業主が処理すべき労働保険事務を代理して処理するものであって、労働保険事務組合である団体の組織は、既存のそれと同一です。

また、労働保険事務組合は、事業主の代理人として、労働保険の事務を処理するものですから、政府の代理人として保険料の徴収その他の事務を行うものではなく、健康保険法の規定に基づき設立される健康保険組合のように保険者として保険事業を管掌するものでもありません。

労働保険事務組合に労働保険事務を委託することができる事業主は、その使用する労働者の数が常時300人（金融業、保険業、不動産業または、小売業を主たる事業とする場合には50人、卸売業またはサービス業を主たる事業とする場合には100人）以下の事業主であって、労働保険事務組合である団体の構成員または労働保険事務組合である連合団体を構成する単位団体の構成員である事業主ですが、そのほか、構成員以外であっても、事務処理を委託しなければ労働保険に加入することが困難であることその他必要な場合には、委託することができます。

労働保険事務組合は、事業主の委託を受けて、事業主が行うべき「労働保険料の納付その他の労働保険に関する事項」を処理することができます。この労働保険事務組合の処理することができる労働保険事務、換言すれば、事業主が労働保険事務組合に処理を委託することができる労働保険事務の範囲は、事業主が行うべき労働保険に関する事項の一切ですが、法律の規定により「印紙保険料に関する事項」が除かれるほか、保険給付に関する請求書等の記載事項に関する証明等の事務は、その性質上労働保険事務組合に委託して処理させることになじまないので、除かれることとなります。

労働保険事務組合に委託して処理させることができる労働保険事務の具体的な範囲は、次のとおりです。

① 概算保険料、確定保険料その他労働保険料およびこれに係る徴収金の申告・納付に関する事務

② 雇用保険の被保険者資格の取得および喪失の届出、被保険者の転勤の届出その他雇用保険の被保険者に関する届出等に関する事務

③ 保険関係成立届、労災保険または雇用保険の任意加入申請書、雇用保険の事業所設置届等の提出に関する事務

④ 労災保険の特別加入の申請等に関する事務

⑤ その他労働保険についての申請、届出、報告等に関する事務

（4）関係行政機関

労働保険（労災保険および雇用保険）は、政府（厚生労働省）が管掌しています。

したがって、事業主が行う各種の届出、保険料の納付その他の手続は、国の行政機関に対して行うことになりますが、詳しくいいますと、労災保険は厚生労働省労働基準局―都道府県労働局労働基準部―労働基準監督署の系列で、雇用保険は、厚生労働省職業安定局―都道府県労働局職業安定部―公共職業安定所の系列で運営されています。

ところが、労働保険の適用関係の事務は、これらの両方の系列に関連するので、次のように事務が分担されています。

① 一元適用事業で、労働保険事務組合に事務処理を委託しない事業、二元適用事業のうち、労災保険の保険関係に係る事業、労災保険に特有な制度についての事務は、労働基準監督署が担当する（窓口となる場合も含む）。

② 一元適用事業で、労働保険事務組合に事務処理を委託する事業、二元適用事業のうち、雇用保険の保険関係に係る事業、雇用保険に特有な制度についての事務は、公共職業安定所が担当する。

③ なお、保険料の徴収にかかる事務については、①および②にかかわらず、都道府県労働局が担当するが、①に係る保険料の徴収については、労働基準監督署においても分担する。

これらを図示すると次ページのようになります。

そして、第一線の窓口となる機関は、適用事業の事業場の所在地を管轄する労働基準監督署長または公共職業安定所長とされています（徴収則第1条）。また、雇用保険のみに関する事業主が行うべき諸手続等の窓口も、原則として、事業所の所在地を管轄する公共職業安定所長となっています（則第1条）。徴収法施行規則では、これらを所轄公共職業安定所（労働基準監督署）長といいます。

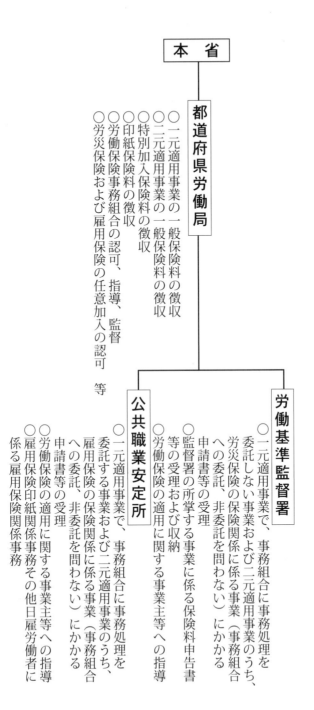

本省

都道府県労働局

○一元適用事業の一般保険料の徴収
○二元適用事業の一般保険料の徴収
○特別加入保険料の徴収
○印紙保険料の徴収
○労働保険事務組合の認可、指導、監督
○労災保険および雇用保険の任意加入の認可　等

労働基準監督署

○一元適用事業で、事務組合に事務処理を委託しない事業および二元適用事業のうち、労災保険の保険関係に係る事業（事務組合への委託、非委託を問わない）にかかる申請書等の受理
○監督署の所掌する事業に係る保険料申告書等の受理および収納
○労働保険の適用に関する事業主等への指導

公共職業安定所

○一元適用事業で、事務組合に事務処理を委託する事業および二元適用事業のうち、雇用保険の保険関係に係る事業（事務組合への委託、非委託を問わない）にかかる申請書等の受理
○労働保険の適用に関する事業主等への指導
○雇用保険印紙関係事務その他日雇労働者に係る雇用保険関係事務

4　適用事業に関する事務手続

（1）適用事業を開始した場合の手続

事業主が、新たに適用事業を行う事業所を設置したとき、およびすでに雇用保険に係る保険関係が成立している事業の事業主が事業所を増設したとき、または事業所の組織変更等によって、従来、1つの事業所として取り扱われていなかったものが、以後、1つの事業所として取り扱われるに至ったときは、その日の翌日から10日以内に当該事業所について、「雇用保険適用事業所設置届」（以下「事業所設置届」といいます）（記載例41ページ）を提出しなければなりません（則第141条）。

また、雇用保険の保険関係は、当該適用事業の開始の日（暫定任意適用事業の場合には任意加入の認可のあった日）に成立することになりますので、事業主は、保険関係の成立した日から10日以内に、「労働保険保険関係成立届」（以下「保険関係成立届」といいます）（記載例43ページ）を提出しなければなりません（徴収法第4条の2、徴収則第4条）。

これらの手続は、具体的には、次のとおりです。

1　保険関係成立届、事業所設置届の提出

(1)　後記(2)以外の適用事業の事業主

事業主は、その事業所の設置に伴って提出する事業所設置届を、原則として保険関係成立届を労働基準監督署長に提出した後、雇用保険被保険者資格取得届（以下「被保険者資格取得届」といいます）または雇用保険被保険者転勤届（以下「被保険者転勤届」といいます）を添えて、その事業所の所在地を管轄する公共職業安定所の長に提出（または年金事務所経由）しなければなりません。

この場合、事業主は、労働基準監督署長の受理印の押された保険関係成立届の事業主控を添付することが必要です。事業所設置届は、被保険者に関する届出事務の基本となるものですから、各欄について正確に記載しなければなりません。

雇用保険適用事業所設置届

（必ず第２面の注意事項を読んでから記載してください。）

※ 事業所番号

帳票種別 12001

1. 法人番号（個人事業の場合は記入不要です。） 1234567890123

下記のとおり届けます。

公共職業安定所長　殿

令和 4 年 5 月 7 日

2. 事業所の名称（カタカナ） ヤマモトコウコクカフ゛シキカイシャ

事業所の名称〔続き（カタカナ）〕

3. 事業所の名称（漢字） 山本広告株式会社

事業所の名称〔続き（漢字）〕

4. 郵便番号 920-0964

5. 事業所の所在地（漢字）※市・区・郡及び町村名 金沢市本多町

事業所の所在地（漢字）※丁目・番地 X－X－XX

事業所の所在地（漢字）※ビル、マンション名等

6. 事業所の電話番号（項目ごとにそれぞれ左詰めで記入してください。） 0762-61-9876

市外局番　市内局番　番号

7. 設置年月日 5-040501（3 昭和　4 平成　5 令和）

元号　年　月　日

8. 労働保険番号 17101123456

府県　所掌　管轄　基幹番号　枝番号

※公共職業安定所記載欄

9. 設置区分（1 当然　2 任意）

10. 事業所区分（1 個別　2 委託）

11. 産業分類

12. 台帳保存区分（1 日雇被保険者のみの事業所　2 船舶所有者）

13. 事業主	（フリガナ）	カナザワシホンダチョウ	17. 常時使用労働者数	15 人
	住所（法人のときは主たる事務所の所在地）	金沢市本多町Ｘ－Ｘ－ＸＸ	18. 雇用保険被保険者数	一般 15 人
	（フリガナ）	ヤマモトコウコクカブシキカイシャ		日雇 0 人
	名称	山本広告株式会社	19. 賃金支払関係	賃金締切日 15 日
	（フリガナ）	ダイヒョウトリシマリヤク　ヤマモトイチロウ		賃金支払日 ㊂・翌月 25 日
	氏名（法人のときは代表者の氏名）	代表取締役　山本 一郎		
14. 事業の概要（漁業の場合は漁船の総トン数を記入すること）		広告代理業	20. 雇用保険担当課名	総務 課　総務 係
15. 事業の開始年月日	令和 4 年 5 月 1 日	※事業の 16. 廃止年月日　令和　年　月　日	21. 社会保険加入状況	(健康保険) (厚生年金保険) (労災保険)

備考

※ 所長　次長　課長　係長　係　操作者

（この届出は、事業所を設置した日の翌日から起算して10日以内に提出してください。）

2021. 9

（この用紙は、このまま機械で処理しますので、汚さないようにしてください。）

注　意

1　□□□□で表示された枠（以下「記入枠」という。）に記入する文字は、光学式文字読取装置（ＯＣＲ）で直接読取を行いますので、この用紙を汚したり、必要以上に折り曲げたりしないでください。
2　記載すべき事項のない欄又は記入枠は空欄のままとし、※印のついた欄又は記入枠には記載しないでください。
3　記入枠の部分は、枠からはみ出さないように大きめの文字によって明瞭に記載してください。
4　1欄には、平成27年10月以降、国税庁長官から本社等へ通知された法人番号を記載してください。
5　2欄には、数字は使用せず、カタカナ及び「-」のみで記載してください。
　カタカナの濁点及び半濁点は、１文字として取り扱い（例：ガ→カ゛、パ→ハ゜）、また、「ヰ」及び「ヱ」は使用せず、それぞれ「イ」及び「エ」を使用してください。
6　3欄及び5欄には、漢字、カタカナ、平仮名及び英数字（英字については大文字体とする。）により明瞭に記載してください。
7　5欄１行目には、都道府県名は記載せず、特別区名、市名又は郡名とそれに続く町村名を左詰めで記載してください。
　5欄２行目には、丁目及び番地のみを左詰めで記載してください。
　また、所在地にビル名又はマンション名等が入る場合は5欄３行目に左詰めで記載してください。
8　6欄には、事業所の電話番号を記載してください。この場合、項目ごとにそれぞれ左詰めで、市内局番及び番号は「-」に続く５つの枠内にそれぞれ左詰めで記載してください。（例：03-3456-XXXX→ 03□□□-3456□-XXXX□ ）
9　7欄には、雇用保険の適用事業所となるに至った年月日を記載してください。この場合、元号をコード番号で記載した上で、年、月又は日が１桁の場合は、それぞれ10の位の部分に「０」を付加して２桁で記載してください。
（例：平成14年４月１日→ 4-140401 ）
10　14欄には、製品名及び製造工程又は建設の事業及び林業等の事業内容を具体的に記載してください。
11　18欄の「一般」には、雇用保険被保険者のうち、一般被保険者数、高年齢被保険者数及び短期雇用特例被保険者数の合計数を記載し、「日雇」には、日雇労働被保険者数を記載してください。
12　21欄は、該当事項を○で囲んでください。
13　22欄は、事業所印と事業主印又は代理人印を押印してください。
14　23欄は、最寄りの駅又はバス停から事業所への道順略図を記載してください。

お願い
1　事業所を設置した日の翌日から起算して10日以内に提出してください。
2　営業許可証、登記事項証明書その他記載内容を確認することができる書類を持参してください。

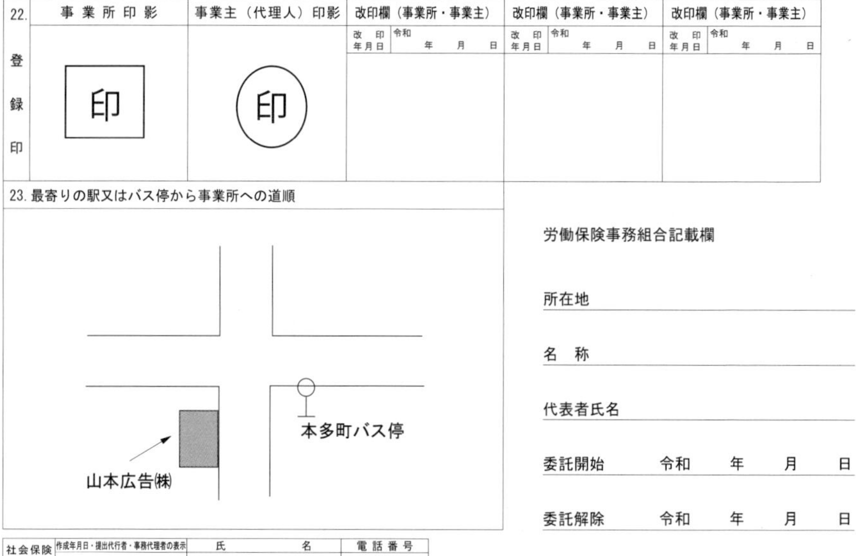

22. 登録印	事業所印影	事業主（代理人）印影	改印欄（事業所・事業主）	改印欄（事業所・事業主）	改印欄（事業所・事業主）
	印	印	改印年月日　令和　年　月　日	改印年月日　令和　年　月　日	改印年月日　令和　年　月　日

23.最寄りの駅又はバス停から事業所への道順

労働保険事務組合記載欄

所在地

名　称

代表者氏名

委託開始　令和　年　月　日

委託解除　令和　年　月　日

社会保険労務士記載欄	作成年月日・提出代行者・事務代理者の表示	氏　名	電話番号
		印	

※本手続は電子申請による届出も可能です。詳しくは管轄の公共職業安定所までお問い合わせください。
　なお、本手続について、社会保険労務士が電子申請により本届書の提出に関する手続を事業主に代わって行う場合には、当該社会保険労務士が当該事業主の提出代行者であることを証明することができるものを本届書の提出と併せて送信することをもって、当該事業主の電子署名に代えることができます。

様式第1号（第4条、第64条、附則第2条関係）（1）（表面）

提出用

労働保険
0：保険関係成立届（継続）（事務処理委託届）
1：保険関係成立届（有期）
2：任意加入申請書（事務処理委託届）

令和 4年 4月 5日

種別 31600

金沢 労働基準監督署長 殿

下記のとおり （イ）届けます。（31600又は31601のとき）（ロ）労災保険（ハ）雇用保険 の加入を申請します。（31602のとき）

労働保険番号 44301943590-001

郵便番号 920-0964

住所（カナ）
カナザワシ
ホンダチョウ
X-X-XX

住所（漢字）
金沢市
本多町
X-X-XX

名称・氏名（カナ）
ヤマモトコウコク
カブシキカイシャ

電話番号 0762-XX-XXXX

名称・氏名（漢字）
山本広告株式会社

①事業主 住所又は所在地	
①事業主 氏名又は名称	
②事業 所在地	郵便番号 920-0964 金沢市本多町3-2-50 電話番号 0762-61-9876
②事業 名称	山本広告株式会社
③事業の概要	広告代理業
④事業の種類	その他の各種事業
⑤加入済の労働保険	(イ) 労災保険 (ロ) 雇用保険
⑥保険関係成立年月日	(労災) 令和4年4月3日 (雇用) 令和4年4月3日
⑦雇用保険被保険者数	一般・短期 15人 日雇 人
⑧賃金総額の見込額	23,251 千円
⑨委託事務組合 所在地	郵便番号 電話番号 - - 番
⑨委託事務組合 名称	
⑨委託事務組合 代表者氏名	
⑩委託事務内容	
⑪事業開始年月日	年 月 日
⑫事業廃止等年月日	年 月 日
⑬建設の事業の請負金額	円
⑭立木の伐採の事業の素材見込生産量	立方メートル
⑮発注者 住所又は所在地	郵便番号
⑮発注者 氏名又は名称	電話番号 - - 番

保険関係成立年月日 9-04-04-03

常時使用労働者数 15

雇用保険被保険者数 15

事業主氏名（法人のときはその名称及び代表者の氏名）
山本広告株式会社
代表取締役 山本 一郎

法人番号 1234567890123

令和２年１月から、一元適用事業（個別）に限って、保険関係成立届を社会保険法上の「新規適用届」または雇用保険法上の「適用事業所設置届」に併せて提出する場合、年金事務所、労働基準監督署、公共職業安定書所を経由して提出できるように改正されています。

次に、暫定任意適用事業の場合ですが、暫定任意適用事業の事業主は、その事業につき任意加入の認可を受けたときは、あらためて保険関係成立届を提出する必要はありませんが、事業所設置届の提出は必要です。

(2)　一元適用事業に係る事業主であって、労働保険事務組合（以下「事務組合」と略称）に事務処理を委託しているもの、または二元適用事業に係る事業主であって雇用保険の保険関係に係るもの

事業主は、事業所設置届をその設置の日の翌日から起算して10日以内に、徴収則の規定に基づく保険関係成立届とともに、その事業所の所在地を管轄する公共職業安定所の長に提出（年金事務所経由も可）しなければなりません。

この場合、事業所設置届は、その事業所の適用事業に雇用される者に係る被保険者資格取得届または被保険者転勤届と同時に提出しなければなりません。

なお、事務組合に事務処理を委託する事業については、保険関係成立届を、原則としてその事務組合の主たる事務所の所在地の管轄公共職業安定所またはその事業所の所在地の管轄公共職業安定所のいずれか一方に提出することとなっていますので、保険関係成立届を事務組合の主たる事務所の所在地を管轄する公共職業安定所の長に提出したときは、事業所設置届のみをその事業所の所在地を管轄する公共職業安定所の長に提出することになります。この場合、事務組合の主たる事務所の所在地を管轄する公共職業安定所の長の受理印が押された保険関係成立届の事業主控を添付することが必要です。

2　事業所番号

適用事業について、(1)の手続が完了すると公共職業安定所から、その適用事業の事業所に対し、事業所番号が付与されます。

事業所番号は、最初の4桁が管轄公共職業安定所のコード番号、次の6桁が事業所ごとの一連番号、最後にチェック・ディジットという1桁の番号で構成される11桁の番号です。

この事業所番号は、以後、事業主が行う被保険者に関する届出には、必ず用いるものですから正確に記憶しておいてください。

なお、労働保険料の申告・納付その他徴収法および徴収則に基づく諸手続の際に用いる労働保険番号とは別個のものですから、被保険者に関する届出の際に誤って労働保険番号を記載したりすることのないよう注意してください。

〔事業所番号の構成〕

××××－××××××－×
(安定所番号)(一連番号)(チェック・ディジット)
(4桁)(6桁)(1桁)　計13桁（ハイフン2桁を含む）

(2) 適用事業を廃止または終了した場合の手続

適用事業が廃止され、または終了したときは、その翌日に、その事業についての保険関係は消滅します（徴収法第5条)。

事業主は、その事業について保険関係が消滅したときは、保険関係が消滅した日から50日以内に、確定保険料申告書を提出し、労働保険料の精算を行わなくてはなりません（徴収法第19条)。

雇用保険においては、この手続のほか、適用事業を廃止し、または終了したときは、廃止の日または終了した日の翌日から起算して10日以内に、その事業所の所在地を管轄する公共職業安定所の長（年金事務所経由も可）に「雇用保険適用事業所廃止届」（以下「事業所廃止届」といいます）（記載例46ページ）を提出しなければなりません（則第141条)。

事業主が、事業所廃止届を提出するときは、通常その事業所の適用事業に雇用されていた全被保険者について、雇用保険被保険者資格喪失届（以下「被保険者資格喪失届」といいます）を同時に提出することになりますから注意が必要です。

雇用保険適用事業所廃止届

標準字体 0 1 2 3 4 5 6 7 8 9
（必ず第2面の注意事項を読んでから記載してください。）

帳票種別 14002

1.法人番号（個人事業の場合は記入不要です。） 2345678901234

※2.本日の資格喪失・転出者数 　人

3.事業所番号 4201－141413－2

4.設置年月日 3－580901（3 昭和 4 平成 5 令和）元号 年 月 日

5.廃止年月日 5－050131（4 平成 5 令和）元号 年 月 日

6.廃止区分 1

7.統合先事業所の事業所番号 　－　－

8.統合先事業所の設置年月日 　－　（3 昭和 4 平成 5 令和）元号 年 月 日

9. 事業所	（フリガナ）	ナガサキシニシヤマチョウ
	所在地	長崎市西山町X－X
	（フリガナ）	カブシキカイシャシミズウンソウテン
	名称	株式会社清水運送店

10. 労働保険番号	府県	所掌	管轄	基幹番号	枝番号	11. 廃止理由
	42	1	01	173205		経営困難になり事業廃止

上記のとおり届けます。

令和 5年 2月 3日

長崎 公共職業安定所長 殿

事業主
住所 長崎市西山町X-X
名称 株式会社清水運送店
氏名 代表取締役　清水英夫
電話番号 095-823-XXXX

※公共職業安定所記載欄	届書提出後、事業主が住所を変更する場合又は事業主に承継者等のある場合は、その者の住所・氏名	（フリガナ） 名称	
		（フリガナ） 住所	
		（フリガナ） 代表者氏名	
		電話番号	郵便番号 　－

備考

※所長	次長	課長	係長	係	操作者

労働保険事務組合記載欄

所在地

名称

代表者氏名

社会保険労務士記載欄	作成年月日・提出代行者・事務代理者の表示	氏名	電話番号

（この届出は、事業所を廃止した日の翌日から起算して10日以内に提出してください。）

2021．9

（この用紙は、このまま機械で処理しますので、汚さないようにしてください。）

なお、保険関係消滅の認可、任意加入の取消し、または撤回があった場合等には、事業所廃止届の提出は、必要ありません。

また、事業所が他の公共職業安定所管内へ移転した場合には、事業所の廃止、設置の届は不要で、雇用保険事業主事業所各種変更届により、事業所の所在地が変更した旨を届け出ればよいこととされています。

（3）その他適用事業に関する事務手続

1　名称、所在地等の変更に関する届出

適用事業の事業主は、次の事項に変更があったときは、「雇用保険事業主事業所各種変更届」（以下「事業主事業所各種変更届」といいます）（記載例48ページ）および徴収法施行規則の規定による「労働保険名称、所在地等変更届」（以下「名称、所在地等変更届」といいます）（記載例50ページ）を、その変更のあった日の翌日から起算して10日以内に所轄労働基準監督署長または所轄公共職業安定所長（年金事務所経由も可）に提出しなければなりません（則第142条、徴収則第5条）。

イ　事業主の氏名もしくは住所

ロ　事業所の名称または所在地

ハ　事業の種類

ニ　有期事業にあっては、事業の予定される期間（徴収法関係のみ）

名称、所在地等変更届を所轄労働基準監督署長に提出する事業主にあってはその後事業主事業所各種変更届を事業所所在地の管轄公共職業安定所長に提出し、名称、所在地等変更届を所轄公共職業安定所長に提出する事業主にあっては併せて事業主事業所各種変更届を公共職業安定所長（名称、所在地等変更届を労働保険事務組合の主たる事務所の所在地の管轄公共職業安定所長に提出した委託事業主の場合は、事業主事業所各種変更届は事業所の所在地の管轄公共職業安定所長）に提出しなければなりません。

この変更の届出を怠ると、労働基準監督署、公共職業安定所、都道府県労働局からの労働保険に関する通知などが届かないことがあります。また、事業の種類の変更により保険料率が変わることがありますので忘れずに届

雇用保険事業主事業所各種変更届

（必ず第２面の注意事項を読んでから記載してください。）

※ 事業所番号

帳票種別 13003

※1.変更区分

2.変更年月日 5-050201（4 平成 5 令和）元号 年 月 日

3.事業所番号 1401-048961-

4.設置年月日 3-530401（3 昭和 4 平成 5 令和）元号 年 月 日

●下記の5～11欄については、変更がある事項のみ記載してください。

5.法人番号（個人事業の場合は記入不要です。） 3456789012345

6.事業所の名称（カタカナ） カフ゛シキカイシャ

事業所の名称〔続き（カタカナ）〕 トミナカ゛シャシンコウキ゛ョウ

7.事業所の名称（漢字） 株式会社

事業所の名称〔続き（漢字）〕 富永写真工業

8.郵便番号 150-0041

10.事業所の電話番号（項目ごとにそれぞれ左詰めで記入してください。） 03-3463-XXXX（市外局番・市内局番・番号）

9.事業所の所在地（漢字） 市・区・郡及び町村名 渋谷区神南

事業所の所在地（漢字） 丁目・番地 X－X－XX

事業所の所在地（漢字） ビル、マンション名等

11.労働保険番号（府県・所掌・管轄・基幹番号・枝番号）

※ 公共職業安定所 記載欄

12.設置区分（1 当然 2 任意）　13.事業所区分（1 個別 2 委託）　14.産業分類

（この用紙は、このまま機械で処理しますので、汚さないようにしてください。）

変更事項 15.事業主	（フリガナ）	トウキョウトシブヤクジンナン	18. 変更前の事業所の名称	（フリガナ）	トミナガシャシン カブシキカイシャ
	住所（法人のときは主たる事務所の所在地）	東京都渋谷区神南X-X-X			富永写真サービス株式会社
	（フリガナ）	カブシキカイシャトミナガシャシンコウギョウ	19. 変更前の事業所の所在地	（フリガナ）	ヨコハマシナカクニホンオオドオリ
	名称	株式会社富永写真工業			横浜市中区日本大通りXX
	（フリガナ）	ダイヒョウトリシマリヤク トミナガケンイチ	20.事業の開始年月日	53年4月1日	
	氏名（法人のときは代表者の氏名）	代表取締役 富永健一	24.社会保険加入状況	健康保険・厚生年金保険・労災保険	
16.変更後の事業の概要		写真	※21.事業の廃止年月日	令和 年 月 日	
			22.常時使用労働者数	15人	
			25.雇用保険被保険者数	一般 15人	日雇 0人
17.変更の理由		会社移転および社名の変更	23.雇用保険担当課名	総務課 人事係	
			26.賃金支払関係	賃金締切日 25日	賃金支払日 当・翌月 30日
備考			※ 所長・次長・課長・係長・係・操作者		

（この届出は、変更のあった日の翌日から起算して10日以内に提出してください。）

2021.9

注　意

1　□□□□で表示された枠（以下「記入枠」という。）に記入する文字は、光学式文字読取装置（ＯＣＲ）で直接読取を行いますので、この用紙を汚したり、必要以上に折り曲げたりしないでください。

2　記載すべき事項のない欄又は記入枠は空欄のままとし、※印のついた欄又は記入枠には記載しないでください。

3　記入枠の部分は、枠からはみ出さないように大きめの文字によって明瞭に記載してください。

4　2欄の記載は、元号をコード番号で記載した上で、年、月又は日が１桁の場合は、それぞれ10の位の部分に「０」を付加して２桁で記載してください。（例：平成15年４月１日→4-150401）

5　3欄の記載は、公共職業安定所から通知された事業所番号が連続した10桁の構成である場合は、最初の４桁を最初の４つの枠内に、残りの６桁を「-」に続く６つの枠内にそれぞれ記載し、最後の枠は空枠としてください。
（例：1301000001の場合→1301-000001-□）

6　4欄には、雇用保険の適用事業となるに至った年月日を記載してください。記載方法は、2欄の場合と同様に行ってください。

7　5欄には、平成27年10月以降、国税庁長官から本社等へ通知された法人番号を記載してください。

8　6欄には、数字は使用せず、カタカナ及び「-」のみで記載してください。
カタカナの濁点及び半濁点は、１文字として取り扱い（例：ガ→カ゛、パ→ハ゜）、また、「ヰ」及び「ヱ」は使用せず、それぞれ「イ」及び「エ」を使用してください。

9　7欄及び9欄には、漢字、カタカナ、平仮名及び英数字（英字については大文字体とする。）により明瞭に記載してください。
小さい文字を記載する場合には、記入枠の下半分に記載してください。（例：ァ→ァ）
また、濁点及び半濁点は、前の文字に含めて記載してください。（例：が→が、ぱ→ぱ）

10　9欄１行目には、都道府県名は記載せず、特別区名、市名又は郡名とそれに続く町村名を左詰めで記載してください。
9欄２行目には、丁目及び番地のみを左詰めで記載してください。
また、所在地にビル名又はマンション名等が入る場合は9欄３行目に左詰めで記載してください。

11　10欄には、事業所の電話番号を記載してください。この場合、項目ごとにそれぞれ左詰めで、市内局番及び番号は「-」に続く５つの枠内にそれぞれ左詰めで記載してください。（例：03-3456-XXXX→03□□□-3456□-XXXX□）

12　27欄は、事業所印と事業主印又は代理人印を押印してください。

13　28欄は、最寄りの駅又はバス停から事業所への道順略図を記載してください。

お願い

1　変更のあった日の翌日から起算して10日以内に提出してください。

2　営業許可証、登記事項証明書その他の記載内容を確認することができる書類を持参してください。

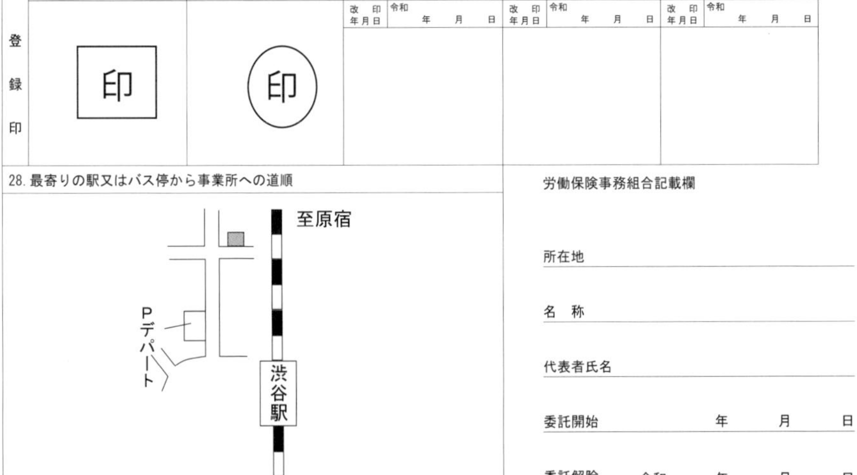

労働保険事務組合記載欄

所在地

名　称

代表者氏名

委託開始　　年　月　日

委託解除　令和　年　月　日

上記のとおり届出事項に変更があったので届けます。

令和　5年　2月　8日

渋谷　公共職業安定所長　殿

事業主
住　所　東京都渋谷区神南1-3-101
名　称　株式会社富永写真工業
氏　名　代表取締役　富永健一

社会保険労務士記載欄	作成年月日・提出代行者・事務代理者の表示	氏　名	電話番号

※本手続は電子申請による届出も可能です。詳しくは管轄の公共職業安定所までお問い合わせください。

なお、本手続について、社会保険労務士が電子申請により本届書の提出に関する手続を事業主に代わって行う場合には、当該社会保険労務士が当該事業主の提出代行者であることを証明することができるものを本届書の提出と併せて送信することをもって、当該事業主の電子署名に代えることができます。

様式第2号（第5条関係）

提出用

労働保険 名称、所在地等変更届

下記のとおり届事項に変更があったので届けます。

令和5年 2月 8日

種別 31604

渋谷 労働基準監督署長 殿
公共職業安定所長

※修正項目番号　※漢字修正項目番号

①労働保険番号：府県 所掌 管轄(1) 基幹番号 枝番号　14101040816－□□□（項1）

変更後の事業所

⑪住所（カナ）
- 郵便番号：150－0041（項2）
- 住所 市・区・郡名：シブヤク（項3）
- 住所（つづき）町村名：シンナン（項4）
- 住所（つづき）丁目・番地：1－3－101（項5）
- 住所（つづき）ビル・マンション名等：（項6）

⑫住所（漢字）
- 住所 市・区・郡名：渋谷区（項7）
- 住所（つづき）町村名：神南（項8）
- 住所（つづき）丁目・番地：1－3－101（項9）
- 住所（つづき）ビル・マンション名等：（項10）

⑬名称・氏名（カナ）
- 名称・氏名：カブシキガイシャ（項11）
- 名称・氏名（つづき）：オオツシャシンコウギョウ（項12）
- 名称・氏名（つづき）：（項13）
- 電話番号：03－5123－1234（項14）

⑭名称・氏名（漢字）
- 名称・氏名：株式会社（項15）
- 名称・氏名（つづき）：大津写真工業（項16）
- 名称・氏名（つづき）：（項17）

変更前	①事業主	住所又は所在地	
		氏名又は名称	
	②事業	所在地	郵便番号 231－0021 横浜市中区 日本大通り12 電話番号 045－540－1110 番
		名称	小川写真サービス 株式会社
	③事業所	住所	郵便番号 電話番号 － － 番
		名称・氏名	
	④事業の種類		
	⑤事業予定期間		年 月 日から 年 月 日まで
変更後	⑥事業主	住所又は所在地	
		氏名又は名称	
	⑦事業	所在地	郵便番号 150-0041 渋谷区神南1-3-101 電話番号 － － 番
		名称	株式会社 大津写真工業
	⑧事業の種類		
⑨変更理由			会社移転及び 社名変更

⑮事業終了予定年月日（元号：令和は9）　元号－□□年－□□月－□□日（項18）

⑯変更年月日（元号：令和は9）　9－05－02－01（項19）

※変更後の労働保険番号：府県 所掌 管轄(1) 基幹番号 枝番号（項20）

⑰変更後の元請労働保険番号：府県 所掌 管轄(1) 基幹番号 枝番号（項21）

⑱変更後の事業所番号（項22）

※保険関係等区分（項23）　※府県区分（項24）　※管轄(2)（項25）

※業種（項26）　※産業分類（項27）　※特掲コード（項28）　※片保険理由コード（項29）　※データ指示コード（項30）　※再入力区分（項31）

※修正項目（英数・カナ）

※修正項目（漢字）

事業主
住所 渋谷区神南1-3-101
株式会社大津写真工業
氏名 代表取締役　大津　勝男
（法人のときはその名称及び代表者の氏名）

(25.3)

け出る必要があります。

（注）所轄労働基準監督署長および所轄公共職業安定所長は、次のとおりです。

イ　所轄労働基準監督署長

一元適用事業であって、労働保険事務組合に事務処理を委託しないもの（雇用保険に係る保険関係のみが成立している事業を除く）については、その事業場の所在地を管轄する労働基準監督署の長が所轄労働基準監督署長となります。

ロ　所轄公共職業安定所長

(イ) 一元適用事業のうち雇用保険に係る保険関係のみが成立している事業および二元適用事業であって、事務組合に事務処理を委託しないものについては、その事業所の所在地を管轄する公共職業安定所の長が所轄公共職業安定所長となります。

(ロ) 一元適用事業または二元適用事業である適用事業であって事務組合に事務処理を委託するものについては、その事務組合の主たる事務所の所在地を管轄する公共職業安定所の長またはその事業所の所在地を管轄する公共職業安定所の長のいずれか一方が所轄公共職業安定所長となります。

2　代理人の選任・解任

事業主は、事業所ごとに被保険者に関する届出事務を処理しなければなりませんが、代理人を選任して、これらの事務の全部または一部を処理させることができます。この代理人を選任したときは、速やかに、「雇用保険被保険者関係届出事務等代理人選任届」（以下「被保険者関係届出事務等代理人選任届」といいます）（記載例 52 ページ）を、事業所の所在地の管轄安定所に提出（年金事務所経由も可）しなければなりません（則第 145 条）。

なお、被保険者関係届出事務等代理人選任届の用紙は、徴収則による代理人選任届の用紙とともに５枚一組となっていますので、労働保険料の申告・納付等の事務も代理人に処理させる場合には、前述の名称、所在地等

雇用保険被保険者関係届出事務等

代理人選任・解任届　副

<table>
<tr><td>1. 労働保険番号</td><td colspan="2">府県 所掌 管轄 基幹番号 枝番号
11101116223</td><td>2. 雇用保険事業所番号</td><td colspan="2">1101－116223－1</td></tr>
<tr><td>事項＼区分</td><td colspan="2">選任代理人</td><td colspan="3">解任代理人</td></tr>
<tr><td>3. 職名</td><td colspan="2">浦和営業所長</td><td colspan="3">横浜営業所長（前浦和営業所長）</td></tr>
<tr><td>4. 氏名</td><td colspan="2">小宮　恵</td><td colspan="3">山川　進</td></tr>
<tr><td>5. 生年月日</td><td colspan="2">明・大・(昭)・平・令　40 年 12 月 28 日</td><td colspan="3">明・大・(昭)・平・令　38 年 8 月 4 日</td></tr>
<tr><td>6. 代理事項</td><td colspan="2">浦和営業所に係る雇用保険被保険者関係届出に関する一切の事務</td><td colspan="3">浦和営業所に係る雇用保険被保険者関係届出に関する一切の事務</td></tr>
<tr><td>7. 選任又は解任の年月日</td><td colspan="2">令和5 年 2月 1日</td><td colspan="3">令和5 年 1月 31日</td></tr>
<tr><td rowspan="2">8. 選任代理人が使用する印鑑</td><td rowspan="2">印</td><td rowspan="2">9. 選任又は解任に係る事業場</td><td>所在地</td><td colspan="2">さいたま市浦和区常盤1-1-1</td></tr>
<tr><td>名称</td><td colspan="2">ラッキー化粧品株式会社
浦和営業所</td></tr>
</table>

雇用保険法施行規則第145条の規定により上記のとおり届けます。

令和5 年　2 月　3 日

浦和 公共職業安定所長　殿

住所　東京都港区芝公園1-5-32

事業主

氏名　ラッキー化粧品株式会社　代表取締役　三村要一

（法人のときはその名称及び代表者の氏名）

社会保険労務士記載欄	作成年月日・提出代行者・事務代理者の表示	氏名	電話番号

〔注意〕

1　記載すべき事項のない欄には斜線を引き、事項を選択する場合には該当事項を○で囲むこと。
2　6欄には、事業主の行うべき労働保険に関する事務の全部について処理される場合には、その旨を、事業主の行うべき事務の一部について処理される場合には、その範囲を具体的に記載すること。
3　選任代理人の職名、氏名、代理事項又は印鑑に変更があったときは、その旨を届け出ること。
4　社会保険労務士記載欄は、この届書を社会保険労務士が作成した場合のみ記載すること。
5　この様式は、労働保険代理人選任・解任届、労働者災害補償保険代理人選任・解任届及び雇用保険被保険者関係届出事務等代理人選任・解任届を一括して記載できるようになっているので、届書を作成する必要がない届名は、横線を引き抹消すること。

2021. 9

に変更のあった場合の届出手続に準じて処理してください。
また、代理人の職名、氏名、印鑑もしくは代理事項に変更があったとき、または代理人を解任したときも、同様に届け出なければなりません。

（4）任意加入および保険関係の消滅の認可に関する手続

1　任意加入

暫定任意適用事業にあっては、雇用保険に加入するかどうかは、原則として事業主の自由意思によりますが、加入の申請を行うにはその事業に使用される労働者の２分の１以上の同意が必要です。
また、その事業に使用される労働者の２分の１以上が希望するときは、加入の申請をしなければなりません（徴収法附則第２条第２項、第３項)。
任意加入の手続は次のとおりです。

(1)　労働保険任意加入申請書（以下「任意加入申請書」といいます）の提出

任意加入申請書３部を、所轄の公共職業安定所長を経由して所轄都道府県労働局長に提出します。

この申請書には、被保険者となるべき者の２分の１以上の同意を得たことを証明できる書類を添える必要があります（徴収則附則第２条)。

この申請書の提出がありますと、都道府県労働局から、加入を認可するか否かの通知があります。加入が認可されたときの通知は、「任意加入認可年月日」と「労働保険番号」が記載されますが、「労働保険番号」はその後の労働保険料の納付などに使用しますので、誤りのないよう注意してください。

(2)　雇用保険の任意加入の認可がありますと、その事業については、認可があった日に雇用保険に係る保険関係が成立して適用事業となり、その事業に雇用される労働者は、任意加入の認可に同意したか否かを問わず、全員が被保険者となります。

したがって、任意加入の認可を受けた暫定任意適用事業の事業主は、適用事業所設置届およびその事業に雇用される労働者について被保険者資格取得届を、その事業所の所在地を管轄する公共職業安定所の長に提出しなければなりません。

(3)　労災保険と雇用保険にはじめて加入する場合には「概算保険料申告書」を提出し、概算保険料を納付（保険関係成立の日から50日以内）しなければなりません（徴収法第15条、徴収則第24条）。

すでに労災保険に加入済みで雇用保険に加入した場合には、加入後の労働保険料が、すでに申告、納付してある概算保険料の額の2倍を超え、その差額が130,000円以上である場合には「増加概算保険料申告書」を提出し、増加した増加概算保険料を納付（雇用保険に係る保険関係成立の日から30日以内）しなければなりません（徴収法第16条、徴収則第25条）。

なお、任意加入申請書（記載例55ページ）の記載要領は、保険関係成立届の記載要領とほぼ同様ですので、これに準じて記載してください。

2　雇用保険の保険関係消滅の認可に関する手続

任意加入の認可を受けた暫定任意適用事業の事業主が、その事業に使用される労働者の4分の3以上の同意を得て、都道府県労働局長の認可を受けたときは、その認可のあった日の翌日に雇用保険に係る保険関係は消滅します（徴収法附則第4条）。

この認可を受けるには、「労働保険保険関係消滅申請書」（記載例56ページ）を所轄公共職業安定所長を経由して都道府県労働局長に提出しなければなりませんが、その事業に使用される雇用保険の被保険者の4分の3以上の同意を得たことを証明することができる書類を添える必要があります（徴収則附則第3条）。

この認可があると、その事業に雇用される労働者は、全員、被保険者でなくなり、事業主は、被保険者資格喪失届を、その事業所の所在地の管轄公共職業安定所長に提出しなければなりません。

様式第1号（第4条、第64条、附則第2条関係）（1）（表面）

提出用

労働保険
0：保険関係成立届（継続）（事務処理委託届）
1：保険関係成立届（有期）
2：任意加入申請書（事務処理委託届）

令和4年4月5日

※種別 31602

北海道 労働局長 / 労働基準監督署長 / 公共職業安定所長 殿

下記のとおり（イ）届けます。（31600又は31601のとき）（ロ）労災保険（ハ）雇用保険の加入を申請します。（31602のとき）

①事業主 住所又は所在地	
氏名又は名称	
②事業 所在地	〒043-0183 函館市花園町X-X 電話番号 0138-55-XXXX
名称	小西畜産
③事業の概要	養豚業
④事業の種類	農業
⑤加入済の労働保険	(イ) 労災保険 (ロ) 雇用保険
⑥保険関係成立年月日	（労災）令和3年4月1日 （雇用）令和4年4月3日
⑦雇用保険被保険者数	一般・短期 3人 日雇 人
⑧賃金総額の見込額	12,205千円
⑨委託事務組合 所在地 / 名称 / 代表者氏名	
⑩委託事務内容	
⑪事業開始年月日	年 月 日
⑫事業廃止等年月日	年 月 日
⑬建設の事業の請負金額	円
⑭立木の伐採の事業の素材見込生産量	立方メートル
⑮発注者 住所又は所在地 / 氏名又は名称	

事業所

郵便番号	043-0183
住所（カナ）市・区・郡名	ハコダテシ
住所（カナ）町村名	ハナゾノチョウ
住所（カナ）丁目・番地	X-X
住所（漢字）市・区・郡名	函館市
住所（漢字）町村名	花園町
住所（漢字）丁目・番地	X-X
名称・氏名（カナ）	コニシチクサン
名称・氏名（カナ）つづき	コニシサチコ
電話番号	0138-55-XXXX
名称・氏名（漢字）	小西畜産
名称・氏名（漢字）つづき	小西幸子
常時使用労働者数	4
雇用保険被保険者数	3
法人番号	4567890123456

事業主氏名（法人のときはその名称及び代表者の氏名）
小西畜産
代表取締役　小西　幸子

様式第20号（附則第3条関係）

労働保険
保険関係消滅申請書

① 労働保険番号	府県 11 / 所掌 1 / 管轄 01 / 基幹番号 116223 / 枝番号	② 雇用保険事業所番号	1101－116223－1
③ 事業 所在地	埼玉県秩父市下影森123	⑤ 保険関係成立年月日	（イ）労災保険の成立 58年4月1日 （ロ）雇用保険の成立 58年4月1日
③ 事業 名称	高村林業	⑥ 使用労働者数	（イ）常時使用労働者数 4人 （ロ）雇用保険被保険者数 4人
④ 事業の概要	木材伐出	⑦ 事業の種類	木材伐出業
		⑧ 賃金締切日	毎月末日
⑨ 消滅を申請する保険関係	（イ）労災保険に係る保険関係 （ロ）雇用保険に係る保険関係（○）	⑩ 特例による労災保険の保険給付を受けている（又は受けていた）労働者の有無	有・無（○）
申請の理由	労働者４名とも雇用保険の脱退を希望したため		

上記により労災保険・雇用保険の保険関係の消滅の申請をします。

令和4年　4月　4日

郵便番号（　270　－　1492　）
電話番号（　047　－　455　－　XXXX　）

埼玉 労働局長殿

事業主
住所　千葉県船橋市小室町X-XX
氏名　高村　太郎
（法人のときはその名称及び代表者の氏名）

社会保険労務士記載欄	作成年月日・提出代行者・事務代理者の表示	氏名	電話番号

〔注意〕

1. 記載すべき事項のない欄には、斜線を引き、事項を選択する場合には該当事項を○で囲むこと。
2. この申請書には、労災保険に係る保険関係の消滅の場合にあっては使用労働者の過半数の同意を、雇用保険に係る保険関係の消滅の場合にあっては、雇用保険の被保険者の4分の3以上の同意を得たことを証明することができる書類を添えること。

（用紙の大きさは、A4とすること。）

第３章
雇用保険の被保険者

1　被保険者

（1）被保険者とは

1　被保険者となる者

雇用保険の適用事業に雇用される労働者は、3に掲げる「被保険者とならない者」を除き、原則として雇用保険の被保険者となります（法第4条第1項および第6条）。すなわち、適用事業に雇用される労働者は、「被保険者とならない者」に該当しない限り、その意思のいかんにかかわらず、法律上当然に被保険者となります。

2　被保険者の種類

被保険者には、一般被保険者、高年齢被保険者、短期雇用特例被保険者および日雇労働被保険者の4つの種類があります。

(1)　一般被保険者

一般被保険者とは高年齢被保険者、短期雇用特例被保険者および日雇労働被保険者以外の被保険者をいいます。

(2)　高年齢被保険者

高年齢被保険者とは、65歳以上の被保険者（短期雇用特例被保険者および日雇労働被保険者を除く）のことをいいます（法第37条の2第1項）。なお、令和4年1月1日から、高年齢被保険者については本人申出に基づく二重加入の特例がスタートしました。

高年齢被保険者が失業した場合には、後述するように、高年齢求職者給付金が支給されます（法第37条の2第1項参照）。

(3)　短期雇用特例被保険者

短期雇用特例被保険者とは、季節的に雇用される者のうち次のいずれにも該当しないもの（日雇労働被保険者を除きます）をいいます（法第38条）。この場合、「季節的に雇用される者」とは、季節的業務に期間を定めて雇用される者または季節的に入・離職する者のことです。

イ　4カ月以内の期間を定めて雇用される者

ロ　1週間の所定労働時間が30時間未満である者

なお、短期雇用特例被保険者が同一の事業主に引き続き1年以上雇用されるに至ったときは、その1年以上雇用されるに至った日（以下「切替日」）といいます）以後は、短期雇用特例被保険者でなくなり、次の①、②のとおりとなります。

① 切替日において65歳に達していない者は、一般被保険者となります。

② 切替日において65歳に達している者は、高年齢被保険者となります。

短期雇用特例被保険者が失業した場合には、後述するように、特例一時金が支給されます（法第38条第1項参照）。

(4) 日雇労働被保険者

日雇労働被保険者とは、被保険者である日雇労働者のことをいいますが、被保険者となる日雇労働者は、①適用区域内に居住しており、適用事業に雇用される者、②適用区域外に居住しているが、適用区域内の適用事業に雇用される者および③適用区域外に居住し、適用区域外の地域にある適用事業であって、日雇労働の労働市場の状況その他の事情に基づいて厚生労働大臣が指定したものに雇用される者、④公共職業安定所長の認可を受けた者です（法第43条第1項）。

なお、ここでいう日雇労働者とは、①日々雇用される者または② 30日以内の期間を定めて雇用される者のことをいいます。

3　被保険者とならない者

雇用保険の適用事業に雇用される労働者は、原則として雇用保険の被保険者となりますが、これらの労働者の中には、雇用期間の短い者、他の制度によって失業時の保護を受けることができる者等が含まれており、これらの者については、雇用保険法が適用されず、雇用保険の被保険者とならないこととされています（法第6条）。

雇用保険の被保険者とならないこととされている者に、次のようなものがあります。

(1)　1週間の所定労働時間が20時間未満である者（日雇労働被保険者に

該当する者を除きます）

(2)　同一の事業主の適用事業に継続して31日以上雇用されることが見込まれない者（日雇労働被保険者に該当する者または日雇労働者であって前2カ月の各月に18日以上同一の事業主の適用事業に雇用された者を除きます）

(3)　季節的に雇用される者であって、4カ月以内の期間を定めて雇用される者または1週間の所定労働時間が30時間未満である者

(4)　学校、専修学校または各種学校の学生または生徒

ただし、定時制の課程に在学する者、休学中の者など次に掲げる一定範囲を除きます。

①　卒業予定者で、卒業後も引き続き雇用される予定の者

②　休学中の者

③　定時制の課程に在学する者

④　①～③に準じる者として職業安定局長が定める者

(5)　船員であって、漁船に乗り組むため雇用される者（1年を通じて船員として雇用される者を除きます）

(6)　国、都道府県、市町村その他これらに準ずるものの事業に雇用される者のうち、離職した場合に、他の法令、条例、規則等に基づいて支給を受けるべき諸給与の内容が、雇用保険の求職者給付および就職促進給付の内容を超えると認められるものであって、則第4条第1項に定めるもの

(1)で「1週間の所定労働時間が20時間未満」であるか否かは、次のとおり判断します。

「1週間の所定労働時間」とは、「通常の週（祝日、夏季休暇等の特別休暇を含まない週）」に勤務すべき時間をいいます。1週の所定労働時間が変動し、通常の週の所定労働時間が一とおりでないときは、加重平均により算定された時間とし、所定労働時間が1カ月の単位で定められている場合には、当該時間を12分の52で除した時間を1週の所定労働時間とします。

(2)で「31日以上雇用されることが見込まれる」とは、次の場合をいい

ます。

① 期間の定めがなく雇用される場合

② 雇用期間が31日以上である場合

③ 雇用期間が31日未満である場合

雇用期間が31日未満でも、次のいずれにも該当する場合を除き、31日以上雇用が見込まれる者として扱います。

イ 契約が更新される旨または更新される場合がある旨明示されていないこと

ロ 同様の雇用契約に基づき雇用されている者について31日以上雇用された実績がないこと

雇入れ後31日以上雇用されることが見込まれることになったときは、その時点から被保険者となります。派遣労働者についても同じです。

(4)の学生・生徒については、大学・高校の夜間等の者以外のもの（昼間学生）は、被保険者となりません。ただし、昼間学生であっても、次の①から④の者は被保険者となります。

① 卒業見込証明書を有し、卒業後も引き続き当該事業に勤務する予定の者

② 休学中の者

③ 事業主の命により（雇用関係を継続したまま）、大学院等に在学する者（社会人大学院生など）

④ 一定の出席日数を要件としない学校に在学し、他の労働者と同様に勤務し得ると認められる者

4 その他被保険者の範囲に関する具体例

(1) 法人の代表者

代表取締役、有限会社の取締役（ただし、定款等に基づいて会社を代表しないこととされている取締役は除く）、合名会社の業務執行社員たる代表社員、合資会社の業務執行社員たる無限責任社員は、被保険者から除外されます。

(2) 監査役、株式会社の取締役等

監査役、株式会社の取締役は委任関係によるものですから、原則とし

て被保険者から除外されます。ただし、取締役であっても同時に会社の部長、支店長、工場長等会社の従業員としての身分を有している者で報酬支払等の面からみて労働者的性格が強い者であって、雇用関係があると認められるものは被保険者となる場合があります。すなわち、その人に支払われる役員報酬と賃金とを比較して賃金として支払われる額の方が多額であるかどうか、その他その者の就労実態、就業規則の適用状況などからみて労働者的性格が強い場合は被保険者として取り扱われます。この場合、雇用保険における賃金は、従業員としての身分について支払われるものに限られ、役員報酬は含まれません。

農業協同組合等の役員およびその他の法人または法人格のない団体もしくは財団の役員は、雇用関係が明らかでない限り被保険者となりません。

(3) 生命保険会社の外務員等

生命保険会社の外務員は、その職務の内容、服務の態様、給与の算出方法等の実態により総合的に、雇用関係が明確であるかどうかを判断しなければなりません。雇用関係が明確であるためには、単に固定給が支給されること、就業規則があること、出勤義務があることなどの１、２のみをもってみるものではなく、職務の内容および服務が事業主から支配を受け、その規律の下に労働を提供するものであって、会社に対する損害や成績不良につき一般社員と同様な何らかの制裁を受ける等の実態がなければなりません。

損害保険会社の外務員は、事業主の指揮監督の度合いが強いこと、固定給の占める割合が多いこと等からみて、通常雇用関係が明確であるので、一般的には被保険者となります。ただし、損害保険会社のうち月掛保険の勧誘外務員は、生命保険会社の外務員と勤務実態が似ているので、それらの者と同様、雇用関係が明らかな者のみ被保険者となります。

その他の外務員については、勤務が拘束されているかなど勤務の態様により雇用関係があると判断される場合に限って被保険者となります。

(4) 家事使用人

家事使用人は、被保険者となりません。ただし、適用事業の事業主に雇用され、主として家事以外の労働に従事することを本務とする者は、例外的に家事に使用されることがあっても被保険者となります。

(5)　在宅勤務者

在宅・テレワーク勤務者等については、事業所勤務者との同一性が確認できれば原則として被保険者となり得ます。

同一性とは、他の労働者と同一の就業規則等の諸規定（その性質上在宅勤務に適用できない条項を除きます）が適用されること（在宅勤務者用の就業規則が存在し、労働条件・福利厚生が他とおおむね同等以上である場合を含みます）をいいます。

判断に際しては、次の諸点に留意します。

①　指揮監督系統の明確性

②　拘束時間等の明確性

③　勤務管理の明確性

④　報酬の労働対償性の明確性

⑤　請負・委任的色彩の不存在

(6)　国外で就労する労働者

適用事業の事業主に雇用される労働者が事業主の命により日本国の領域外において就労する場合には、その労働者が出張して就労する場合または適用事業主の支店、出張所等に転勤した場合に、被保険者となります。

また、その者が日本国の領域外にある他の事業主の事業に出向し、雇用された場合には、国内の出向元事業主との雇用関係が継続している限り被保険者となります。

現地で採用される者は、国籍のいかんにかかわらず被保険者となりません。

(7)　在日外国人

日本国に在住し、就労する外国人は、外国公務員および外国の失業補償制度の適用を受けていることが立証された者を除き、国籍（無国籍を含む）のいかんを問わず適用要件を満たせば被保険者となります。

外国人技能実習生も適用要件を満たした就労であれば被保険者となります。

（2）被保険者となったこと　または被保険者でなくなったことの確認

1　被保険者となったことおよび被保険者でなくなったことについては、厚生労働大臣が確認を行うことになっています（法第９条）。

失業等給付を受ける等の権利の行使は厚生労働大臣の確認を経て初めて具体的に行うことができるものであり、また、厚生労働大臣の確認のあった日の２年前の日より前の期間は原則として被保険者期間または被保険者であった期間の計算の基礎としないこととされている（期間計算の特例については、第４章の２の(1)の４ 被保険者期間の計算を参照）等、厚生労働大臣の確認を経なければ被保険者としての権利義務が十分に効力を生じないしくみになっています。

このような確認制度が設けられているのは、基本手当の所定給付日数を算定するための基礎となる被保険者歴を確実に把握する必要があること等の理由によるものです。

なお、厚生労働大臣の確認の権限は、公共職業安定所長に委任されています。

2　被保険者となったことまたは被保険者でなくなったことの確認は、

(1)　事業主からの被保険者となったことまたは被保険者でなくなったことに関する届出

(2)　労働者の請求

(3)　厚生労働大臣（公共職業安定所長に権限委任）の職権

に基づいて行われます（法第９条）。

（３）短期雇用特例被保険者の確認

1　厚生労働大臣は、被保険者となったことの確認を行う際に同時に、短期雇用特例被保険者に該当するかどうかの確認を行います（法第38条第２項）。

この厚生労働大臣の確認の権限は、公共職業安定所長に委任されています。

2　短期雇用特例被保険者の確認は、上に述べた場合のほか、

(1)　被保険者または被保険者であった者の申出により被保険者が短期雇

用特例被保険者に該当することを知った時
(2) 公共職業安定所長の職権による調査により被保険者が短期雇用特例被保険者に該当することを知った時

にも行われます。

(4) 確認の請求

被保険者または被保険者であった者は、いつでも被保険者資格の取得または喪失の確認を請求することができます（法第８条）。

すなわち、事業主が故意に届出を怠っているような場合には、その事業主に雇用されている者または雇用されていた者は、自らその被保険者資格の取得または喪失の事実があったことを主張し、その被保険者資格の取得または喪失の確認請求を行うことができます。

確認の請求は、文書または口頭のいずれかによって、確認請求に係る被保険者資格の取得または喪失の日においてその者が使用されていた事業所の所在地を管轄する公共職業安定所の長に対して行います（則第８条第１項）。

文書で請求しようとする者は、氏名、住所および生年月日、請求の趣旨、事業主の氏名ならびに事業所の名称および所在地、被保険者となったことまたは被保険者でなくなったことの事実、その事実のあった年月日およびその原因、請求の理由を記載した請求書を提出しなければなりません。この場合、証拠があるときはこれを添えて提出することになります（則第８条第２項）。

また、口頭で請求をしようとする者は、文書で請求する場合の各事項について公共職業安定所長に陳述しなければなりません。この場合、証拠があるときは提出することになります（則第８条第３項）。

2　被保険者についての事務手続

（1）雇用保険被保険者資格取得届

事業主は、雇い入れた労働者が雇用保険の一般被保険者、高年齢被保険者または短期雇用特例被保険者（以下「被保険者」といいます）となる場合は、その者について、その事業所の所在地を管轄する公共職業安定所の長に「被保険者資格取得届」（記載例 67 ページ）を提出（年金事務所経由も可）して、その者が被保険者となったことについて公共職業安定所長の確認を受けなければなりません（法第７条、則第６条）。なお、特定法人（資本金１億円超の法人等）については、令和２年４月以降、電子申請が原則とされています。

1　被保険者資格取得届の提出に当たっての注意

(1)　被保険者資格取得届を提出する期限

被保険者となった日の属する月の翌月 10 日までです。

(2)　被保険者となる日

一般的には雇い入れた日が被保険者となる日です。しかし次のような場合もあります。

イ　暫定任意適用事業である事業が、労働者の増加、事業内容の変更あるいは個人事業主が法人事業主となったことなどによって、適用事業となった場合には、その事業に雇用されている者はその事業が適用事業となるに至った日から被保険者となります。

ロ　暫定任意適用事業である事業が、厚生労働大臣（都道府県労働局長にその権限が委任されている）の認可を受けて雇用保険に加入し適用事業となった場合には、その事業に雇用されている労働者は、任意加入の認可があった日から被保険者となります。

ハ　日雇労働者が、①２カ月の各月において 18 日以上同一の事業主の適用事業に雇用されるに至ったときまたは②同一の事業主に継続して 31 日以上雇用されるに至ったときは、①についてはその翌月の最初の日から、②については 31 日以上雇用されるに至った日から被保険

様式第2号（第6条関係）

雇用保険被保険者資格取得届

標準字体 0 1 2 3 4 5 6 7 8 9

（必ず第２面の注意事項を読んでから記載してください。）

帳票種別 19101

1. 個人番号 567890123456

2. 被保険者番号 1301－543678－5

3. 取得区分 2（1 新規 2 再取得）

4. 被保険者氏名 太田勝男

フリガナ（カタカナ） オオタ カツオ

5. 変更後の氏名

フリガナ（カタカナ）

6. 性別 1（1 男 2 女）

7. 生年月日 3－561010（元号 年 月 日）（2 大正 3 昭和 4 平成 5 令和）

8. 事業所番号 1301－019238－2

9. 被保険者となったことの原因 2

（1 新規雇用（新規学卒） 2 新規（その他）雇用 3 日雇からの切替 4 その他 8 出向元への復帰等（65歳以上））

10. 賃金（支払の態様－賃金月額：単位千円） 1－ 200（百万 十万 万 千円）（1 月給 2 週給 3 日給 4 時間給 5 その他）

11. 資格取得年月日 5－040401（元号 年 月 日）（4 平成 5 令和）

12. 雇用形態 4（1 日雇 2 派遣 3 パートタイム 4 有期契約労働者 5 季節的雇用 6 船員 7 その他）

13. 職種 02（01～11 第２面参照）

14. 就職経路 1（1 安定所紹介 2 自己就職 3 民間紹介 4 把握していない）

15. 1週間の所定労働時間 4000（時間 分）

16. 契約期間の定め 1

1 有 — 契約期間 5－040401 から 5－050331 まで（元号 年 月 日）（4 平成 5 令和）

契約更新条項の有無 1（1 有 2 無）

2 無

事業所名 小川商事株式会社

備考

17欄から23欄までは、被保険者が外国人の場合のみ記入してください。

17. 被保険者氏名（ローマ字）（アルファベット大文字で記入してください。）

被保険者氏名〔続き（ローマ字）〕

18. 在留カードの番号（在留カードの右上に記載されている12桁の英数字）

19. 在留期間（西暦 年 月 日）まで

20. 資格外活動の許可の有無（1 有 2 無）

21. 派遣・請負就労区分（1 派遣・請負労働者として主として当該事業所以外で就労する場合 2 1に該当しない場合）

22. 国籍・地域（ ）

23. 在留資格（ ）

※公共職業安定所記載欄

24. 取得時被保険者種類（1 一般 2 短期常態 3 季節 11 高年齢被保険者（65歳以上））

25. 番号複数取得チェック不要（チェック・リストが出力されたが、調査の結果、同一人でなかった場合に「1」を記入。）

26. 国籍・地域コード（22欄に対応するコードを記入）

27. 在留資格コード（23欄に対応するコードを記入）

雇用保険法施行規則第6条第1項の規定により上記のとおり届けます。

令和 4 年 4 月 6 日

住所 中央区銀座4-11-XXX

事業主 氏名 小川商事株式会社
代表取締役 小川 高男

電話番号 03(3476) XXXX

飯田橋 公共職業安定所長 殿

社会保険労務士記載欄	作成年月日・提出代行者・事務代理者の表示	氏名	電話番号

※

所長	次長	課長	係長	係	操作者

※備考

確認通知 令和 年 月 日

（この用紙は、このまま機械で処理しますので、汚さないようにしてください。）

2021. 9

者となります。

ニ　4カ月以内の期間を定めて季節的事業に雇用される者が、その定められた期間を超えて引き続き同一の事業主の適用事業に雇用されるに至ったときは、その定められた期間を超えた日から被保険者となります。

(3)　被保険者資格取得届を提出する際に携行する書類

平成22年改正で、被保険者資格取得時には原則として書類の携行が不要となりました。ただし、事業主が次の①から④のいずれかに該当する場合には、イからハの書類を携行します。

・書類の携行が必要な場合

①　事業主として初めて資格取得届を提出する場合

②　被保険者となった日の属する月の翌月10日を超えて資格取得届を提出する際

③　被保険者となった日の属する月の翌月10日から起算して過去3年間に失業等給付の返還等を命ぜられたことその他これに準じる事情があった場合

④　その他記載事項に疑義がある場合その他職業安定局長が定める場合

・提出書類の種類

イ　賃金台帳、労働者名簿、出勤簿（タイムカード等）、他の社会保険の資格取得関係書類等、その労働者を雇用したことおよびその年月日が明らかとなるもの

ロ　届出に係る者が有期契約労働者に該当する場合には、雇用契約書、雇入通知書等、その者の賃金に関する約定内容、週所定労働時間、雇用契約期間等を明らかにするもの

ハ　その事業所について最初に被保険者資格取得届を提出するときは、事業所設置届

ただし、被保険者が同居親族、兼務役員、在宅勤務者などであるときは、届出内容について精査する必要があるので前記①から④以外の場合でも書類の携行が求められます。

(4)　罰　則

事業主が被保険者となったことについての届出をせず、または偽りの届出をした場合は処罰されます（法第 83 条第 1 号）。

2　被保険者資格取得届の記載

(1)　被保険者となったことについて確認が行われたときは、公共職業安定所から「雇用保険被保険者資格取得等確認通知書（事業主通知用）」にその旨を記載して交付されます。

(2)　資格取得等確認通知書とあわせて、雇用保険被保険者証〔雇用保険被保険者資格取得確認等通知書（被保険者通知用）と一体となっています〕が交付されますので、すみやかにこれらを本人に交付してください。

(3)　この雇用保険被保険者資格取得等確認通知書を受領したときは、その被保険者を雇用している期間中およびその者が被保険者資格を喪失してから 4 年間は大切に保管し、関係官庁の職員から要求があったときは提示しなければなりません。

(4)　被保険者資格取得届の記載に当たっては、用紙の裏面の注意をよく読み記載例を参考として、正確に記載してください（記載例は被保険者ごとの単記式のものです）。

（2）雇用保険被保険者証

所定給付日数を決定するためには、法第 22 条第 3 項から第 5 項の規定に基づき、その者に係る被保険者であった期間を算定する必要があります（第 4 章の 2 の（1）の 9 所定給付日数を参照）。この算定を行う上で必要とされる各被保険者の被保険者歴（被保険者となったこと、被保険者でなくなったこと等）および失業等給付等の受給歴（基本手当の所定給付日数、受給の有無等）は、被保険者ごとに付されるその者の固有の番号（被保険者番号）によって整理、記録されますが、雇用保険被保険者証（以下「被保険者証」といいます）は、被保険者であった期間の算定上必要な被保険者番号を把握するため、被保険者に交付され、各被保険者の被保険者歴、失業等給付の受給歴を正確に整理、記録するためのいわば潤滑油の役割を果たすものです。

また、被保険者証は、紛失すれば紛失した被保険者証に記載してある被保険者番号等を確認した上再交付されますが、仮にその被保険者番号が確認できなかったときにはその被保険者番号で整理、記録されていたその者の過去の被保険者であった期間が確認できず、失業した場合に支給される基本手当の給付日数の決定の上で不利になりかねません。したがって、この意味からも被保険者証は紛失することのないよう本人により大切に保管される必要があります。

1　被保険者証の交付

被保険者証は、公共職業安定所長が、被保険者となったことの確認を行った場合に交付します。

なお、公共職業安定所長から被保険者に被保険者証を交付する場合は、通常は、事業主を通じて行います。事業主から被保険者に対する通知に使われる「雇用保険被保険者資格取得等確認通知書（被保険者通知用）」（「雇用保険被保険者証」と一体になっており、切り離すことができる様式）は、新たに雇用保険加入手続が取られた場合等にその事実を被保険者本人が確実に把握できることを確保するためのものですので、被保険者証とともに、被保険者に確実に交付する必要があります。

2　被保険者証の提示

被保険者証の交付を受けている者が被保険者となったことの確認を請求しようとするときには、その被保険者証を被保険者となったことの確認を請求しようとする公共職業安定所長に提出しなければなりません。

3　被保険者証の再交付

被保険者証を滅失し、また損傷したときは、被保険者は「雇用保険被保険者証再交付申請書」（記載例 71 ページ）を公共職業安定所長に提出して再交付を受けることができます。

様式第８号（第10条関係）

※	所長	次長	課長	係長	係

雇用保険被保険者証再交付申請書

申請者	1. フリガナ / 氏名	ミゾグチ　テツシ / 溝口　哲史	2. 性別 ①男 2女	3. 生年月日	大・㊗昭・平・令 40年 9月 13日
	4. 住所又は居所	鳥取市扇町XX			郵便番号 680 － 0846
現に被保険者として雇用されている事業所	5. 名称	鳥取製紙株式会社			電話番号 0857-XX-XXXX
	6. 所在地	鳥取市東町X-XXX			郵便番号 680 － 0011
最後に被保険者として雇用されていた事業所	7. 名称				電話番号
	8. 所在地				郵便番号 －
9. 取得年月日		昭和62年 10月 1日			
10. 被保険者番号		3101－019876－2			※安定所確認印
11. 被保険者証の滅失又は損傷の理由		誤って焼失した。			

雇用保険法施行規則第10条第3項の規定により上記のとおり雇用保険被保険者証の再交付を申請します。

令和4年5月7日

鳥取　公共職業安定所長　殿

申請者氏名　溝口　哲史

※ 再交付年月日	令和　年　月　日	※備考	

注意

1　被保険者証を損傷したことにより再交付の申請をする者は、この申請書に損傷した被保険者証を添えること。

2　1欄には、滅失又は損傷した被保険者証に記載されていたものと同一のものを明確に記載すること。

3　5欄及び6欄には、申請者が現に被保険者として雇用されている者である場合に、その雇用されている事業所の名称及び所在地をそれぞれ記載すること。

4　7欄及び8欄には、申請者が現に被保険者として雇用されている者でない場合に、最後に被保険者として雇用されていた事業所の名称及び所在地をそれぞれ記載すること。

5　9欄には、最後に被保険者となったことの原因となる事実のあった年月日を記載すること。

6　※印欄には、記載しないこと。

7　なお、本手続は電子申請による届出も可能です。詳しくは公共職業安定所までお問い合わせください。

2021. 9

（3）雇用保険被保険者資格喪失届

事業主は、被保険者（被保険者となったことについて公共職業安定所長の確認を受けている者）が、離職その他の理由（以下、1(2)の被保険者資格喪失届を提出すべき場合の項参照）で被保険者でなくなった場合は、その事実のあった日の翌日から起算して10日以内に、事業所の所在地を管轄する公共職業安定所の長に「雇用保険被保険者資格喪失届」（記載例75ページ）を提出（年金事務所経由も可）して被保険者でなくなったことの確認を受けなければなりません（法第7条、則第7条第1項、第2項）。なお、特定法人（資本金1億円超の法人等）については、令和2年4月以降、電子申請が原則とされています。

1　被保険者資格喪失届の提出に当たっての注意

(1)　被保険者資格喪失届を提出する期限

被保険者でなくなったことの事実のあった翌日から起算して10日以内です。

(2)　被保険者資格喪失届を提出すべき場合

一般的には、離職した日の翌日に被保険者でなくなることになります。このほか、次のような理由によるときでもその事実のあった日の翌日から被保険者でなくなることになりますから、資格喪失届をその都度提出しなければなりません。

イ　被保険者が死亡したとき

ロ　任意加入の認可を受けて適用事業となった暫定任意適用事業が、被保険者に係る保険関係の消滅につき、都道府県労働局長の認可を受けたとき

ハ　国、都道府県、市町村等に臨時職員（退職手当支給の対象とならない職員）として雇用され雇用保険の被保険者であった者が、正規の職員に採用され、または退職手当の支給の対象となったことにより、雇用保険法の適用を受けなくなったとき

ニ　重役となり経営者（委任契約）とみなされることとなったとき

有期契約労働者、派遣労働者については、次の日に被保険者でなくなったものとして扱います。

・有期契約労働者

原則として最後の雇用契約期間の終了日の翌日に被保険者資格を喪失しますが、同一事業主の下で次の雇用開始が見込まれるときは資格が継続します。当初の予定と異なり、「次の雇用開始までの期間がおおむね３カ月を超えることが明らかとなった（結果的に超えるに至った）」ときまたは「次の雇用が開始されないことが明らかとなったとき」等は、最後の雇用契約期間の終了日の翌日に被保険者資格を喪失したものとして取り扱います。

・派遣労働者（労働者派遣事業に雇用される派遣労働者のうち常時雇用される労働者以外の者に限ります）

原則として派遣就業に係る雇用契約期間の終了日の翌日に被保険者資格を喪失しますが、次の派遣就業開始が見込まれるときは資格が継続します。派遣労働者が当該派遣元事業主の下で派遣就業を希望し、登録している場合には、次の雇用開始が見込まれるものとして取り扱います。

ただし、次のいずれかの事由が生じたときは、最後の雇用契約期間の終了日の翌日に被保険者資格を喪失したものとして取り扱います。

① 派遣労働者が次の派遣就労を希望しない旨明らかにした場合

② 事業主が雇用契約の終了時までに次の派遣就労を指示しない場合（労働者が同一派遣元事業主の下で派遣就業を希望する場合を除く）

③ 最後の雇用契約期間の終了日から１カ月程度以内に次の派遣就業が開始されなかった場合

④ 他の事業所で被保険者となった場合または被保険者となるような求職条件での求職活動を行うこととなった場合

(3) 被保険者資格喪失届を提出する際に携行する書類

賃金台帳、出勤簿（タイムカード等）、労働者名簿、他の社会保険の被保険者資格喪失関係書類等、その労働者が被保険者でなくなったことの事実、その年月日およびその者の週所定労働時間が明らかとなるもの

(4)　被保険者資格喪失届に添付して提出する書類

被保険者でなくなったことの原因が離職によるものであるときは、事業主は原則として、被保険者資格喪失届に、その者についての雇用保険被保険者離職証明書（以下「離職証明書」といいます）を添付しなければなりません。ただし、離職者が雇用保険被保険者離職票（以下「離職票」といいます）の交付を希望しないときは、離職証明書を添える必要はありません。

なお、離職証明書の詳細については、次の（4）雇用保険被保険者離職証明書を参照してください。

(5)　罰　則

事業主が届出を怠り、被保険者でなくなったことの確認が行われていない場合は、離職票の発行もされず、したがって失業給付も受けられないこととなり、離職者にとって非常に不利益をこうむることとなります。この面からも、事業主は、遅れずに届出を行わなければなりません。

事業主が被保険者でなくなったことについての届出をせず、または、偽りの届出をした場合は、処罰の対象となります（法第83条第1号）。

2　被保険者資格喪失届の記載

(1)　被保険者でなくなったことについての確認が行われたときは、雇用保険被保険者資格喪失確認通知書にその旨を記載して交付されます。

(2)　また、雇用保険被保険者資格喪失確認通知書とあわせて、離職票〔離職票交付希望がないときは雇用保険被保険者資格喪失確認通知書（被保険者通知用）〕が交付されますので、すみやかにこれらを本人に交付してください。

(3)　被保険者でなくなったことに関する書類は、4年間大切に保管し、関係官庁の職員から要求があったときは提示しなければなりません。

(4)　被保険者資格喪失届の記載に当たっては、用紙の裏面の注意をよく読み、次ページの記載例を参考として正確に記載してください。

様式第4号（第7条関係）（第1面）（移行処理用）

雇用保険被保険者資格喪失届

標準字体 0 1 2 3 4 5 6 7 8 9

（必ず第2面の注意事項を読んでから記載してください。）

（この用紙は、このまま機械で処理しますので、汚さないようにしてください。）

帳票種別 17191

1.個人番号 678901234567

2.被保険者番号 5000-000333-0

3.事業所番号 1301-615539-9

4.資格取得年月日 4-071001（3 昭和 4 平成 5 令和）元号 年 月 日

5.離職等年月日 5-040929 元号 年 月 日

6.喪失原因 2（1 離職以外の理由 2 3以外の離職 3 事業主の都合による離職）

7.離職票交付希望 1（1 有 2 無）

8. 1週間の所定労働時間 4000 時間 分

9.補充採用予定の有無 （空白 無 1 有）

10.新氏名

フリガナ（カタカナ）

※公共職業安定所記載欄

11.喪失時被保険者種類（3 季節）

12.国籍・地域コード（18欄に対応するコードを記入）

13.在留資格コード（19欄に対応するコードを記入）

14欄から19欄までは、被保険者が外国人の場合のみ記入してください。

14.被保険者氏名（ローマ字）又は新氏名（ローマ字）（アルファベット大文字で記入してください。）

被保険者氏名（ローマ字）又は新氏名（ローマ字）〔続き〕

15.在留カードの番号（在留カードの右上に記載されている12桁の英数字）

16.在留期間 西暦 年 月 日 まで

17.派遣・請負就労区分（1 派遣・請負労働者として主として当該事業所以外で就労していた場合 2 1に該当しない場合）

18.国籍・地域（ ）

19.在留資格（ ）

20.（フリガナ）被保険者氏名	コヨウ　ヤスコ 雇用　保子	21.性別	男・(女)	22.生年月日	大正 (昭和) 平成 令和 ××年 ×月 ×日
23.被保険者の住所又は居所	東京都北区王子X-X-X				
24.事業所名称	久保商事株式会社			25.氏名変更年月日	令和 年 月 日
26.被保険者でなくなったことの原因	残業が多いために転職希望				

雇用保険法施行規則第7条第1項の規定により、上記のとおり届けます。

令和 4 年 10 月 6 日

事業主
住所 東京都千代田区丸の内X-X
氏名 久保商事株式会社
代表取締役　久保　勉
電話番号 03-3426-XXXX

飯田橋 公共職業安定所長 殿

社会保険労務士記載欄	作成年月日・提出代行者・事務代理者の表示	氏名	電話番号

安定所備考欄	

※所長	次長	課長	係長	係	操作者

確認通知年月日
令和 年 月 日

2021. 9

（4）雇用保険被保険者離職証明書

1　離職証明書

(1)　被保険者が離職し、失業給付を受けようとする場合には、公共職業安定所に出頭し求職の申込みをした上、離職票を提出しなければなりません。この離職票は、通常は、事業主から被保険者資格喪失届に添えて提出される離職証明書に基づいて、公共職業安定所長が交付するものです。

また、公共職業安定所は、提出された離職票に基づき、その者の基本手当の日額、所定給付日数等を決定します。

このように、離職証明書は、離職者の受給権の行使に直接結びつくものであって、事業主は、この作成に当たって、誤りのないよう十分注意しなければなりません。

(2)　被保険者資格喪失届を提出する際には、本人から「離職票はいらない」旨の申出（この場合には、その者が離職票の交付を希望しない旨の意思表示として、被保険者資格喪失届の６欄に「２(無)」を記載します。ただし、59 歳以上の者については「１(有)」を選択します）がない限り、原則として離職証明書を作成して被保険者資格喪失届に添えなければならないこととされています。

離職証明書は、離職した者にたとえ受給資格がないような場合であっても、これを作成しなければなりません。また、「離職票はいらない」旨本人から申出があったために作成しなかったような場合であっても、後日、本人が事業主に離職証明書の交付を請求したときは、いつでも事業主はこれを作成しなければなりません。

(3)　離職証明書の提出期限

被保険者が離職した場合には、その事実があった日の翌日に被保険者でなくなりますが、被保険者でなくなった日の翌日から起算して 10 日以内に被保険者資格喪失届を提出し、離職したことを届け出なければなりません。離職証明書は、原則として、この被保険者資格喪失届に添付して提出することとなります。

2　離職証明書に記載する賃金

基本手当の日額、高年齢求職者給付金の額または特例一時金の額は、その者が在職中に受けた賃金に基づいて決定されるものですから、離職証明書の賃金に関する欄への記載は正確を期さなければなりません。

ところで、基本手当等の額の算定に当たり賃金日額の算定の基礎となるのは、賃金のうち臨時に支払われる賃金および３カ月を超える期間ごとに支払われる賃金を除いたものです（法第 17 条第１項）。

イ　「臨時に支払われる賃金」の意義

「臨時に支払われる賃金」とは、支給事由の性格が臨時的であるものおよび支給事由の発生が臨時的、すなわち、まれであるかあるいは不確定であるものをいいます。名称のいかんにかかわらず、これに該当しないものは臨時に支払われる賃金とはみなされません。

ロ　「３カ月を超える期間ごとに支払われる賃金」の意義

(イ)「３カ月を超える期間ごとに支払われる賃金」とは算定の事由が３カ月を超える期間ごとに発生するものをいい、通常は実際の支払いも３カ月を超える期間ごとに行われるものです。同一の性格を有する賃金の支給回数が通常年間を通じて３回以内である場合には、当該賃金は「３カ月を超える期間ごとに支払われる賃金」に該当します。

したがって、例えば年２期の賞与等は「３カ月を超える期間ごとに支払われる賃金」に該当します。

(ロ)「３カ月を超える期間ごとに支払われる賃金」であるか否かは、当該賃金の算定期間が３カ月を超えるかどうかによって定まりますから、単に支払事務の便宜等のために３カ月を超える期間ごとに一括して支払われるものはこれに該当しません。

したがって、例えば通勤手当、住宅手当等その支給額の計算の基礎が月に対応する手当が支払いの便宜上年３回以内にまとめて支払われた場合には、当該手当は賃金日額の算定の基礎に含まれることとなります。

(ハ)「３カ月を超える期間ごとに支払われる賃金」であるか否かについては同一性質を有するものごとに判断します。

したがって、例えば、名称は異なっても同一性質を有すると認められるものが年間４回以上支払われる場合は賃金日額の算定基礎に含まれることとなります。しかし、例えば燃料手当と年末賞与のように支給されるものの間に同一性が認められないものが形式的に年間計４回以上支払われたとしても賃金日額の算定基礎に含まれることとはなりません。

(ニ) ３カ月を超える期間ごとに支払われることが客観的に定められている賃金が実際の支給に際し事業主のやむを得ない事情等のため例外的に分割支給されたときは、その結果として３カ月以内の間隔で支払われることとなったとしても賃金日額の算定基礎に含まれることとはなりません。

賃金の範囲等を具体的に説明すると、次のとおりです。

(1) 賃金の定義

賃金とは、前述の賞与等に該当しない限り、賃金、給料、手当その他名称のいかんを問わず、労働の対償として事業主が労働者に支払うすべてのものをいいます。

すなわち、賃金とは、

イ　事業主が労働者に支払ったものであること

ロ　労働の対償として支払われたものであること

の２つの要件を備えているものをいい、ここで「労働の対償として支払われたもの」とは、原則として次の要件に該当するものをいいます。

(イ) 実費弁償的なものでないこと

(ロ) 恩恵的なものでないこと。すなわち、労働協約、就業規則、給与規定、労働契約等により、その支給が事業主に法律上義務づけられているものおよび慣習が慣習法となり、または慣習が労働契約の内容となることによって、その支給が事業主に義務づけられているものであること

なお、この場合、労働の対償として支払われたものとは、現実に提供された労働に対して支払われたものだけを意味するものではなく、一般に、契約その他によって、その支給が事業主の義務とされるものも含まれるものとされています。

(2) 賃金の範囲に算入される現物給与

通貨以外のもので支払われる賃金（いわゆる現物給与）の取扱いは、次のとおりです。

イ　食事、被服および住居の利益は、賃金の範囲に算入されます。

　したがって、食事、被服および住居の利益について法令または労働協約に別段の定めがなく支払われた場合においても、当然に賃金の範囲に含まれます。

ロ　その他の現物給与については、公共職業安定所長が具体的に定めた場合にだけ賃金とされますが、その範囲は、原則として「法令または労働協約に支払いの定めがあるもの」について指定されます。

ハ　現物給与について代金を徴収するものについては、原則として賃金としません。しかし、徴収金額が実際の費用の３分の１を下回るものは、実際の費用の３分の１に相当する額と徴収金額との差額が賃金として取り扱われます。

　実際の費用の３分の１を上回る代金を徴収するものは、現物給与とはなりません。

ニ　食事の利益は賃金とされます。ただし、食事の提供に対して、その実費相当額が賃金から減額されるものおよびたまたま支給される食事等、福利厚生的なものと認められるものは、賃金とはされません。

　また、住込労働者で１日２食以上給食されることが常態である者以外の者に対する食事の利益のうち、

(イ) 給食を受けても賃金が減額されないこと

(ロ) 給食を受けることが、労働協約、就業規則によって定められ、明確な労働条件の内容となっている場合でないこと

(ハ) 給食による客観的評価額が社会通念に照らし低額であること

のすべてに該当する場合には、福利厚生的なものとして取り扱い、賃金として取り扱いません。

ホ　被服の利益は賃金とされます。ただし、労働者が業務に従事するために支給する作業衣または業務上着用することを条件として支給し、もしくは貸与する被服の利益は、賃金とはなりません。

ヘ　住居の利益は賃金とされます。ただし、住居施設を無償で供与される場合に、供与されない者に対し、供与される者と均衡を失しない定額の住居手当が一律に支給されていないときは、その住居施設供与は賃金としません。

寄宿舎に入寮している者が受ける住居の利益は、実際費用の３分の１を下回って入寮費が徴収される場合に限って、実際費用の３分の１と徴収金額との差額が賃金とされます。

入寮費として実際費用の３分の１以上を徴収されている場合は、賃金とはしません。

(3)　現物給与の評価のきめ方

賃金であると認められた現物給与の評価額は、次によります。

イ　法令または労働協約に評価額が定められている場合は、その額とし、定められていない場合は、公共職業安定所長が定めた額とされます。

ロ　食事および住居の利益の評価は、月額相当（１カ月を 30 日とする）として定めます。

ハ　被服の利益の評価は、その利益が毎月供与されるものであるときは、月額相当額により定め、その他の場合はその都度評価します。

また、住居を無償で与えられている場合であって、前述の住居手当が住居を与えられていない者に支給されているときは、その手当の額を限度として評価します。

(4)　賃金の実際例

従来からの賃金に関する実例から「賃金とするもの」と「賃金としないもの」を区別して例示すると、おおむね次のとおりとなります。

イ　賃金とするもの

1　基本給
2　家族手当
3　物価手当または勤務地手当
4　住宅手当
5　通勤手当（通勤定期券で支給する場合を含む）
6　単身赴任手当
7　日直手当、宿直手当

8　さかのぼって昇給したことによって受ける差額の給与

9　超過勤務手当

10　有給休暇日の給与

11　労働基準法第 26 条の規定に基づく休業手当

12　技術手当

13　職階手当

14　特別作業手当

15　受験手当および転勤休暇手当

16　事業主の手をとおしたチップ

17　労働協約等によって義務づけられ事業主が支払うこととなった所得税・社会保険料等の労働者負担分

18　健康保険法に基づく傷病手当金支給終了後に事業主から支給される給与（恩恵的でないものに限る）

19　健康保険法に基づく傷病手当金支給前の３日間について事業主から支払われる給与

20　争議解決後に支払われる基準賃金の増給

21　食事の利益

22　被服の利益

23　住居の利益

ロ　賃金としないもの

(イ) 実費弁償的なもの

出張旅費、赴任手当、寝具手当、工具手当、転勤に要する期間中の手当

(ロ) 恩恵的なもの

災害見舞金、結婚祝金、死亡弔慰金、出産見舞金、退職後の給与、祝祭日・企業創立記念日に特別に支給される給与（労働協約等に定めがなく、恩恵的に支給される場合）、傷病見舞金、療養見舞金、海外手当、在外手当（その者が国内勤務に服する場合に支払われるべき給与に対応する部分は賃金とする）、残業した際などにたまたま支給される夜食、退職金

(ハ) その他の賃金としないもの

休業補償費（労働基準法第76条によるもの）、解雇予告手当、健康保険の出産手当金、傷病手当金（傷病手当金に付加した事業主が支払う給付額）、取締役および監査役等委任関係に基づき役員に支払う報酬、脱退給付金付団体定期保険の保険料

3　離職証明書の記載

(1)　離職証明書の用紙

離職証明書の用紙は、離職証明書事業主控および離職票と組み合わされ、３枚１組になっています。

１枚目は離職証明書事業主控として事業所に、２枚目は離職証明書として公共職業安定所に、それぞれ保管され、３枚目は離職票－２として公共職業安定所長から直接、あるいは事業主を通じて被保険者であった者に交付されるものです。

通常、離職証明書は、雇用する被保険者が離職によって被保険者でなくなったときに、その事業主が被保険者資格喪失届に添えて公共職業安定所に提出すべきものです。

なお、各用紙は、１つづりの複写式となっており、複写に必要な部分にはあらかじめカーボンが付されています。不必要なところを複写しないよう注意しながら、ボールペンなどを使用して記載してください。

また、※印のある欄は、公共職業安定所が記載する欄ですから、事業主は記載しないでください。

(2)　離職証明書の記載

離職証明書の記載に当たっては、84ページの記載例を参考にまた、別紙の「雇用保険被保険者離職証明書についての注意」をよく読み、正確に記載してください。

なお、離職証明書提出の際、安定所窓口で誤りが発見されることがありますので、２枚目の離職証明書左欄外に捨印として事業主印を押印します。

(3)　訂正の手順

作成中に誤って記載したため訂正しようとするときは、誤りの部分に

２朱線を引いて抹消し、同欄の余白に正しい記載を行うとともに、右側欄外余白に、訂正字数が異なる場合は「○欄○字抹消、○字挿入」、訂正字数が同じ場合は「○欄○字訂正」と書き、事業主印を押します。

訂正した欄ごとに事業主印を押している事例がしばしばありますが、印影によって記載した文字が不鮮明になりますので、必ず前記の方法によって訂正してください。なお、訂正印は、離職証明書だけに押印すればよく、離職票として被保険者であった者に交付される３枚目には押印しないよう注意してください。

４　離職証明書の提出と保管

(1)　離職証明書を公共職業安定所に提出する際には、次の書類を携行してください。

イ　被保険者資格喪失届（既に被保険者資格喪失届が提出されている者については、雇用保険被保険者資格喪失確認通知書）

ロ　賃金台帳（離職証明書に記載されている月分のもの）

ハ　出勤簿（⑧欄に記載した期間に関するもの）

ニ　⑧から⑫欄に、離職者が疾病その他の理由のため引き続き 30 日以上の賃金支払を受けることができなかった日数を加算して記載した場合には、その事実を証明するに足る医師の診断書等

ホ　特定受給資格者等に該当するときは、それを証明することができる書類

(2)　離職証明書の事業主用の控（雇用保険被保険者資格喪失確認通知書）は、後日、関係者から求められたときに提示できるように４年間は保管しておかなければなりません。

様式第５号

雇用保険被保険者離職証明書（安定所提出用）

①被保険者番号	2702－036721－5	③フリガナ	ウチダ　フミヤス	④離職年月日	令和	年 4	月 11	日 10
②事業所番号	2702－003399－4	離職者氏名	内田　文泰					

⑤事業所		⑥離職者の住所又は居所	
名称	近藤紙器興業株式会社		〒590-0974
所在地	大阪市北区北同心町Ｘ－ＸＸ		大阪府堺市大浜北町X-X-XX
電話番号	06（XXXX）XXXX		電話番号（0722）XX －XXXX

この証明書の記載は、事実に相違ないことを証明します。

事業主　住所　大阪府北区北同心町X-XX-X
近藤紙器工業株式会社
氏名　代表取締役　近藤　育三

※離職票交付　平成　年　月　日
（交付番号　番）

離職の日以前の賃金支払状況等

⑧被保険者期間算定対象期間 Ⓐ一般被保険者等 離職日の翌日 11月11日	Ⓑ短期雇用特例被保険者	⑨⑧の期間における賃金支払基礎日数	⑩賃金支払対象期間	⑪⑩の基礎日数	⑫賃金額 Ⓐ	Ⓑ	計	⑬備考
10月11日～離職日	離職月	31日	10月26日～離職日	6日	75,700			
9月11日～10月10日	月	30日	9月26日～10月25日	30日	142,000			
8月11日～9月10日	月	31日	8月26日～9月25日	31日	142,000			
7月11日～8月10日	月	31日	7月26日～8月25日	31日	142,000			
6月11日～7月10日	月	30日	6月26日～7月25日	30日	142,000			
5月11日～6月10日	月	31日	5月26日～6月25日	31日	142,000			
4月11日～5月10日	月	30日	4月26日～5月25日	30日	142,000			
3月11日～4月10日	月	31日	3月26日～4月25日	31日	142,000			
2月11日～3月10日	月	28日	2月26日～3月25日	28日	135,000			
1月11日～2月10日	月	31日	1月26日～2月25日	31日	135,000			
12月11日～1月10日	月	31日	12月26日～1月25日	31日	135,000			
11月11日～12月10日	月	31日	11月26日～12月25日	30日	135,000			
月　日～　月　日	月	日	10月26日～11月25日	31日	135,000			

⑭賃金に関する特記事項

⑮この証明書の記載内容（⑦欄を除く）は相違ないと認めます。
（離職者氏名）内田　文泰

※公共職業安定所記載欄
⑮欄の記載　有・無
⑯欄の記載　有・無
資・聴

本手続きは電子申請による申請も可能です。本手続きについて、電子申請により行う場合には、被保険者が離職証明書の内容について確認したことを証明することができるものを本離職証明書の提出と併せて送信することをもって、当該被保険者の電子署名に代えることができます。
また、本手続きについて、社会保険労務士が電子申請による本届書の提出に関する手続を事業主に代わって行う場合には、当該社会保険労務士が当該事業主の提出代行者であることを証明することができるものを本届書の提出と併せて送信することをもって、当該事業主の電子署名に代えることができます。

社会保険労務士記載欄	作成年月日・提出代行者・事務代理者の表示	氏名	電話番号

※	所長	次長	課長	係長	係

⑦離職理由欄…事業主の方は、離職者の主たる離職理由が該当する理由を１つ選択し、左の事業主記入欄の□の中に○印を記入の上、下の具体的事情記載欄に具体的事情を記載してください。

【離職理由は所定給付日数・給付制限の有無に影響を与える場合があり、適正に記載してください。】

事業主記入欄	離　職　理　由	※離職区分
	1　事業所の倒産等によるもの	
□	（1）倒産手続開始、手形取引停止による離職	1A
□	（2）事業所の廃止又は事業活動停止後事業再開の見込みがないため離職	1B
	2　定年によるもの	
□	定年による離職（定年　　歳） 定年後の継続雇用 {を希望していた（以下のaからcまでのいずれかを１つ選択してください）/を希望していなかった} a　就業規則に定める解雇事由又は退職事由（年齢に係るものを除く。以下同じ。）に該当したため （解雇事由又は退職事由と同一の事由として就業規則又は労使協定に定める「継続雇用しないことができる事由」に該当して離職した場合も含む。） b　平成25年3月31日以前に労使協定により定めた継続雇用制度の対象となる高年齢者に係る基準に該当しなかったため c　その他（具体的理由：　　　）	2A 2B
	3　労働契約期間満了等によるもの	2C
□	（1）採用又は定年後の再雇用時等にあらかじめ定められた雇用期限到来による離職 （1回の契約期間　　箇月、通算契約期間　　箇月、契約更新回数　　回） （当初の契約締結後に契約期間や更新回数の上限を短縮し、その上限到来による離職に該当　する・しない） （当初の契約締結後に契約期間や更新回数の上限を設け、その上限到来による離職に該当　する・しない） （定年後の再雇用時にあらかじめ定められた雇用期限到来による離職で　ある・ない） （4年6箇月以上5年以下の通算契約期間の上限が定められ、この上限到来による離職で　ある・ない） →ある場合（同一事業所の有期雇用労働者に一様に4年6箇月以上5年以下の通算契約期間の上限が平成24年8月10日前から定められて　いた・いなかった）	2D 2E
□	（2）労働契約期間満了による離職 ①　下記②以外の労働者 （1回の契約期間　　箇月、通算契約期間　　箇月、契約更新回数　　回） （契約を更新又は延長することの確約・合意の　有・無（更新又は延長しない旨の明示の　有・無）） （直前の契約更新時に雇止め通知の　有・無） （当初の契約締結後に不更新条項の追加が　ある・ない） 労働者から契約の更新又は延長 {を希望する旨の申出があった/を希望しない旨の申出があった/の希望に関する申出はなかった} ②　労働者派遣事業に雇用される派遣労働者のうち常時雇用される労働者以外の者 （1回の契約期間　　箇月、通算契約期間　　箇月、契約更新回数　　回） （契約を更新又は延長することの確約・合意の　有・無（更新又は延長しない旨の明示の　有・無）） 労働者から契約の更新又は延長 {を希望する旨の申出があった/を希望しない旨の申出があった/の希望に関する申出はなかった} a　労働者が適用基準に該当する派遣就業の指示を拒否したことによる場合 b　事業主が適用基準に該当する派遣就業の指示を行わなかったことによる場合（指示した派遣就業が取りやめになったことによる場合を含む。） （aに該当する場合は、更に下記の5のうち、該当する主たる離職理由を更に1つ選択し、○印を記入してください。該当するものがない場合は下記の6に○印を記入した上、具体的な理由を記載してください。）	3A 3B 3C 3D 4D 5E
□	（3）早期退職優遇制度、選択定年制度等により離職	
□	（4）移籍出向	
	4　事業主からの働きかけによるもの	
□	（1）解雇（重責解雇を除く。）	
□	（2）重責解雇（労働者の責めに帰すべき重大な理由による解雇）	
	（3）希望退職の募集又は退職勧奨	
□	①　事業の縮小又は一部休廃止に伴う人員整理を行うためのもの	
□	②　その他（理由を具体的に　　　）	
	5　労働者の判断によるもの	
	（1）職場における事情による離職	
□	①　労働条件に係る問題（賃金低下、賃金遅配、時間外労働、採用条件との相違等）があったと労働者が判断したため	
□	②　事業主又は他の労働者から就業環境が著しく害されるような言動（故意の排斥、嫌がらせ等）を受けたと労働者が判断したため	
□	③　妊娠、出産、育児休業、介護休業等に係る問題（休業等の申出拒否、妊娠、出産、休業等を理由とする不利益取扱い）があったと労働者が判断したため	
□	④　事業所での大規模な人員整理があったことを考慮した離職	
□	⑤　職種転換等に適応することが困難であったため（教育訓練の有・無）	
□	⑥　事業所移転により通勤困難となった（なる）ため（旧（新）所在地：　　　）	
□	⑦　その他（理由を具体的に　　　）	
○	（2）労働者の個人的な事情による離職（一身上の都合、転職希望等）	
□	6　その他（1－5のいずれにも該当しない場合） （理由を具体的に　　　）	

具体的事情記載欄（事業主用）　自発的な転職の為

⑯離職者本人の判断（○で囲むこと）
事業主が○を付けた離職理由に異議　有り・(無し)
（離職者氏名）　内田　文泰

雇用保険被保険者離職証明書についての注意

1．離職証明書の提出と確認資料

(1) 事業主は、その雇用する被保険者が**離職により被保険者でなくなったときは、雇用保険被保険者資格喪失届**（以下「資格喪失届」という。）に**雇用保険被保険者離職証明書**（以下「離職証明書」という。）**を添えて提出**して下さい（資格喪失届は、労働者が離職した翌々日から10日以内に公共職業安定所に提出しなければなりません。）。

ただし、その者が雇用保険被保険者離職票（以下「離職票」という。）の交付を希望しない場合、すなわち、資格喪失届の⑦欄に「2」を記載するときは、離職証明書を提出する必要はありません。

(2) **資格喪失届及び離職証明書の記載内容（賃金支払状況、生年月日、被保険者であった期間、離職理由等に基づき、失業等給付の受給資格、給付日額、所定給付日数、給付制限の有無等が判断されますので、適正に記載**して下さい。

(3) 事業主は、上記(1)のただし書により、離職証明書を提出しなかった場合でも、その後その離職者から離職証明書の交付の請求があったときは、離職証明書を作成した上、その者に交付しなければなりません。

(4) 離職証明書を提出する場合には、**賃金台帳、労働者名簿、出勤簿等の⑧欄から⑭欄の「離職の日以前の賃金支払状況等」を確認できる資料**、下記2の(1)の【離職理由の各項目の内容】中の**【持参いただく資料】に掲げた書類等の⑦欄の離職理由を確認できる資料持参して下さい。**

2．離職証明書の記載方法

事業主は、その雇用する被保険者が離職により被保険者でなくなった場合、また、上記1の(3)により離職証明書を作成する場合には、この「注意」書に従って離職証明書（事業主控）（第1葉目)、離職証明書（安定所提出用）（第2葉目）及び離職票－2（第3葉目）の**3枚を複写**によって同時に記載して下さい。

なお、次の点に注意して下さい。

(1) 離職理由欄（⑦欄）及び離職者本人の判断（⑯欄）について

イ 離職理由の意義等

(ｲ) 離職理由の意義

離職理由が、**特定受給資格者（倒産・解雇等により再就職の準備をするための時間的余裕がなく離職を余儀なくされた者）又は特定理由離職者（期間の定めのある労働契約が更新されなかったことその他やむを得ない理由により離職した者）**に該当するものである場合には、特定受給資格者又は特定理由離職者とならない離職理由による離職と異なり、失業等給付（基本手当）の受給手続について、次のとおり取り扱われます。

① 特定受給資格者又は特定理由離職者とならない離職理由の場合、失業等給付（基本手当）の受給資格を得るには、受給資格に係る離職前2年間に被保険者期間が通算して12か月必要です。

② 特定受給資格者又は特定理由離職者に該当する離職理由の場合、受給資格に係る離職前1年間に被保険者期間が通算して6か月でも受給資格を満たすこととなります（特定受給資格者及び特定理由離職者の範囲と判断基準については、リーフレット「特定受給資格者及び特定理由離職者の範囲と判断基準」を参照して下さい。)。

また、失業等給付（基本手当）の所定給付日数が手厚くなる場合があります（注)。

（注） 特定理由離職者のうち、正当な理由のある自己都合により離職した者を除きます。

被保険者であった期間（加入期間）が短い場合など、それ以外の通常の離職者と所定給付日数が変わらないこともあります。

③ 離職理由が正当な理由のない自己都合離職等の場合には、給付制限が課されることになります。

(ﾛ) 離職理由の判定

離職理由の判定は、①**事業主が主張する離職理由**を離職証明書の離職理由欄（⑦欄）により把握した後、**離職者が主張する離職理由**を離職票－2の離職理由欄（⑦欄）により把握することによって、**両者の主張を把握するのみならず、**②その際には**それぞれの主張を確認できる資料による事実確認**を行った上で、**最終的に安定所において慎重に行います。**

したがって、**事業主又は離職者の主張のみで判定するものではありませんので、離職理由を確認できる資料の持参をお願いしております。**

(ﾊ) 離職証明書の離職理由欄等（⑦欄及び⑯欄）の記載の意義

この項目は、離職証明書の離職理由欄等の記載方法を説明するものですが、上記(ﾛ)のとおり、離職証明書の離職理由欄（⑦欄）は事業主が主張する離職理由の確認を、⑯欄（離職者本人の判断）はその離職理由についての離職者の異議の有無を確認するためのものでありますので、適正に記載して下さい。

ロ ⑦欄及び⑯欄の記載方法と確認資料持参のお願いについて

(ｲ) ⑦欄の記載方法

⑦欄（離職理由）については、**離職者の主たる離職理由に該当するものを同欄の1～5の「離職理由」の中から1つ選び**（下記の【離職理由の各項目の内容】を参照）、**その左側の「事業主記入欄」の該当する□の中に○を記入**した上、「離職理由」の各項目に記載箇所がある場合には、空欄（例えば（契約更新回数　回））には該当する内容を記載し、選択項目（例えば（労働契約における契約の更新又は延長する旨の明示の有・無））には該当する事項を○で囲んで下さい（次頁(ハ)の例を参照。)。その上で、**「具体的事情記載欄（事業主用）」に離職に至った原因とその経緯等の具体的事情を記載**して下さい。（下記の【具体的事情記載欄への主な記載例】を参照。)。

離職理由が、2（定年によるもの）に該当する場合の記載に当たっては、定年年齢を「(定年　　歳)」に記載していただくとともに、労働者の定年後における継続雇用の希望の有無に応じて該当する事項に○を記載してください。また、労働者が定年後における継続雇用を希望していた場合には、2のａ～ｃの該当する事項に○を記載していただくとともに、2のｃ（その他）に該当する場合は、具体的理由を記載して下さい。

また、離職理由が、3の(2)（労働契約期間満了による離職）に該当する場合の「労働者から契約の更新又は延長」に関する記載に当たっては、離職時の労働契約について、労働者からの更新又は延長の希望に関する申出の内容に応じて該当する事項に○を記載して下さい。労働者から更新・延長の希望に関する申出を受ける機会がなかった場合には、「希望に関する申出はなかった」に○を記載して下さい。その際、**「具体的事情記載欄（事業主用）」に、労働者からの申出を受ける機会がなかった経緯について、具体的事情を記載**して下さい。

なお、離職理由が５の(2)の「労働者の個人的な事情による離職」に該当する場合には、離職者から把握している範囲で可能な限り、離職に至った具体的な事情を記載して下さい。

また、１～５に該当する離職理由がない場合には、６の「その他（1－５のいずれにも該当しない場合）」の□に○を記入し、「(理由を具体的に)」に具体的理由を簡潔に記載した上で、「具体的事情記載欄（事業主用）」に詳細な事情を記載して下さい。

(ロ) 確認資料持参のお願い

安定所において、事業主が記載した離職理由を確認する必要がありますので、**記載された離職理由に応じて、その内容を確認できる資料（下記【離職理由の各項目の内容】中の【持参いただく資料】を参照）を持参**して下さい。【持参いただく資料】には、離職理由を確認できる資料として事業主に持参いただくものを掲げていますが、この他に安定所に既に提出されている資料等により確認する場合があります。

なお、その他、離職理由の判定に当たっては、必要に応じ、安定所から事情を伺わせていただいたり、確認資料の提示をお願いする場合があります。

(ハ) ⑯欄の記載方法

離職理由は、離職者の失業等給付（基本手当）の受給資格の有無、所定給付日数、給付制限の有無に影響を与えるものですので、離職者が帰郷その他やむを得ない場合を除き、**離職する日までに、必ず離職者に事業主の記載した離職理由を確認させ、離職証明書（安定所提出用）（第２葉目）の⑯欄（離職者本人の判断）に、離職者本人に該当する事項を○で囲ませた上、離職者の氏名を記載**させて下さい。この場合、賃金計算等が未処理のため、まだ「離職の日以前の賃金支払状況等」の欄及び⑯欄に記載されていない段階でも構いません。

なお、**⑯欄に離職者の氏名の記載を得ることができないとき**は、同欄にその理由を記載して下さい。

【離職理由欄⑦の記載例】

(例)契約期間満了による離職（事業主により雇止めがされた場合）

事業主記入欄	離　　　職　　　理　　　由	
☑	３　労働契約期間満了等によるもの (2) 労働契約期間満了による離職 ※「契約を更新又は延長することの確約・合意の有無」を「無」にした場合のみ記載して下さい。 ① 下記②以外の労働者 (１回の契約期間　4　箇月、通算契約期間　8　箇月、契約更新回数　1　回) (契約を更新又は延長することの確約・合意の 有・(無)（更新又は延長しない旨の明示の (有)・無）） (直前の契約更新時における雇止め通知の (有)・無） (当初の契約締結後に不更新条項の追加が (ある)・ない） 労働者から契約の更新又は延長 {を希望する旨の申出があった / を希望しない旨の申出があった / (の希望に関する申出はなかった)} ※直前の契約更新時の契約内容に基づき記載して下さい。	

具体的事情記載欄（事業主用）必ず記載してください。
契約期間４箇月で雇用したが、契約更新１回ののち経営悪化により次期更新せず

【離職理由の各項目の内容】

（ここに記載した離職理由欄（⑦欄）の各項目の内容は、離職理由の判定に当たり、事業主が主張する離職理由を把握するために便宜上分類したものであり、特定受給資格者又は特定理由離職者の判断基準とは異なります。離職理由の最終的な判定は安定所で行いますので、⑦欄の□の中に○を記入した離職理由と異なる場合があります。特定受給資格者又は特定理由離職者の判断基準については、安定所が作成しているリーフレットをご覧下さい。）

１　１の「事業所の倒産等によるもの」

①　１の(1)の「倒産手続の開始、手形取引停止による離職」

裁判所に対する破産の申立て、再生手続開始の申立て、更生手続開始の申立て、整理開始又は特別清算開始の申立て、事業所の　手形取引の停止等により事業所が倒産状態にあること又は所管官庁から長期間にわたる業務停止命令がなされたことといった勤務先の事情を考慮し離職した場合がこれに該当します。なお、倒産等により解雇された場合は、３の(1)の解雇に該当します。

【持参いただく資料】裁判所において倒産手続の申立てを受理したことを証明する書類など

②　１の(2)の「事業所の廃止又は事業活動停止後事業再開の見込みがないため離職」

事業所が廃止された場合、裁判上の倒産手続（上記①の手続）が執られていないが事業活動が事実上停止し、再開の見込みがない場合、株主総会等において解散の議決がなされた場合等の事業所が廃止状態にあることにより離職した場合がこれに該当します。

【持参いただく資料】解散の議決がなされた場合には、その議決が行われた議事録（写）など

2

2　2の「定年によるもの」

就業規則等により定められている定年により離職した者がこれに該当します。

なお、定年後の継続雇用が有期契約により行われた場合であって、その有期契約期間の満了により離職した場合は、下記3①又は②に該当しますのでご注意下さい。

【持参いただく資料】就業規則など

3　3の(1)の「採用又は定年後の再雇用時等にあらかじめ定められた雇用期限到来による離職」

①　労働契約は1年単位でも、別途、あらかじめ雇用期間の上限（3年間など）が定められており、上限に達したことにより離職した場合をいいます。 例えば定年退職後、1年更新で65歳までの再雇用されることがあらかじめ定められており、65歳に達したことに伴い離職した場合などがこれに該当します。

【持参いただく資料】労働契約書、雇入通知書、就業規則など

②　3の(2)の「労働契約期間満了による離職」

労働契約期間満了とは、例えば契約期間が1年間といった期間の定めがある労働契約により雇用されていた者が、契約期間が終了したことにより離職した場合をいいます（3の(1)の「採用又は定年後の再雇用時等にあらかじめ定められた雇用期限到来による離職」の場合を除きます。）。

【持参いただく資料】労働契約書、雇入通知書、契約更新の通知書、タイムカードなど

③　3の(3)の「早期退職優遇制度、選択定年制度等により離職」

従来から恒常的に事業所の制度としてある早期退職優遇制度や選択定年制に応募した場合、会社における特定の事由による退職慣行等の理由により離職した場合がこれに該当します。

【持参いただく資料】制度の内容が分かる資料

④　3の(4)の「移籍出向」

出向のうち適用事業に雇用される労働者が当該適用事業の事業主との雇用関係を終了する場合がこれに該当します。

【持参いただく資料】移籍出向の事実が分かる資料

4　4の「事業主からの働きかけによるもの」

①　4の(1)の「解雇（重責解雇を除く。）」及び(2)の「重責解雇（労働者の責めに帰すべき重大な理由による解雇）」

事業主による解雇がこれらに該当し、重責解雇とは、刑法の規定違反、故意又は重過失による設備や器具の破壊又は事業所の信用失墜、重大な就業規則違反等により解雇された場合がこれに該当します。

【持参いただく資料】解雇予告通知書、退職証明書、就業規則など

②　4の(3)の「希望退職の募集又は退職勧奨」

企業整備等における人員整理等に伴う事業主（又は人事担当者）による退職勧奨、人員整理を目的として臨時に募集される希望退職の募集に応じて離職する場合がこれに該当します。

【持参いただく資料】希望退職の募集に応じた場合には、希望退職募集要綱（写）、離職者の応募の事実が分かる資料など

5　5の「労働者の判断によるもの」の(1)の「職場における事情による離職」

労働者の方が職場（事業所）における事情により離職をされた場合がこの区分に該当します。

①　5の(1)の①の「労働条件に係る重大な問題（賃金低下、賃金遅配、時間外労働、採用条件との相違等）があったと労働者が判断したため」

賃金の低下、賃金の一定割合が支払期日までに支払われないなど賃金遅配、事業停止に伴い休業手当が継続して支払われること、時間外労働など労働条件に重大な問題（実際の労働条件が採用時に示された条件と著しく相違している場合を含む。）があったこと、又は事業所において危険若しくは健康障害の発生するおそれのある法令違反等があり行政機関の指摘にもかかわらず改善措置を講じない等の理由により離職した場合がこれに該当します。

【持参いただく資料】
- 賃金低下の場合
  労働契約書、就業規則、賃金規定、賃金低下に関する通知書など
- 賃金遅配、休業手当が継続して支払われている場合
  労働契約書、就業規則、賃金規定、賃金台帳など
- 時間外労働の場合
  賃金台帳、タイムカード等時間外労働の時間が分かるものなど
- 採用条件と労働条件との相違の場合
  採用条件及び労働条件が分かる労働契約書や就業規則など
  労働協約による変更は労使が合意した書面、就業規則による変更は労働組合等の意見を聴取した事実が分かる資料など

②　5の(1)の②の「事業主又は他の労働者から就業環境が著しく害されるような言動（故意の排斥、嫌がらせ等）を受けたと労働者が判断したため」

上司や同僚等からの故意の排斥、著しい冷遇や嫌がらせ（セクシュアル・ハラスメントや妊娠、出産等に関するハラスメントを含む。）等、就業環境に係る重大な問題があったため離職した場合がこれに該当します。

【持参いただく資料】特定個人を対象とする配置転換、給与体系等の変更の嫌がらせがあった場合には、配置転換の辞令（写）、労働契約書、就業規則、賃金台帳など

3

③　5の(1)の③の「妊娠、出産、育児休業、介護休業等に係る問題（休業等の申出拒否、妊娠、出産、休業等を理由とする不利益取扱い）があったと労働者が判断したため」

育児休業、介護休業等の申出をしたが、正当な理由なく拒まれた場合、妊娠、出産、休業等の申出又は取得したことを理由とする不利益取扱いを受けた場合、育児・介護休業法、労働基準法、雇用の分野における男女の均等な機会及び待遇の確保等に関する法律の労働者保護法令に違反し、又は措置されなかった場合に離職した場合がこれに該当します。

④　5の(1)の④の「事業所での大規模な人員整理があったことを考慮した離職」

人員整理に伴い当該事業所の労働者の３分の１を超える者が離職した場合、事業主が大量離職届（１か月に30人以上の離職を予定）を安定所に提出しなければならないような事業所の縮小が行われた場合又は行われることが確実であることといった職場の事情を考慮して離職した場合がこれに該当します。

⑤　5の(1)の⑤の「職種転換等に適応することが困難であったため」

長期間にわたり従事していた職種から事業主が十分な教育訓練を行うことなく別の職種へ配置転換を行い新たな職種に適応できない場合、労働契約上、職種や勤務場所が特定されているのにもかかわらず、他の職種への職種転換や遠隔地への転勤を命じられた場合等職種転換等に適応することが困難であったため離職した場合がこれに該当します。

【持参いただく資料】採用時の労働契約書、職種転換、配置転換又は転勤の辞令（写）、賃金台帳など

⑥　5の(1)の⑥の「事業所移転により通勤困難となった（なる）ため」

事業所移転により通勤困難となった（なる）ために離職した場合が該当します。

【持参いただく資料】事業所移転の通知、事業所の移転先が分かる資料及び離職者の通勤経路に係る時刻表など

6　5の「労働者の判断によるもの」の(2)の「労働者の個人的な事情による離職（一身上の都合、転職希望等）」

例えば、職務に耐えられない体調不良、妊娠・出産・育児、親族の介護等の家庭事情の急変、自発的な転職等労働者の方が職場事情以外の個人的な事情一般のため離職した場合がこれに該当します。

【持参いただく資料】退職願（写）等その内容が確認できる資料

7　6の「その他（1－5のいずれにも該当しない場合）」

１～５のいずれにも該当しない理由により離職した場合がこれに該当します。

【持参いただく資料】その内容が確認できる資料

【具体的事情記載欄への主な離職理由】

○　２に該当する「定年による離職」のケース

・就業規則第○条に基づき65歳定年により離職。

○　３の(1)に該当する「採用又は定年後の再雇用時等にあらかじめ定められた雇用期限到来による離職」のケース

・定年退職後、１年更新で65歳までを期限として再雇用されることがあらかじめ定められており、65歳に達したことに伴い離職。

○　３の(2)に該当する「労働契約期間満了による離職」のケース

・令和○年10月１日に雇用し、契約期間が１年の労働契約を６回更新しており、労働者が契約継続を事業主に申し入れたが事業主が契約更新しなかったため離職。

・令和○年６月１日に雇用し、契約期間が６か月の労働契約を13回更新しており、事業主は契約更新を希望したが、労働者が退職を希望して離職。

・令和○年11月１日に、労働契約期間の更新の明示をした上で、８か月の期間雇用者として雇用。経営の悪化により、当初契約期間の満了により雇止めしたため離職。

・令和○年７月１日に雇用され、２か月の労働契約を３回更新してきており、労働者は次回の更新も希望していたが、事業主からは更新の希望の有無も確認しないまま雇止めしたため離職。

○　４の(1)に該当する「解雇に伴う離職」のケース

・令和○年10月２日に、人員整理のため解雇したため（解雇予告日令和○年９月１日）。

○　４の(3)に該当する「希望退職制度への応募に伴う離職」のケース

・経営悪化に伴う人員整理の一環としての希望退職制度（令和○年９月に事業主より提示し、募集期間は３週間）があり、これに応じて離職。

○　５の(1)の①に該当する「賃金低下に伴い離職」のケース

・業績悪化に伴い、令和○年５月から基本給が40万円から30万円に低下したため離職。

○　５の(1)の⑤に該当する「職種転換等に伴い離職」のケース

・入社以来、15年間ＮＣ旋盤工として働いていたが、事業主より経理事務を行う部署に変更を命じ、教育訓練を行わず、対応できなかったため離職。

4

○　５の(1)の⑥に該当する「事業所が通勤困難な場所へ移転したことに伴う離職」のケース
・事業所が○○市から○○市に移転し、労働者の住所である○○市からの片道の通勤時間が○時間となり、通勤困難となったため離職。

○　５の(2)の「労働者の個人的な事情による離職」のうち「職務に耐えられない体調不良に伴う離職」のケース
・○○病と令和○年○月○日に診断され、職務に耐えられず離職。

○　５の(2)の「労働者の個人的な事情による離職」のうち「転居により通勤困難となったことに伴い離職」のケース
・住居が○○市から○○市に移転し、事業所の所在地である○○市からの片道の通勤時間が○時間となり、通勤困難となったため離職。

【離職者本人の判断（⑯欄）の記載例】

（例）離職者が事業主が⑦欄に記載した離職理由に異議がない場合

⑯離職者本人の判断（○で囲むこと）
事業主が○を付けた離職理由に異議　有り・(無し)
（離職者氏名）　職 安 太 郎

(2)　⑧欄は、離職した被保険者の種類に従い、一般被保険者、高年齢被保険者として離職した者の場合にはⒶ欄に、短期雇用特例被保険者として離職した者の場合にはⒷ欄に記載して下さい。

イ　短期雇用特例被保険者及び高年齢被保険者以外の被保険者として離職した者の場合は、下記(ロ)のｂに掲げる期間について、Ⓐ欄に、次により記載して下さい。

(イ)　「離職日の翌日」の欄には、④欄の離職年月日の翌日を記載します。

(ロ)　ａ．「離職日の翌日」の欄の下の各欄の左側の月日欄には、離職日の属する月からさかのぼった各月における「離職日の翌日」に応当する日（「離職日の翌日」に応当する日がない月においては、その月の末日。以下「喪失応答日」という。例１参照。）を記載します。したがって、最上段の左側の月日欄には、「離職日の翌日」の属する月の前月における喪失応当日を記載し、次の段の左側の月日欄には、すぐ上の段の左側の月日欄に記載した月の前月における喪失応当日を記載します。

ｂ．以下の各段には、順次さかのぼって、離職の日以前２年間（したがって、24 段に達するまで）についての期間のうち、被保険者期間（※）が通算して 12 か月になるまで記載して下さい（下図参照）。

ｃ．ただし、次の点に注意して下さい。

(a)　左側の月日欄に記載すべき月日が、資格喪失届④欄の「被保険者となった年月日」より前の日となるときは、その被保険者となった日を記載します。

(b)　⑧のⒶの記載欄が不足したときには、別葉の離職証明書の用紙を続紙として用いて、表題の右に「続紙」と記入し、①～④欄、事業主の住所・氏名欄及び⑧～⑭欄のみを記載して下さい。

なお、⑧～⑭欄については、例２のように不要な記載欄を二重線で抹消し、２段目から使用して下さい。

(ハ)　右側の月日欄には、その記載しようとする段のすぐ上の段の左側の月日の前日を記載します。

※　被保険者期間について

被保険者期間とは、雇用保険法第 14 条に定義されているもので、離職日の翌日から、応当日方式で、過去に１か月ずつ区切った各期間について、賃金の支払の基礎となる日数（次頁の(3)参照。）が 11 日以上または、賃金の支払の基礎となった労働時間数が 80 時間以上ある場合に、被保険者期間１か月と数えます（下線部については、離職日が令和２年８月１日以降の方が適用されます。）。

この被保険者期間が原則、離職日前２年間に通算して 12 か月以上ある場合に基本手当の受給手続が可能となります。

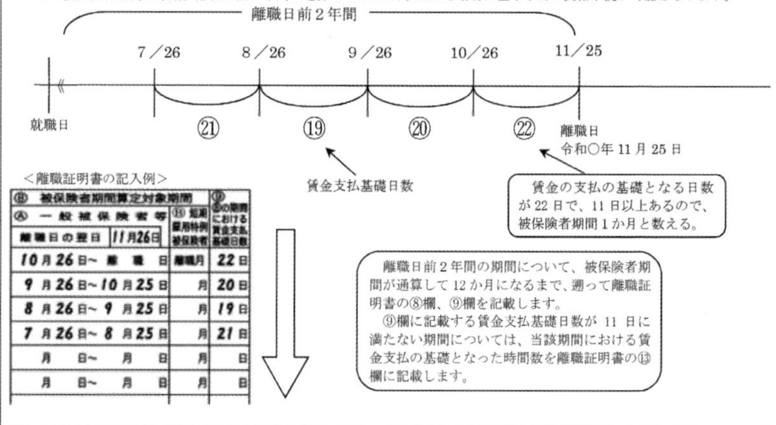
離職日前２年間
7／26
8／26
9／26
10／26
11／25
就職日
㉑
⑲
⑳
㉒
離職日
令和○年 11 月 25 日
賃金支払基礎日数
賃金の支払の基礎となる日数が 22 日で、11 日以上あるので、被保険者期間１か月と数える。
＜離職証明書の記入例＞
離職日前２年間の期間について、被保険者期間が通算して 12 か月になるまで、遡って離職証明書の⑧欄、⑨欄を記載します。
⑨欄に記載する賃金支払基礎日数が 11 日に満たない期間については、当該期間における賃金支払の基礎となった時間数を離職証明書の⑬欄に記載します。

⑧ 被保険者期間算定対象期間		⑨ ⑧の期間における賃金支払基礎日数
Ⓐ 一般被保険者等	Ⓑ 短期雇用特例被保険者	
離職日の翌日　11月26日		
10月26日～離職日	離職月	22日
9月26日～10月25日	月	20日
8月26日～9月25日	月	19日
7月26日～8月25日	月	21日
月　日～　月　日	月	日
月　日～　月　日	月	日

(ニ)　離職者が、上記(ロ)bに掲げる期間内に、①疾病、②負傷、③事業所の休業、④出産、⑤事業主の命による外国における勤務等の理由により引き続き30日以上賃金の支払を受けることができなかったものであるときは、当該理由により賃金の支払を受けることができなかった日数を上記(ロ)bに掲げる期間に加算した期間（その期間が4年を超えるときは、4年間）について、上記により記載して下さい（ただし、当該期間中における各段において、左側の月日から右側の月日までの期間中に全く賃金の支払を受けなかった場合は、その期間は記載することを要しません。）。

また、賃金の支払を受けなかった期間及び原因となった傷病名等を⑬欄に記載します（例3参照）。

なお、上記の理由により通常の勤務をすることができなかった日（例えば、通院のため午前中欠勤した場合等）が30日以上引き続いた場合であって、通常の賃金を下回る賃金が支払われた場合には、その期間及び原因となった傷病名等を⑬欄に記載します。

ロ　高年齢被保険者として離職した者の場合は、原則、離職日前1年間の期間について、前記イの例にならって、被保険者期間が6か月以上になるところまで遡って、⑧欄及び⑨欄を記載して下さい。

ハ　短期雇用特例被保険者として離職した者の場合は、被保険者となった日から離職日までの期間について、Ⓑ欄に、次により記載して下さい。

(イ)　離職日の属する月から被保険者となった日の属する月までの各暦月について、最上段から順次さかのぼって記載します（例4参照）。

(ロ)　離職者が被保険者となった日から離職日までの間に、上記イの例に掲げる理由により引き続き30日以上賃金の支払を受けなかったものであるときは、その理由により賃金の支払を全く受けることができなかった暦月については記載することを要せず、その賃金の支払を受けなかった期間及び原因となった傷病名等を⑬欄に記載します。

(3)　⑨欄には、⑧のⒶ欄の期間又はⒷ欄の暦月における賃金の支払の基礎となった日（休業手当の対象となった日又は有給休暇の対象となった日を含む。）の数を記載して下さい。

なお、半日勤務等所定労働時間を勤務しなかった日も1日として取り扱い、その内容を備考欄に記載して下さい。

また、(2)のハにより⑧のⒷ欄を使用して記載することとされた暦月についての⑨欄の記載に当たっては、次の点に留意して下さい。

イ　離職日の属する月（⑧のⒷ欄が「離職月」とされている月）については、その暦月の初日から離職日までの期間中の賃金の支払の基礎となった日数を記載します。

ロ　被保険者となった日の属する月については、その被保険者となった日からその暦月の末日までの期間中の賃金の支払の基礎となった日数を記載します。

(4)　⑩欄の最上段には、賃金締切日（賃金締切日が1暦月中に2回以上ある者については各暦月の末日に最も近い賃金締切日を、日々賃金が支払われる者等定められた賃金締切日のない者については暦月の末日をいう。以下同じ。）のうち離職日の直前の賃金締切日の翌日から離職日までの期間を、次の段には、上段の左側の月日の前月の賃金締切日の翌日（被保険者となった日の属する月の場合は、被保険者となった日）から次の賃金締切日までの期間を、以下の各段には順次さかのぼって、上記(2)のイ又はロにより記載した期間について記載します。ただし、当該期間中の各段において、左側の月日から右側の月日までの期間中に全く賃金の支払を受けなかった場合は、その期間は記載することを要しません。

なお、⑩欄に記載した各期間において休業手当（労働基準法第26条によるもの）が支払われたことがある場合には、⑬欄に「休業」と表示の上休業日数及び支払った休業手当の額を記載して下さい（例5参照）。この場合、各期間に対応する賃金月の全期間にわたり休業が行われ、休業手当が支払われた場合は、「全休業」と表示の上休業手当の額を記載します。なお、「全休業」と表示する場合以外の場合には、休業手当が支払われた日が連続する場合であって、その連続する休業手当が支払われた期間中に就業規則等に規定された所定休日のみがある場合には、支払われた休業手当の額の記載の下に「休業期間中の所定休日」と表示の上、当該所定休日数を記載します。ただし、所定休日であっても休業手当が支払われた日については所定休日数を記載する必要はありません。

(5)　(2)、(3)及び(4)の記載例を次に掲げます。

例1　平成26年10月12日採用、令和2年1月15日一般被保険者として離職。月給者。離職票1枚で被保険者期間の記載が収まる場合。

⑧ 被保険者期間算定対象期間		⑨
Ⓐ 一般被保険者等	Ⓑ 短期雇用特例被保険者	⑧の期間における賃金支払基礎日数
離職日の翌日　1月16日		
12月16日～離職日	離職月	31日
11月16日～12月15日	月	30日
10月16日～11月15日	月	31日
9月16日～10月15日	月	30日
8月16日～9月15日	月	31日
7月16日～8月15日	月	31日
6月16日～7月15日	月	30日
5月16日～6月15日	月	31日
4月16日～5月15日	月	30日
3月16日～4月15日	月	31日
2月16日～3月15日	月	28日
1月16日～2月15日	月	31日
12月16日～1月15日	月	31日

例2　平成25年10月1日採用、令和2年1月15日一般被保険者として離職。日給者。離職前2年間における被保険者期間を通算して12か月になるまで記載した結果、1枚の離職票では足りず、続紙を使用した場合

（1枚目）

⑧ 被保険者期間算定対象期間		⑨
Ⓐ 一般被保険者等	Ⓑ 短期雇用特例被保険者	⑧の期間における賃金支払基礎日数
離職日の翌日　1月16日		
12月16日～離職日	離職月	11日
11月16日～12月15日	月	14日
10月16日～11月15日	月	10日
9月16日～10月15日	月	12日
8月16日～9月15日	月	13日
7月16日～8月15日	月	10日
6月16日～7月15日	月	14日
5月16日～6月15日	月	12日
4月16日～5月15日	月	11日
3月16日～4月15日	月	10日
2月16日～3月15日	月	12日
1月16日～2月15日	月	12日
12月16日～1月15日	月	13日

（続紙）

⑧ 被保険者期間算定対象期間		⑨	⑩
Ⓐ 一般被保険者等	Ⓑ 短期雇用特例被保険者	⑧の期間における賃金支払基礎日数	賃金支払対象期間
離職日の翌日　1月16日			
~~月　日～離職日~~	~~離職月~~	~~日~~	~~月　日～離職日~~
11月16日～12月15日	月	14日	月　日～　月　日
10月16日～11月15日	月	14日	月　日～　月　日
10月1日～10月15日	月	14日	月　日～　月　日

例3　平成27年1月27日採用、平成28年3月25日一般被保険者として退職。平成27年5月20日～同年12月26日肝臓炎のため欠勤。賃金支払なし。月給者。一般被保険者として離職。

⑧ 被保険者期間算定対象期間		⑨	⑩ 賃	額	⑬ 備考
Ⓐ 一般被保険者等 離職日の翌日　3月26日	Ⓑ 短期雇用特例被保険者	⑧の期間における賃金支払基礎日数		計	
2月26日～離職日	離職月	29日			
1月26日～2月25日	月	31日			
12月26日～1月25日	月	31日			
11月26日～12月25日	月	9日			自27．5．20 至27．12．16
4月26日～5月25日	月	24日			211日間肝臓炎のため賃金支払なし
3月26日～4月25日	月	31日			
2月26日～3月25日	月	28日			
1月27日～2月25日	月	30日			

例4　令和元年10月21日、令和2年7月15日短期雇用特例被保険者として離職。月給者。

⑧ 被保険者期間算定対象期間		⑨
Ⓐ 一般被保険者等 離職日の翌日　月　日	Ⓑ 短期雇用特例被保険者	⑧の期間における賃金支払基礎日数
月　日～離職日	離職月	15日
月　日～　月　日	6月	30日
月　日～　月　日	5月	31日
月　日～　月　日	4月	30日
月　日～　月　日	3月	31日
月　日～　月　日	2月	29日
月　日～　月　日	1月	31日
月　日～　月　日	12月	31日
月　日～　月　日	11月	30日
月　日～　月　日	10月	11日

例5　令和2年11月11日一般被保険者として退職。月給者。令和2年6月1日～10日、9月5日～9月30日（所定休日は土曜日、日曜日、国民の祝日）の所定休日を除いて休業手当を支給。

⑩ 賃金支払対象期間	⑪ ⑩の基礎日数	⑫ 賃金額 Ⓐ	Ⓑ	計	⑬ 備考
10月26日～離職日	17日	97,200			
9月26日～10月25日	30日	164,000			休業4日 20,800円 休業期間中の所定休日1日
8月26日～9月25日	31日	133,200			休業16日 83,200円 休業期間中の所定休日5日
7月26日～8月25日	31日	176,600			
6月26日～7月25日	30日	176,600			
5月26日～6月25日	31日	150,400			休業8日 41,600円 休業期間中の所定休日2日
4月26日～5月25日	30日	178,400			
3月26日～4月25日	31日	178,400			
2月26日～3月25日	29日	172,900			
1月26日～2月25日	31日	175,000			
12月26日～1月25日	31日	174,000			
11月26日～12月25日	30日	173,200			

(6)　⑪欄については、⑩欄の各期間において賃金の支払の基礎となった日数を記載して下さい。

(7)　⑫欄については、賃金の主たる部分が、月、週その他一定の期間によって定められている場合には、その月の賃金のすべてをⒶ欄に記載して下さい。賃金の主たる部分が労働した日若しくは時間によって算定され、又は出来高払制その他の請負制によって定められている場合には、その主たる部分の賃金をⒷ欄に記載し、その他の部分の賃金（月によって支払われる家族手当等）をⒶ欄に記載します。このほか、次の点に注意して下さい。

① 在職中に労働協約等の改定に伴い賃金がさかのぼって引き上げられ過去の月分に係る差額が支給された場合には、それぞれの該当月に支給された賃金額に当該差額を加えた額を記載します。

② 通勤手当等が数か月分一括支給された場合等は、対象月の月数で除して得た額を各月の欄に加算して記載しますが、この場合に生じた端数は、その最後の月にまとめて支払われたものとして記載して下さい。

③ 賞与その他臨時の賃金については、⑫欄には記載しません。

なお、記載しない欄には、斜線を引いて下さい。

(8)　⑬欄には、賃金未払がある場合は、その旨及びその未払額等参考となる事項を記載して下さい。

また、特定受給資格者に該当する被保険者で、算定基礎賃金月に、小学校就学の始期に達するまでの子を養育するため若しくは要介護状態にある対象家族を介護するための休業又は当該被保険者が就業しつつその子を養育すること若しくはその要介護状態にある対象家族を介護することを容易にするための勤務時間短縮措置（以下「短縮措置等」という。）の適用により賃金が喪失・低下した期間の全部又は一部を含む場合は、当該短縮措置等の開始日及び終了日を記載して下さい。この場合、離職証明書とともに雇用保険被保険者短縮措置等適用時賃金証明書を提出して下さい。

(9)　⑭欄には、毎月決まって支払われる賃金以外の賃金のうち、3か月以内の期間ごとに支払われるもの（以下「特別の賃金」という。）がある場合に、上記(2)により⑧欄に記載した期間内に支払われた特別の賃金の支給日、名称及び支給額を記載して下さい。なお、余白には、斜線を引いて下さい（例6参照）。

例6

⑭ 賃金に関する特記事項	元. 12. 25 ○○手当 220, 000	元. 9. 25 ○○手当 140, 000	元. 6. 25 ○○手当 210, 000	31. 3. 25 ○○手当 130, 000	

(10)　賃金計算が未処理のため、賃金の支払状況等の欄の記載が行えないとの理由から、届出期限を超過することがないよう注意してください（なお、賃金の支払状況等の欄に記載がなくても、その具体的事情を記載した上で公共職業安定所に届出を行っていただくことが可能です。その際には、後日、改めて公共職業安定所から適正な賃金計算に基づく記載をお願いすることになりますが、その間に離職者の方の受給手続を進めることができますので離職者の方の不利益になりません。）。

離職者に不利益が及ばないよう、離職証明書の届出は期限内に行っていただくよう注意して下さい。

(11)　⑩欄から⑭欄の記載に当たっては、雇用保険法第17条の規定による賃金日額を計算するに必要な賃金の支払状況を正確に記載することができる場合には、当該賃金の支払状況の記載をもって足ります。

(12)　離職証明書（安定所提出用）（第2葉目）の⑮欄には、離職者にこの証明書の内容（⑦欄を除く。）を確認させた上、氏名を記載させて下さい。

なお、帰郷その他やむを得ない理由により離職者の氏名の記載を得ることができないときは、⑮欄にその理由を記載し、事業主の氏名を記載して下さい。

(13)　※欄には、記載しないで下さい。

(14)　社会保険労務士記載欄は、この証明書等を社会保険労務士が作成した場合にのみ記載して下さい。

なお、離職票－2（第3葉目）を重ねて記載すると。そのまま複写されてしまいますので、注意して下さい。

注意　○　偽りその他不正の行為で失業等給付を受けたり、又は受けようとした場合には、以後これらの失業等給付を受けることができなくなるばかりでなく、不正に受給した金額の返還・納付（3倍返し）を命ぜられ、また、詐欺罪等で処罰されることがあります。離職票の離職理由について虚偽の申告を行うことも不正行為となりますのでご注意下さい。

○　事業主の方が離職理由について虚偽の記載を行った場合、偽りその他不正の行為をしたものとして、そのような虚偽の離職理由に基づき不正に受給した者と連帯して不正受給金の返還・納付命令（3倍返し）の対象となるとともに、詐欺罪等として刑罰に処せられる場合があります。

○　・1人以上の被保険者を事業主都合により解雇（勧奨退職、解雇予告を含む。）させた事業主
・事業所の被保険者の一定割合以上の特定受給資格者（一部のものを除く。）を発生させた事業主
のいずれかには、雇入れ関係助成金が支給されないこととなります。

離職証明書を安定所に提出すると、離職票（－1及び－2）が交付されますが、この離職票（－1及び－2）は、直ちに離職者本人に交付して下さい。また、このとき、本人に対し、離職票－2の裏面の注意事項をよく読んで、同票⑦欄及び⑰欄に必要事項を記載した上で、住所又は居所を管轄する安定所で速やかに必要な手続をとるよう説明して下さるようお願いします。

8

（5）その他の手続

1　被保険者の転勤に関する届出

(1)　雇用保険被保険者転勤届の提出

イ　事業主は、その雇用する被保険者を1の事業所から他の事業所に転勤（例えば本店から支店に転勤）させたときには、その事実のあった日の翌日から起算して10日以内に「雇用保険被保険者転勤届」（記載例95ページ）を転勤後の事業所の所在地を管轄する公共職業安定所の長に提出（年金事務所経由も可）しなければなりません（則第13条）。なお、特定法人（資本金1億円超の法人等）については、令和2年4月以降、電子申請が原則とされています。

ロ　転勤とは、同一の事業主の下での事業所間の移動です。また、単なる出張または一時的な駐在は転勤には該当しません。

ハ　被保険者転勤届を受理した公共職業安定所から雇用保険被保険者転勤届受理通知書が交付されますから、事業主は、雇用保険被保険者資格取得等確認通知書の交付を受けたときと同じようにその旨を本人に知らせた後、他の被保険者の資格取得等確認通知書または転勤届受理通知書と一緒に、その者の在職中および離職した日から4年間は大切に保存しておかなければなりません。

(2)　被保険者転勤届の記載

被保険者転勤届の記載に当たっては、各用紙に印刷された「注意」をよく読み、記載例を参考にして、正確に記載してください。

2　被保険者の出向等

同時に2以上の雇用関係にある労働者については、その者が生計を維持するに必要な主たる賃金を受ける1の雇用関係についてのみ被保険者となります[※]。したがって、適用事業に雇用される労働者が、事業主の命により将来再びその業務に専ら従事することを条件としてその雇用関係を存続したまま他の事業主に雇用されることとなったことにより（いわゆる在籍出向）、またはその事業主との雇用関係を存続したまま労働組合の役職員となったこと（いわゆる在籍専従）により同時に2以上の雇用関係を有することとなった

様式第10号（第13条関係）（第1面）

雇用保険被保険者転勤届

（必ず第２面の注意事項を読んでから記載してください。）

帳票種別 14106

1.被保険者番号 2602-111110-0

2.生年月日 3-460415（2大正 3昭和 4平成 5令和）元号 年 月 日

3.被保険者氏名 佐藤　太郎

フリガナ（カタカナ） サトウ タロウ

4欄は、被保険者が外国人の場合のみ記入してください。

4.被保険者氏名（ローマ字）（アルファベット大文字で記入してください。）

被保険者氏名〔続き（ローマ字）〕

5.資格取得年月日 4-070401（3昭和 4平成 5令和）元号 年 月 日

6.事業所番号 1302-101010-1

7.転勤前の事業所番号 1303-371143-5

8.転勤年月日 5-040921（4平成 5令和）元号 年 月 日

9.転勤前事業所名称・所在地 原田物産株式会社　文京営業所
文京区後楽X-X-X

10.（フリガナ） 変更前氏名		11. 氏名変更年月日	令和 年 月 日

12. 備考	

（この用紙は、このまま機械で処理しますので、汚さないようにしてください。）

雇用保険法施行規則第13条第１項の規定により上記のとおり届けます。

令和 4年 9 月22日

住所 東京都台東区東上野X-X-X

事業主 氏名 原田物産株式会社
代表取締役　原田　真一

電話番号 03-3983-XXXX

上野 公共職業安定所長　殿

社会保険労務士記載欄	作成年月日・提出代行者・事務代理者の表示	氏名	電話番号

※

所長		次長		課長		係長		係		操作者	

※

備考
確認通知　令和　年　月　日

2021. 9

者については、その者が生計を維持するに必要な主たる賃金を受ける１の雇用関係すなわち主たる雇用関係についてのみ、その被保険者資格を認めることとなります。ただし、その者につき、主たる雇用関係がいずれにあるかの判断が困難であると認められる場合、またはこの取扱いによっては雇用保険の取扱い上、引き続き同一の事業主の適用事業に雇用されている場合に比し著しく差異が生ずると認められる場合には、その者の選択するいずれか１の雇用関係について、被保険者資格を認めることとしています。

また、①出向に際して退職金またはこれに準じた一時金（以下「退職金等」といいます）が支給された場合には「離職による喪失」となります。この場合は「雇用保険被保険者資格喪失届」（75 ページ）の６欄（喪失原因）に「２」と記載して提出することになります。②前記①以外の出向（すなわち、出向に際して退職金等が支給されない場合）については「離職以外の理由による喪失」となります。この場合で、かつ、出向先の事業所において主たる雇用関係が認められる場合は、「雇用保険被保険者資格喪失届」の６欄に「１」と記載して提出することになります。

※例外として、令和４年１月１日から 65 歳以上高齢者の二重加入特例（本人の申出前提）がスタートしました。

3　被保険者の氏名変更

従来、適用事業の事業主の雇用する被保険者が結婚等の理由によって氏名を変更したときは、雇用保険被保険者氏名変更の届出が必要とされていました。

しかし、令和２年１月１日以降、他の手続き（たとえば、資格喪失）を行う際に、氏名変更等の処理も行うスタイルに変更されています。

4　被保険者の個人番号の変更

事業主は、雇用する被保険者（日雇労働被保険者を除きます）の個人番号（行政手続における特定の個人を識別するための番号の利用等に関する法律で定める個人番号、いわゆるマイナンバー）が変更されたときは、速やかに、「個人番号登録・変更届」（記載例 97 ページ）を事業所の所在地を管轄する公共職業安定所の長に提出しなければなりません（則第 14 条）。

様式第10号の2（第14条、第65条の6、第65条の11、附則第1条の3関係）（第1面）

個人番号登録・変更届

標準字体 0 1 2 3 4 5 6 7 8 9

（必ず第2面の注意事項を読んでから記載してください。）

帳票種別 11701

1.届出区分 1（1 新規 2 変更）

2.個人番号 890123456789

3.変更前個人番号

4.被保険者番号 2608－456789－0

日雇労働被保険者番号

5.氏名（カタカナ） アキモト マイ

6.性別 2（1 男 2 女）

7欄は、被保険者が外国人の場合のみ記入してください。

7.被保険者氏名（ローマ字）（アルファベット大文字で記入してください。）

被保険者氏名〔続き（ローマ字）〕

8.生年月日 4－030405（2 大正 3 昭和 4 平成 5 令和）

元号 年 月 日

9.事業所名

10.（フリガナ） 変更前氏名		11. 氏名変更年月日	令和 年 月 日

メモ欄

（この用紙は、このまま機械で処理しますので、汚さないようにしてください。）

雇用保険法施行規則第14条・第65条の6・第65条の11・附則第1条の3の規定により上記のとおり雇用保険被保険者の個人番号について届けます。

令和 4 年 11 月 10 日

事業主又は本人
住所 東京都品川区大崎X-X-X
氏名 野木物産株式会社
代表取締役　白石 真
電話番号 03-XXXX-XXXX

品川 公共職業安定所長 殿

社会保険労務士記載欄	作成年月日・提出代行者・事務代理者の表示	氏名	電話番号

※

所長		次長		課長		係長		係		操作者	

※ 備考

2022. 3

平成 28 年 1 月 1 日から、雇用保険の届出のうち「雇用保険被保険者資格取得届」「雇用保険被保険者資格喪失届」「高年齢雇用継続給付受給資格確認票・(初回) 高年齢雇用継続給付支給申請書」等について、個人番号の記載が義務付けられ（記載・届出義務を負うのは事業主)、届出様式に記載欄が追加されました。それに合わせ、個人番号の変更があった場合の手続に関する規定も整備されたものです。

従業員から個人番号を取得する際には、①正しい番号であることの確認（番号確認)、②正しい番号の持ち主であることの確認（身元確認）を正しく行う必要があります。

第４章
失業者等に対する諸給付

1　失業等給付のあらまし

失業等給付は、求職者給付、就職促進給付、教育訓練給付および雇用継続給付とに大別されます。求職者給付は、失業者が求職活動をする間の生活の安定を図ることを主目的とする給付であり、就職促進給付は、失業者が再就職するのを援助、促進することを主目的とする給付であり、教育訓練給付は、労働者の主体的な能力開発を支援するための給付であり、雇用継続給付は、高齢者や介護を行う者の職業生活の円滑な継続を援助、促進するための給付です。

求職者給付は、被保険者の種類に応じて、次の種類のものがあります。すなわち、一般被保険者に対する求職者給付としては、基本手当、公共職業訓練等を受講する場合に支給される技能習得手当および寄宿手当ならびに傷病手当の4種類があります（法第10条第2項）。また、高年齢被保険者に対する求職者給付としては、基本手当の30日分または50日分の高年齢求職者給付金が、短期雇用特例被保険者に対する求職者給付としては、基本手当の40日分（暫定措置）に相当する特例一時金が、日雇労働被保険者に対する求職者給付としては、日雇労働求職者給付金が、それぞれ支給されます（法第10条第3項）。

就職促進給付としては、就業促進手当（就業手当、再就職手当、就業促進定着手当、常用就職支度手当）、移転費および求職活動支援費（広域求職活動費、短期訓練受講費、求職活動関係役務利用費）の3種類があります（法第10条第4項）。

教育訓練給付には、教育訓練給付金があります（法第10条第5項）。

また、雇用継続給付は、高年齢雇用継続給付および介護休業給付の2種類があります（法第10条第6項）。

2　一般被保険者の求職者給付

(1) 基本手当

1　受給資格

一般被保険者が失業し基本手当の支給を受けるためには、算定対象期間（詳しい説明は3 算定対象期間を参照）に被保険者期間が通算して原則12カ月以上あることが必要です（法第13条）。ただし、労働契約が更新されなかったこと等による離職者として則第19条の2に定めるもの（以下「特定理由離職者」といいます。詳しい説明は2 特定理由離職者を参照）および離職が倒産等に伴う者であるとして則第35条に定めるもの、解雇その他則第36条に定める理由により離職した者（以下「特定受給資格者」といいます。詳しい説明は10 特定受給資格者を参照）は6カ月でも可です。

このような受給要件を満たしている者が基本手当の支給を受けるには、居住地を管轄する公共職業安定所へ出頭し、求職の申込みをした上、離職票を提出して受給資格の決定を受けなければなりません（則第19条第1項）。

受給資格の決定というのは、公共職業安定所長が、離職票を提出した者について基本手当の支給を受けることができる資格を有する者であると認定することをいいます。

受給資格を有する者（以下「受給資格者」といいます）とは、

(1)　離職により被保険者でなくなったこと（被保険者資格の喪失）の確認を受けたこと

(2)　労働の意思および能力を有するにもかかわらず、職業に就くことができない状態にあること

(3)　算定対象期間に被保険者期間が通算して原則12カ月以上（特定理由離職者および特定受給資格者は6カ月以上でも可）あること

の3つの要件を満たす者のことをいいます。

公共職業安定所長は、受給資格を決定した者に対して、次回以後におい

て出頭して失業の認定を受けるべき日を指定し、これをその者に知らせるとともに、基本手当の支給を受けるために必要な雇用保険受給資格者証を交付します（則第 19 条第３項）。

2　特定理由離職者

特定理由離職者とは、本人の希望に関わらず雇止め等により離職を余儀なくされたもの（特定受給資格者に該当するものを除きます）をいい、算定対象期間（原則として離職の日以前２年間または１年間）に、被保険者期間が通算して 12 カ月（算定対象期間２年間の場合）または６か月（同１年間の場合）以上あれば受給資格を得ることができます。

次のいずれかの理由により離職した者が該当します（則第 19 条の２)。

(1)　期間の定めのある労働契約が満了し、かつ、当該労働契約の更新がないこと（その者が契約の更新を希望したにもかかわらず、更新についての合意に至らなかった場合に限ります）

「期間の定めのある労働契約の更新により３年以上引き続き雇用されていた人」「期間の定めのある労働契約の締結の更新が明示されていた人（上記の３年以上引き続き雇用されていた人を除きます)」が雇止めされた場合には特定受給資格者として扱われ、特定理由離職者には該当しません。

(2)　正当な理由

以下のいずれかの事由により離職した者をいいます。なお、給付制限（詳しい説明は 13 給付制限および不正受給を参照）を行う場合の「正当な理由」と同様の基準に基づき判断されます。

①　体力の不足、心身の障害、疾病等により退職した者

②　妊娠、出産、育児等により退職し、受給期間延長措置を受けた者

③　父もしくは母の死亡、疾病、負傷等のため、父もしくは母を扶養するために退職を余儀なくされた場合または常時本人の看護を必要とする親族の疾病負傷等のために退職を余儀なくされた場合等家庭事情が急変したことによって退職した場合

④　配偶者または扶養すべき親族と別居生活を続けることが困難となったことにより退職した場合

⑤　次の理由により、通勤不可能または困難となったことにより退職した者

a　結婚に伴う住所の変更

b　育児に伴う保育所等の利用または親族等への保育の依頼

c　事業所の通勤困難な地への移転

d　自己の意思に反して住所・居所の移転を余儀なくされたこと

e　鉄道、バスその他運輸機関の廃止または運行時間の変更等

f　事業主の命による転勤または出向に伴う別居の回避

g　配偶者の転勤・出向・再就職に伴う別居の回避

⑥　事業主が労働条件を変更したことにより採用条件と実際の労働条件が著しく異なることになったことによって退職した場合

⑦　新技術の導入により、自己の有する専門知識・技能を十分に発揮する機会が失われたことによって退職した場合

⑧　結婚・妊娠・出産・育児に伴い退職することが慣行となっている場合や定年年齢の前に早期退職することが慣行となっていることにより離職した場合

⑨　その他、特定受給資格者（10 特定受給資格者の (2) の⑩「事業主から退職するよう勧奨を受けたこと」）に該当しない企業整備による人員整理等で希望退職者の募集に応じて離職した場合等

なお上記以外の理由でも、新型コロナの影響による離職の場合で、特例により特定理由退職者に該当すると認められたケースがあります。詳しくは厚生労働省の HP をご確認ください。

3　算定対象期間

被保険者期間の算定対象期間は、原則として、離職の日以前２年間（特定理由離職者および特定受給資格者は離職の日以前２年間または１年間）です。

ただし、この期間に疾病、負傷、出産、事業主の命による外国における勤務等のため、引き続き 30 日以上賃金の支払を受けることができなかった者については、これらの理由により賃金の支払を受けることができなかった日数を加算した期間が算定対象期間となります。なお、この場合の

例示1　受給資格に係る離職理由が特定理由離職者及び特定受給資格者に該当しない場合

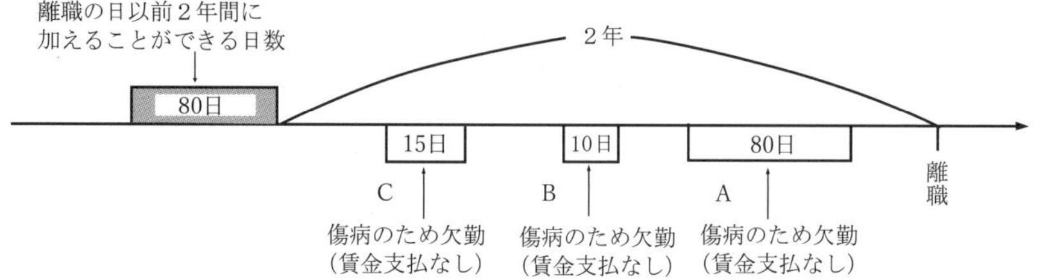

A、B、Cが全く同一の理由であって、AとB及びBとCの間が30日未満である場合には、要件緩和の日数に加えることができる（例示1の場合は合計105日）。

例示2　受給資格に係る離職理由が特定理由離職者及び特定受給資格者に該当しない場合

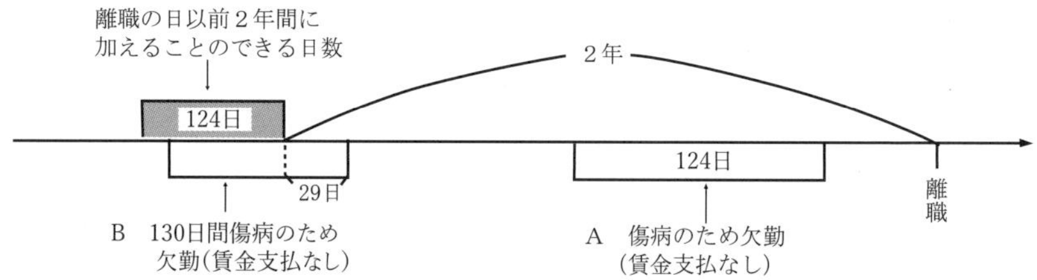

Bの130日間の傷病期間は、離職の日以前2年間に含まれる日数が30日未満であるため加えることができない。
ただし、AとBが全く同一の理由であって、AとBの間が30日未満である場合には、要件緩和の日数に加えることができる（例示2の場合は合計254日）。

例示3　受給資格に係る離職理由が特定理由離職者及び特定受給資格者に該当しない場合

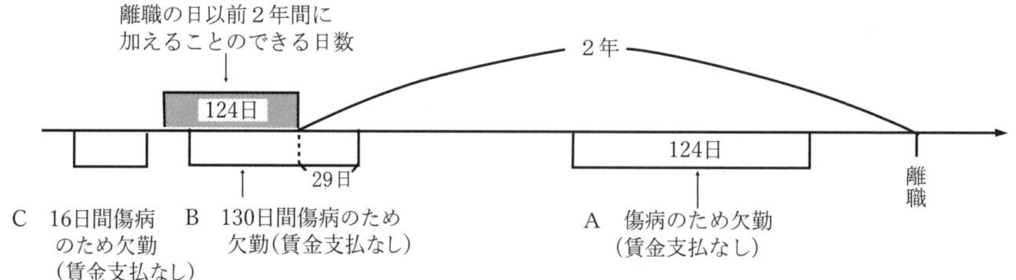

B及びCの期間は、離職の日以前2年間に含まれる日数が30日以上でないため加えることができない。
ただし、AとBとCが全く同一の理由であって、AとB及びBとCとの間が30日未満である場合には、要件緩和の日数に加えることができる（例示3の場合は合計270日）。

例示4　受給資格に係る離職理由が特定理由離職者及び特定受給資格者に該当しない場合

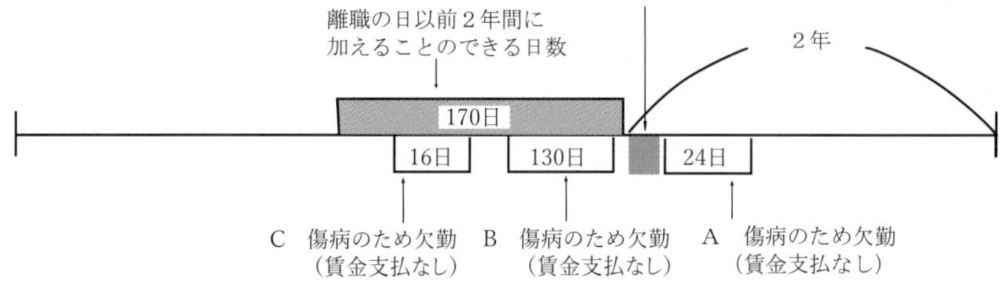

Aの24日間の傷病期間は、離職の日以前2年間に含まれる日数が30日未満であるため加えることができない。
ただし、AとBとCが全く同一の理由であって、AとB及びBとCの間が30日未満である場合には、要件緩和の日数に加えることができる(例示4の場合は合計170日)が、AとBの間が30日以上である場合には、BとCの間が30日未満であっても要件緩和の日数に加えることができないので注意する

例示5　受給資格に係る離職理由が特定理由離職者及び特定受給資格者に該当しない場合

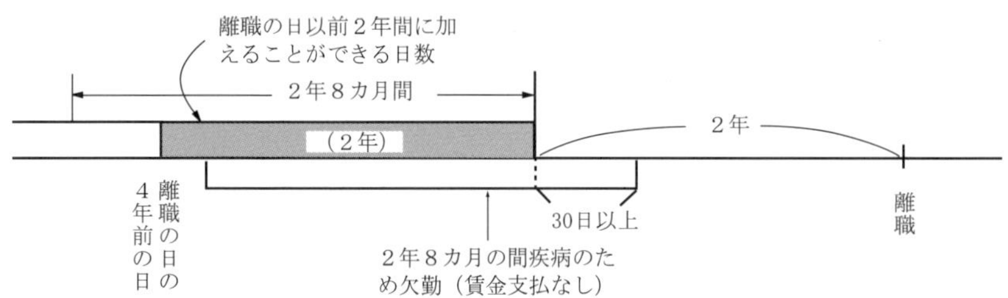

疾病のため欠勤した2年8カ月間のうち、2年間のみ、2年に加えることができる

例示6　受給資格に係る離職理由が特定理由離職者及び特定受給資格者に該当しない場合

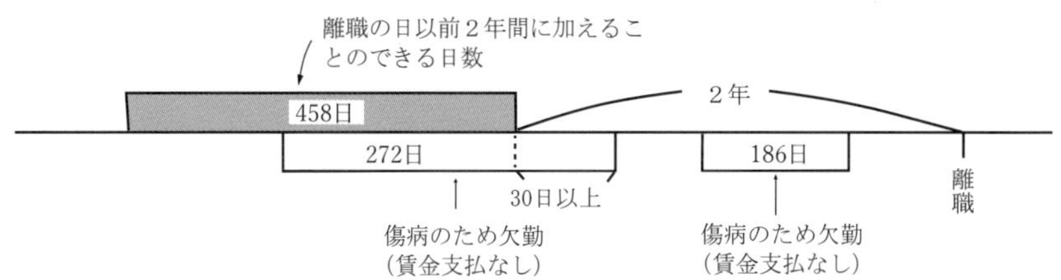

例示7　受給資格に係る離職理由が特定理由離職者及び特定受給資格者に該当しない場合

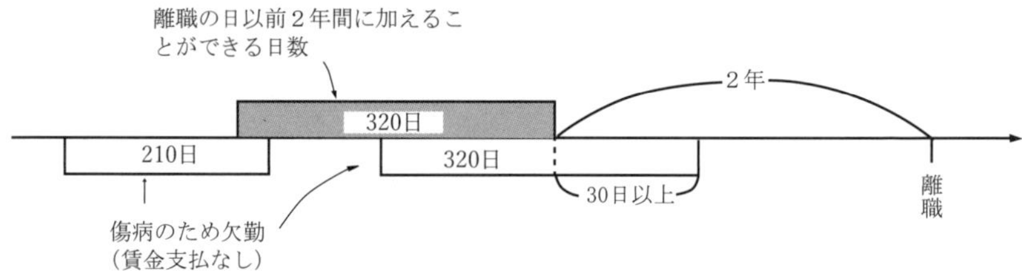

傷病により賃金の支払を受けることができない期間が引き続いていないので、離職の日以前２年間に含まれる部分のある方のみ、2年に加えることができる。
ただし、全く同一の理由であって、2つの期間の間が30日未満である場合には、要件緩和の日数に加えることができる（例示7の場合は合計530日）。

疾病、負傷については、業務上、業務外の別を問いません。

しかし、加算される期間は最大限２年間（特定理由離職者および特定受給資格者は３年）とされているので、算定対象期間はいかなる場合でも４年間を超えることはありません（法第13条、則18条）。

これを図示すると、以上のとおりとなります（例示はいずれも特定受給資格者等でない場合）。

以上の算定対象期間に受給要件を満たして基本手当の支給を受けることのできる者が、再就職後当初の離職の日の翌日から起算して原則１年の期間（一定の理由により職業に就くことができない期間等がある場合には、最大限４年間となります。これについては８ 受給期間を参照）内に再び離職した場合には、再就職後の被保険者期間が新たな受給要件を満たしていないときでも、前の受給資格に基づき、残日数分の基本手当の支給を受けることができます。

4　被保険者期間の計算

被保険者期間は、被保険者が離職した日の翌日または各月においてその日に応当し、かつ、その被保険者であった期間内にある日（その日に応当する日がない月においては、その月の末日。喪失応当日と略称します）の各前日から各前月の喪失応当日までさかのぼった各期間（原則として賃金の支払の基礎となった日数が 11 日以上であるものに限ります※）を 1 カ月として計算します（法第 14 条第 1 項）。

※賃金の支払の基礎となった日数は、完全月給者の場合、月の暦日数（28 日、29 日、30 日、31 日）となります。欠勤控除がなされる場合は、欠勤控除算定の基礎となる日数（たとえば、欠勤 1 日につき月給の 22 分の 1 を控除するときは 22 日）を意味しますが、欠勤があったときはこの控除算定基礎日数から欠勤日数を差し引いた数とします。なお、令和 2 年 8 月 1 日から、被保険者期間が 12 カ月（特定理由離職者および特定受給資格者は 6 カ月）に満たないときは、賃金の支払の基礎となった日数が 11 日以上であるもの、または賃金の支払の基礎となった時間が 80 時間以上であるものを 1 カ月として計算します（法第 14 条第 3 項）。

すなわち、離職の日からさかのぼって被保険者であった期間を満 1 カ月ごとに区切っていき、このように区切られた 1 カ月の期間に、賃金支払の基礎となった日数が 11 日以上あるときは、その 1 カ月の期間を被保険者期間の 1 カ月として計算し、賃金支払の基礎となった日数が 10 日以下のときは被保険者期間には含めません。また、このように区切ることにより、1 カ月未満の端数が生じることがありますが、その 1 カ月未満の期間の日数が 15 日以上であり、かつ、その期間内の賃金支払の基礎となった日数が 11 日以上あるときは、その期間を被保険者期間の 2 分の 1 カ月として計算します。

以上のことについて図示すると、以下の例示のとおりとなります。

なお、被保険者期間を計算する場合において、次の期間は被保険者期間の算定の対象となる被保険者であった期間に含まれません（法第14条第2項）。

イ　最後に被保険者となった日前に当該被保険者が受給資格、高年齢受給資格または特例受給資格を取得したことがある場合（当該受給資格または特例受給資格に基づいて基本手当、高年齢求職者給付金または特例一時金を受給したか否かは問いません）における当該受給資格、高年齢受給資格または特例受給資格に係る離職の日以前の被保険者であった期間

〔例　示〕

1

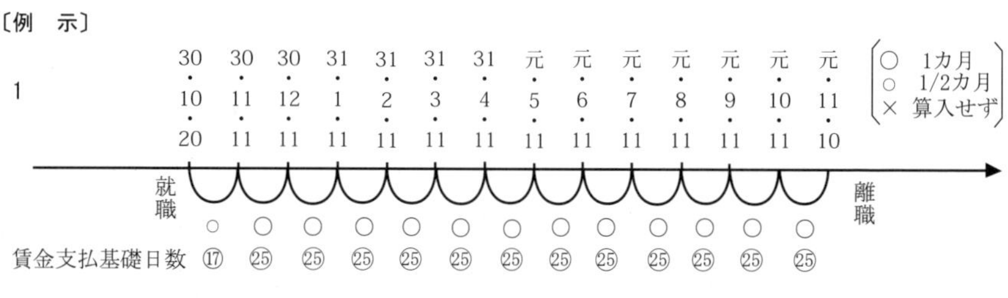

この場合の被保険者期間は12.5カ月となります。

2

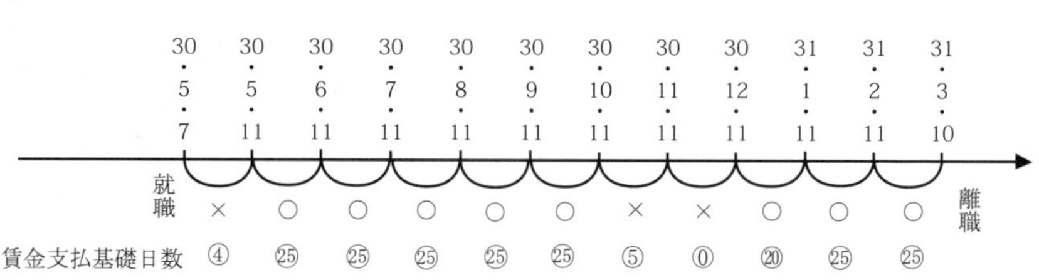

（平成30年10月17日から同年12月17日までの間、私傷病により賃金支払がなかった。）
この場合の被保険者期間は、8カ月となります。

3

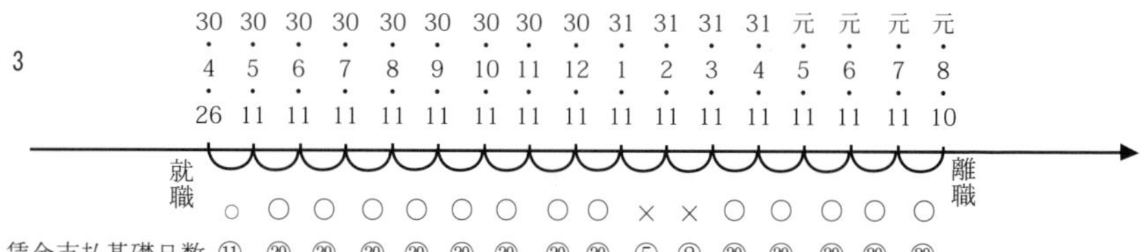

この場合の被保険者期間は、13.5カ月となります。

（この場合の受給資格については下図参照）。

ロ　被保険者の資格の取得の確認があった場合において、確認に係る被保険者資格の取得の日が確認があった日の２年前の日より前であるときの当該確認のあった日の２年前の日より前の期間（確認の日の２年前の年の応当日までの期間より前の期間）。ただし、資格取得届出がなされず、前記確認があった日の２年前の日より前に被保険者の負担すべき額に相当する額がその者に支払われる賃金から控除されていたことが明らかである者については、賃金から控除されていた時期のうち最も古い時期として厚生労働省令で定める日に被保険者となったものとみなします。

〔例　示〕

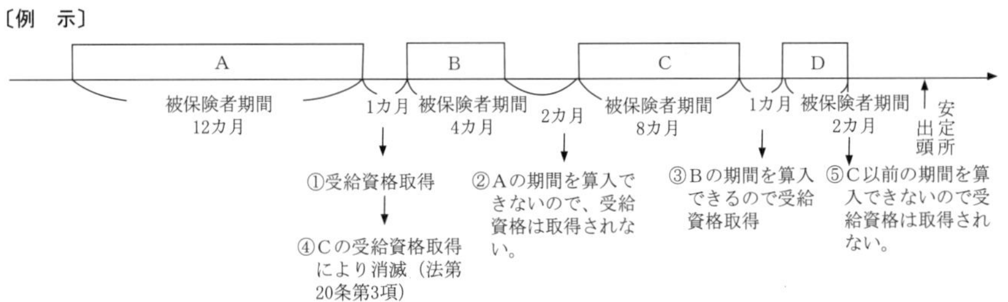

5　賃金日額の算定

賃金日額は、原則として、被保険者期間として計算された最後の６カ月間に支払われた賃金の総額を 180 で除してその者の賃金日額を算出します。この賃金日額の算定に当たっては、定期的に支払われる給与によって計算し、臨時に支払われる賃金および３カ月を超える期間ごとに支払われる賃金は含まれません（法第 17 条第１項）。

また、賃金が日給、時間給、出来高払その他の請負制等によって支払われる者についてはこの原則的方法によって計算すると、労働日数が少ないときは不利となる場合がありますので、労働した日１日当たりの支払われた賃金額の 100 分の 70 を賃金日額の最低限として保障することとしています。また、賃金の一部が、月給制、週給制等一定の期間によって定められている場合には、その部分の総額をその期間の総日数で除して得た額と、右の 100 分の 70 の額とを合算した額が賃金日額とされます（法第 17 条第２項）。

また、このような原則に従って賃金日額を算定することが困難であるとき、または原則どおり算定した額を賃金日額とすることが適当でないときは、厚生労働大臣が定める方法により算定することとされています（法第17条第3項）。

以上により算出された賃金日額が、2,657円未満のときは、2,657円をその者の賃金日額として最低保障することとしています。賃金日額の上限額については、年齢層に応じ定められており、30歳未満の者にあっては13,670円、30歳以上45歳未満の者にあっては15,190円、45歳以上60歳未満の者にあっては16,710円、60歳以上65歳未満の者にあっては、15,950円を超えるときはその額をその者の賃金日額とすることとしています（法第17条第4項）。

〔算式〕

1　原則

$$\text{賃金日額}=\frac{\text{被保険者期間として計算された最後の6カ月の賃金の総額（臨時に支払われる賃金および3カ月を超える期間ごとに支払われる賃金を除く）}}{180}$$

2　日給制等の者の特例
（原則的方法によって算定された賃金日額が次の①、②の額に満たない場合）。

①賃金が日給、時給、出来高制その他の請負制によって定められている場合

$$\frac{\text{被保険者期間として計算された最後の6カ月の賃金の総額（臨時に支払われる賃金および3カ月を超える期間ごとに支払われる賃金を除く）}}{\text{労働した日数（賃金支払の基礎となった日数）}}\times\frac{70}{100}$$

②賃金の一部が、月、週その他一定の期間によって定められている場合

$$\frac{\text{その部分の総額}}{\text{その期間の総日数}}+\text{①の額}$$

（賃金の一部が月によって定められている場合には1カ月を30日として計算）

6　基本手当の日額

受給者に対して支給される基本手当の額は、賃金日額（5 賃金日額の算定を参照）に、50％から 80％（60 歳以上 65 歳未満の者にあっては、45％から 80％）を乗じることにより、その者の基本手当日額を算出します（法第 16 条）。

なお、失業の認定を受けた期間中に、内職等自己の労働によって収入を得た場合には、一定の方法によって基本手当が減額されて支給されます（法第 19 条第 1 項）。なお、「内職等自己の労働によって収入を得た」との判断は、基本的に就業時間が 1 日当たり 4 時間未満となるかどうかを基準として行われます。

この内職等の収入があった場合の、基本手当の減額方法は、具体的には次のようにして行われます。

イ　収入の 1 日分に相当する額から 1,310 円を控除した額と基本手当の日額との合計額が賃金日額の 100 分の 80 を超えないとき

（収入の 1 日分に相当する額－ 1,310 円＋基本手当日額 ≦ 賃金日額× $\frac{80}{100}$ のとき）

この場合には、基本手当は減額されずに支給されます。

ロ　イにいう合計額が賃金日額の 100 分の 80 を超えるとき

（収入の 1 日分に相当する額－ 1,310 円＋基本手当日額 ＞ 賃金日額× $\frac{80}{100}$ のとき）

この場合には、ハを除きその者に支給される基本手当の 1 日分の額は、当該超過額を基本手当の日額から控除した残りの額（＝賃金日額× $\frac{80}{100}$ ＋ 1,310 円－収入の 1 日分に相当する額）となります。

ハ　ロにいう超過額が基本手当の日額以上であるとき

（収入の 1 日分に相当する額－ 1,310 円＋基本手当日額－賃金日額× $\frac{80}{100}$ ≧ 基本手当日額のとき）

この場合には、その内職等を行った日数分の基本手当は支給されません。

したがって、例えば賃金日額が 7,000 円で基本手当の日額が 5,037 円の者が、失業の認定を受けた 28 日のうち 2 日間内職をして 6,000 円の収入を得た場合には、収入の 1 日分に相当する額が 3,000 円となり、上記のロに該当しますので、支給される基本手当は、5,037 円の基本手当 26 日分と、3,910 円の基本手当 2 日分との合計額（138,782 円）となります。

賃金日額に乗じる率

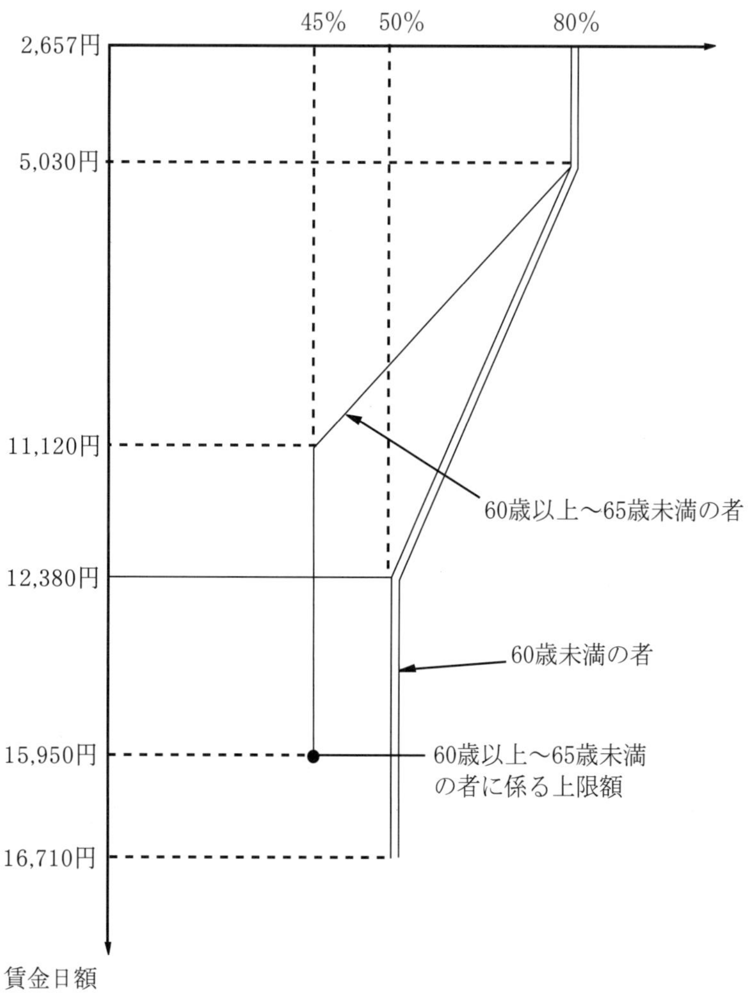

(注) 図中の年齢は、受給資格に係る離職の日におけるものです。

7　賃金日額算定の特例

育児（小学校就学の始期に達するまでの子が対象）・介護のため休業または勤務時間短縮中の被保険者が、倒産、解雇等の理由により離職した場合には、その休業・勤務時間短縮開始時の賃金日額と離職時の賃金日額を比較して高い方の額で基本手当を決定します。

生産の減少等に伴い、事業所の労働者の過半数で組織する労働組合等との書面による合意に基づき、所定労働時間・所定外労働時間の短縮の実施およびそれに伴う賃金の減少ならびに労働者の雇入れに関する計画が作成され、所轄都道府県労働局長に提出された場合にも、賃金日額算定の特例が設けられています。計画期間（労働時間の短縮およびそれに伴う賃金の減少が６カ月以上行われた後の期間に限ります）中に被保険者が倒産、解雇等の理由により離職した場合には、その計画開始時の賃金日額と離職時の賃金日額を比較して高い方の額で基本手当を決定します。

8　受給期間

受給資格者が所定給付日数の基本手当の支給を受けられるのは、原則として受給資格に係る離職の日の翌日から起算して1年間（法第22条第2項第1号に該当する受給資格者は1年に60日を加えた期間、また、法第23条第1項第2号イに該当する特定受給資格者は1年に30日を加えた期間。特定理由離職者に特定受給資格者の所定給付日数が適用される場合も同様。以下同じ）に限られます（法第20条第1項）。この期間を受給期間といいます。

なお、この受給期間は、次の場合には延長されます。それ以外でも、新型コロナによる影響が考慮され、特例により延長が認められたケースがあります。詳しくは厚生労働省のHPをご確認ください。

(1)　一定の理由により職業に就くことができない場合

離職の日の翌日から1年の期間内に、妊娠、出産、育児、疾病、負傷等の理由により30日以上引き続き職業に就くことができない場合には、受給資格者の申出によって、その日数が1年に加算され、受給期間は最大限4年間まで延長されます（法第20条第1項）。この申出を行おうとする場合には、当該者に該当するに至った日の直前の離職日の翌日から起算して4年を経過する日までの間（延長後の受給期間が4年に満たない場合は当該期間の最後の日までの間）に「受給期間延長申請書」（記載例115ページ）に受給資格者証（受給資格者証の交付を受けていない場合には、離職票）を添えて居住地を管轄する公共職業安定所長へ届け出なければなりません。

(2)　定年等により離職した者が一定の期間求職の申込みを希望しない場合

受給資格に係る離職理由が60歳以上の定年に達したことまたは60歳以上の定年に達した後の勤務延長もしくは再雇用の期間が終了したことによるものである者が当該離職後一定期間求職の申込みをしないことを希望する場合には、その期間（最大1年）が1年に加算されます（法第20条第2項）。この場合には、離職の日の翌日から起算して2カ月以内に「受給期間延長申請書」（記載例116ページ）に離職票を添えて居住地を管轄する公共職業安定所長へ届け出なければなりません。

記載例１

受給期間延長等・教育訓練給付適用対象期間・高年齢雇用継続給付延長申請書

<table>
<tr><td rowspan="2">1 申請者</td><td>氏名</td><td>中田　佐智子</td><td>生年月日</td><td>[昭和]・平成・令和 45年 9月 1日</td><td>性別</td><td>男・[女]</td></tr>
<tr><td>住所又は居所</td><td colspan="5">〒 164-0003
中野区東中野×-×-×
（電話　03-××××-×　）</td></tr>
<tr><td colspan="2">2 申請する延長等の種類</td><td colspan="5">[受給期間]・教育訓練給付適用対象期間・高年齢雇用継続給付</td></tr>
<tr><td colspan="2">3 離職年月日</td><td>令和　5年　2月　21日</td><td>4 被保険者となった年月日</td><td colspan="3">昭和・[平成]・令和　18年　4月　1日</td></tr>
<tr><td colspan="2">5 被保険者番号</td><td colspan="5">1301-000011-8</td></tr>
<tr><td colspan="2">6 支給番号</td><td colspan="5"></td></tr>
<tr><td colspan="2">7 この申請書を提出する理由</td><td colspan="5">[イ] 妊娠、出産、育児、疾病、負傷等により職業に就く（対象教育訓練の受講を開始する）ことができないため
ロ　定年等の理由により離職し、一定期間求職の申込みをしないことを希望するため
ハ　事業を開始等したため
具体的理由　疾病による入院のため</td></tr>
<tr><td colspan="2">8 職業に就く（対象教育訓練の受講を開始する）ことができない期間、求職の申込みをしないことを希望する期間又は事業を実施する期間</td><td>令和　5年　3月　1日から
令和　5年　3月　31日まで</td><td>※処理欄</td><td colspan="3">令和　年　月　日から
令和　年　月　日まで</td></tr>
<tr><td colspan="2">※ 延長等後の受給（教育訓練給付適用対象）期間満了年月日</td><td colspan="5">令和　年　月　日</td></tr>
<tr><td>9 7のイの理由が疾病又は負傷の場合</td><td>傷病の名称</td><td>胃潰瘍</td><td>診療機関の名称・診療担当者</td><td colspan="3">中野病院
TEL：03-〇〇〇〇-××××
院長　中野　一郎</td></tr>
</table>

雇用保険法施行規則第31条第１項・第31条の３第１項・第31条の６第１項の規定により受給期間の延長等、教育訓練給付に係る適用対象期間の延長、高年齢雇用継続給付の次回の支給申請可能な支給対象月に係る延長を上記のとおり申請します。

令和 5 年 4 月 4日

新宿 公共職業安定所長／地方運輸局長 殿

申請者氏名　中田　佐智子

<table>
<tr><td rowspan="3">備考</td><td rowspan="3"></td><td>離職票交付安定所名</td><td></td></tr>
<tr><td>離職票交付年月日</td><td></td></tr>
<tr><td>離職票交付番号</td><td></td></tr>
</table>

※ 所属長		次長		課長		係長		係		操作者	

（55）2022. 10

記載例２

受給期間延長等・教育訓練給付適用対象期間・高年齢雇用継続給付延長申請書

1 申請者	氏名	城　哲治	生年月日	[昭和]・平成・令和 34年 3月 14日	性別 [男]・女
	住所又は居所	〒 230-0063 横浜市鶴見区鶴見町1 （電話 045-×××-× ）		
2 申請する延長等の種類		[受給期間]・教育訓練給付適用対象期間・高年齢雇用継続給付		
3 離職年月日		令和 5年 3月 31日	4 被保険者となった年月日	[昭和]・平成・令和 52年 4月 1日
5 被保険者番号		1401-000111-2		
6 支給番号				
7 この申請書を提出する理由		イ 妊娠、出産、育児、疾病、負傷等により職業に就く（対象教育訓練の受講を開始する）ことができないため [ロ] 定年等の理由により離職し、一定期間求職の申込みをしないことを希望するため ハ 事業を開始等したため 具体的理由：定年により退職		
8 職業に就く（対象教育訓練の受講を開始する）ことができない期間、求職の申込みをしないことを希望する期間又は事業を実施する期間		令和 5年 4月 1日から 令和 5年 9月 30日まで	※処理欄	令和　年　月　日から 令和　年　月　日まで
※ 延長等後の受給（教育訓練給付適用対象）期間満了年月日		令和　年　月　日		
9 7のイの理由が疾病又は負傷の場合	傷病の名称		診療機関の名称・診療担当者	

雇用保険法施行規則第31条第１項・第31条の３第１項・第31条の６第１項の規定により受給期間の延長等、教育訓練給付に係る適用対象期間の延長、高年齢雇用継続給付の次回の支給申請可能な支給対象月に係る延長を上記のとおり申請します。

令和 5年 5月 2日

川崎 公共職業安定所長・地方運輸局長 殿

申請者氏名 城　哲治

備考		
	離職票交付安定所名	
	離職票交付年月日	
	離職票交付番号	

※ 所属長	次長	課長	係長	係	操作者

（55）2022. 10

なお、(2) により受給期間を延長された受給資格者が当該期間内に (1) により受給期間を延長すべき場合に該当するに至ったときは、さらに重ねて受給期間を延長することができます。ただし、受給期間は最大限４年間であり、これを超えることはありません。

これらを図示すると以下のとおりとなります。

受給期間が経過してしまうと、たとえ所定給付日数が残っていても、その受給資格に基づいては基本手当の支給を受けることはできません。

受給資格者が、この受給期間中に再就職した後に再び離職した場合において、再就職後新たに受給資格を得ることができないときには、前の受給資格に基づく残りの基本手当をこの受給期間中に受給することができることとなっています。また、再就職により新たに受給資格を取得した後再離職したときは、前の受給資格に基づく基本手当は支給されず、新たな受給資格に基づく基本手当の支給を受けることができます。この場合の受給期間は、再離職の日の翌日から新たに起算されることになります（法第 20 条第３項)。

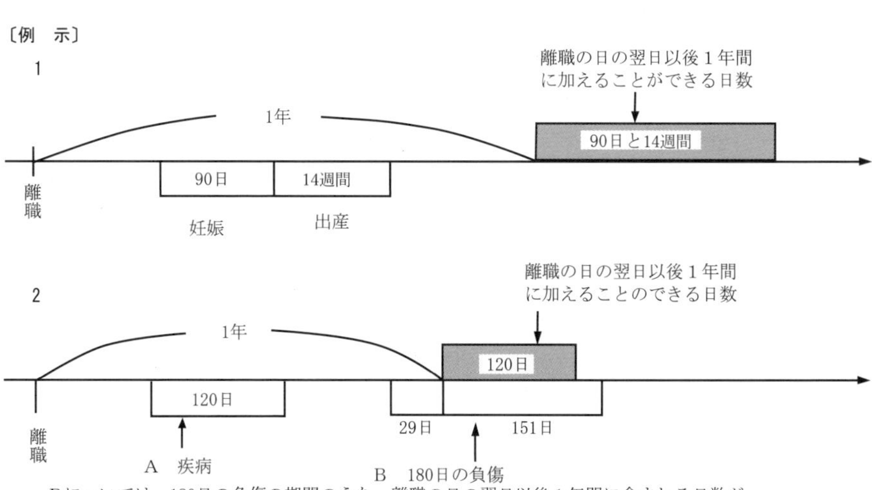

Bについては、180日の負傷の期間のうち、離職の日の翌日以後１年間に含まれる日数が30日未満であるため加えることができません。

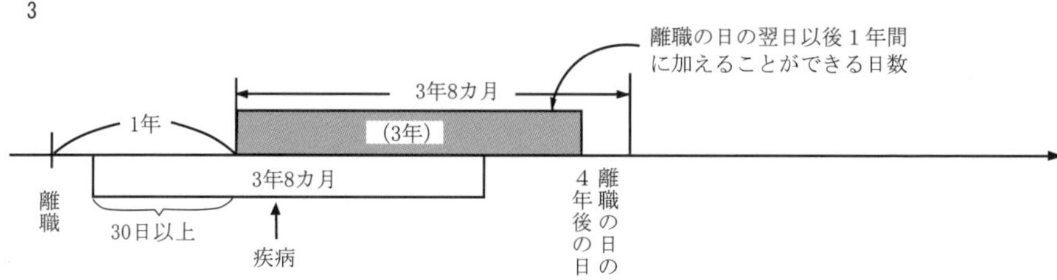

3年8カ月の疾病のうち、3年間のみ、離職の日の翌日以後1年間に加えることができます。

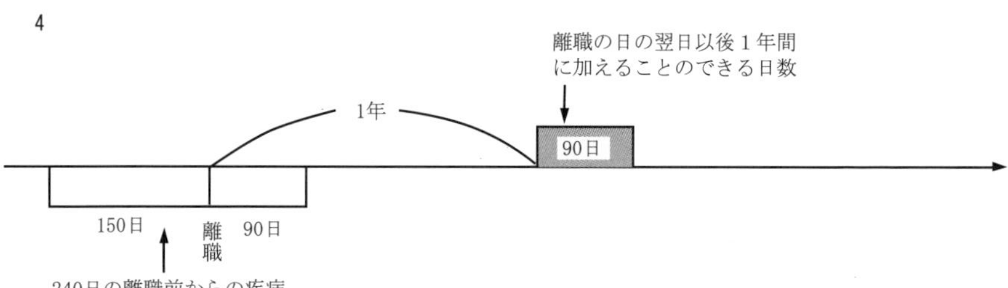

240日の疾病のうち、離職の日の翌日以後の期間は90日であるので、90日間のみを加えることができます。

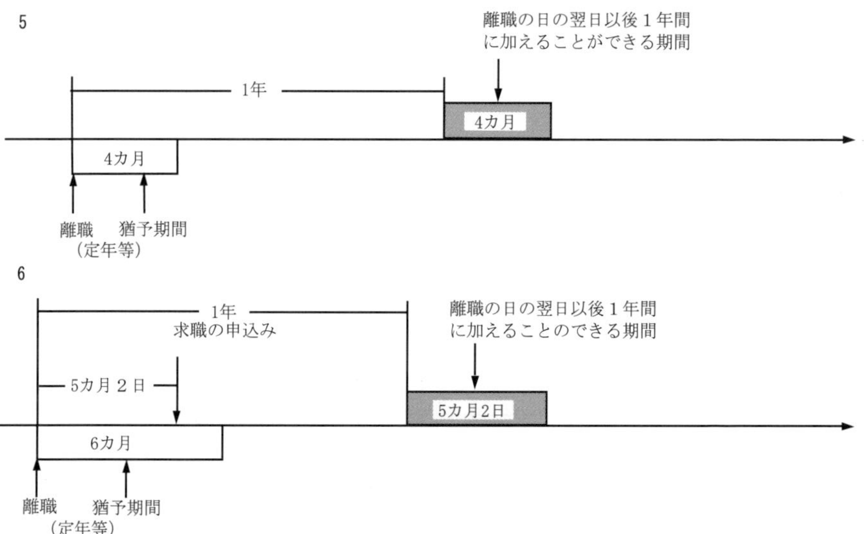

猶予期間の申し出は6カ月間ですが、離職の日の翌日から起算して5カ月２日を経過した日に求職の申込みを行ったので、1年間に5カ月2日を加えた期間が受給期間となります。

また、令和４年７月より、離職日の翌日以後に事業を開始等した方（事業を開始した方・事業に専念し始めた方・事業の準備に専念し始めた方）が事業を行っている期間等は、下記の要件を満たす場合、最大３年間受給期間に算入しない特例が新設されました。

① 事業の実施期間が 30 日以上であること。

② 「事業を開始した日」「事業に専念し始めた日」「事業の準備に専念し始めた日」のいずれかから起算して 30 日を経過する日が受給期間の末日以前であること。

③ 当該事業について、就業手当または再就職手当の支給を受けていないこと。

④ 当該事業により自立することができないと認められる事業ではないこと。

※次のいずれかの場合は、④に該当します。

・雇用保険被保険者資格を取得する者を雇い入れ、雇用保険適用事業の事業主となること。

・登記事項証明書、開業届の写し、事業許可証等の客観的資料で、事業の開始、事業内容と事業所の実在が確認できること。

⑤ 離職日の翌日以後に開始した事業であること。

※離職日以前に当該事業を開始し、離職日の翌日以後に当該事業に専念する場合を含みます。

この特例を受けようとする場合は、事業を開始した日・事業に専念し始めた日・事業の準備に専念し始めた日の翌日から２カ月以内に住所を管轄する公共職業安定所に申請する必要があります。

※ ただし、就業手当または再就職手当を支給申請し、不支給となった場合は、この期間を超えてもこれらの手当の支給申請日を特例の申請日として受給期間の特例を申請できます。

なお、この受給期間の特例が認められた者が、疾病又は負傷等の理由により法第 20 条第１項の受給期間の延長を申請することができるのは、特例に係る事業実施期間の終了日の翌日以降です。この場合、法第 20 条第１項の受給期間の延長が認められる日数は、疾病又は負傷等の理由により職業に就くことができない期間の日数ですが、当該期間の全部又は一部が、特例に係る事業実施期間内にあるときは、当該疾病又は負傷等の理由により職業に就くことができない期間のうち特例に係る事業実施期間内にない期間分の日数となります。

〔例示１〕

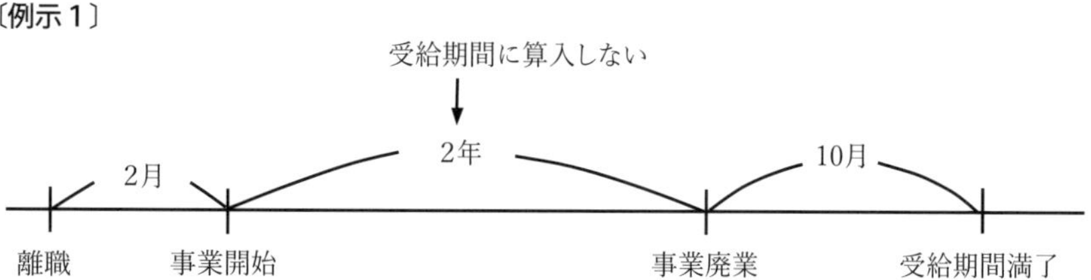

〔例示２〕

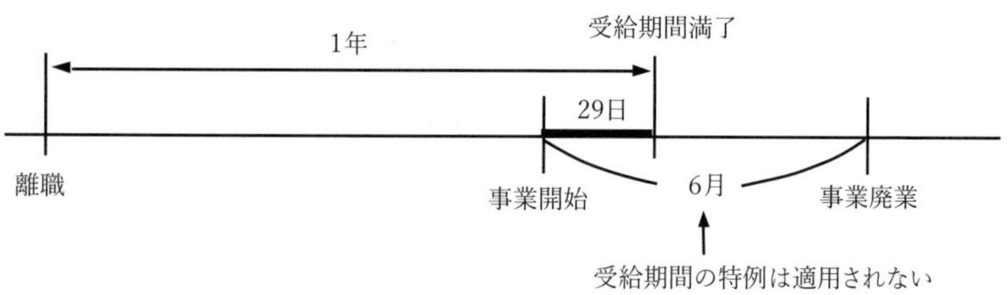

〔例示３〕

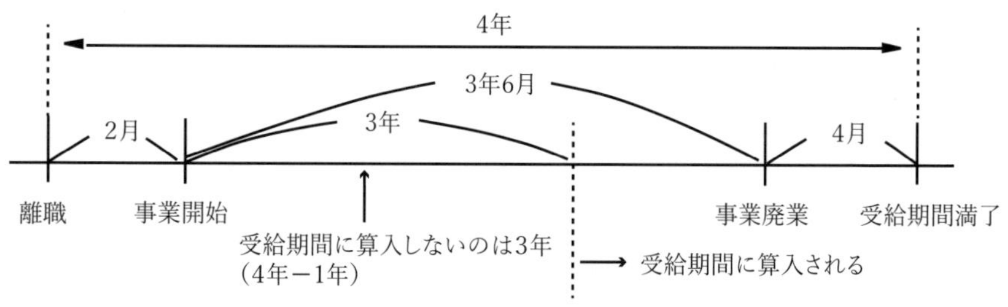

9　所定給付日数

基本手当は、一定の日数分を限度として支給されます。この一定の日数を所定給付日数といいますが、所定給付日数は、基本手当がその者の失業中の生活の安定を図り、再就職活動を助けるという見地から、再就職の難易度等に応じて定められています。具体的には、その者の受給資格に係る離職の日における年齢、被保険者であった期間の長短、離職の理由が特定理由離職者（2参照）または特定受給資格者（10参照）に該当するものであるか否かおよび身体障害者等就職困難な者であるか否かによって、122ページの表のとおりとなっています。被保険者であった期間（算定基礎期間）とは、受給資格者が離職の日まで引き続いて同一の事業主の適用事業に被保険者として雇用された期間（それ以前に被保険者であったことがある者については、その被保険者期間を通算した期間）をいいます。ただし、以前の被保険者資格を喪失してから1年以内に現在の受給資格に係る被保険者資格を再取得していないとき、1年以内であっても基本手当または特例一時金の支給を受けたときは、被保険者であった期間は通算されません。被保険者であった期間を計算する際には、育児休業給付金を受けた休業期間は除きます。被保険者の資格の取得の確認があった場合において、被保険者となった日が上記確認があった日の2年前の日より前のときは、2年前に被保険者となったものとみなします。ただし、資格取得届出がなされず、前記確認があった日の2年前の日より前に被保険者の負担すべき額に相当する額がその者に支払われる賃金から控除されていたことが明らかである者については、賃金から控除されていた時期のうち最も古い時期(則33条で定める日)に被保険者となったものとみなします。また、「身体障害者等就職困難な者」の範囲は、障害者の雇用の促進等に関する法律第2条第2項の身体障害者、同法同条第4号の知的障害者、同法第6号の精神障害者、社会的事情により就職が著しく阻害されている者等です(則第32条)。

〔一般の被保険者であった者に対する所定給付日数〕

a　倒産・解雇・雇止め等の離職者

次の受給資格者が該当します（bの「就職困難者」に該当する者を除きます）

① 特定理由離職者（本人の希望にもかかわらず有期労働契約が更新されなかった離職者に限ります）

ただし、平成21年3月31日から令和7年3月31日までの暫定措置で、令和7年4月1日以降は、bの一般の離職者として取り扱われます。

② 特定受給資格者

<table>
<tr><th>被保険者であった期間
区分</th><th>1年未満</th><th>1年以上
5年未満</th><th>5年以上
10年未満</th><th>10年以上
20年未満</th><th>20年以上</th></tr>
<tr><td>30歳未満</td><td rowspan="5">90日</td><td>90日</td><td>120日</td><td>180日</td><td>—</td></tr>
<tr><td>30歳以上35歳未満</td><td>120日</td><td>180日</td><td>210日</td><td>240日</td></tr>
<tr><td>35歳以上45歳未満</td><td>150日</td><td>180日</td><td>240日</td><td>270日</td></tr>
<tr><td>45歳以上60歳未満</td><td>180日</td><td>240日</td><td>270日</td><td>330日</td></tr>
<tr><td>60歳以上65歳未満</td><td>150日</td><td>180日</td><td>210日</td><td>240日</td></tr>
</table>

b　一般の離職者

<table>
<tr><th colspan="2">被保険者であった期間
区分</th><th>1年未満</th><th>1年以上
5年未満</th><th>5年以上
10年未満</th><th>10年以上
20年未満</th><th>20年以上</th></tr>
<tr><td colspan="2">一般被保険者</td><td colspan="3">90日</td><td>120日</td><td>150日</td></tr>
<tr><td rowspan="2">就職困難者</td><td>45歳未満</td><td rowspan="2">150日</td><td colspan="4">300日</td></tr>
<tr><td>45歳以上
65歳未満</td><td colspan="4">360日</td></tr>
</table>

10　特定受給資格者

特定受給資格者とは、離職理由が倒産・解雇等により、再就職の準備をする時間的余裕なく離職を余儀なくされた受給資格者であり、これに該当した場合、失業給付（基本手当）の所定給付日数が手厚くなる場合があります。(注)

（注）受給資格に係る離職理由、年齢、被保険者であった期間（加入期間）に基づき基本手当の所定給付日数が決定されることになります。特定受給資格者に該当する場合でも、被保険者であった期間（加入期間）が短い場合など、それ以外の通常の離職者と所定給付日数が変わらないことがあります。

なお、高年齢求職者給付金、特例一時金の支給対象者については、離職理由によって給付日数が変わりません。

個別・具体的に該当する者の類型については、則第35条、第36条で定められており、その概要は次のようになっています。

(1)「倒産」等により離職した者

① 倒産に伴い離職した者

② 事業所において、労働施策総合推進法の規定に基づく離職に係る大量の雇用変動の場合の届出がされたため離職した者および当該事業主に雇用される被保険者数の３分の１を超える被保険者が離職したため離職した者

③ 事業所の廃止（当該事業所の事業活動が停止し、再開する見込みがない場合を含み、事業の期間が予定されている事業において当該期間が終了したことによるものを除く）に伴い離職した者

④ 事業所の移転により、通勤することが困難となったため離職した者

(2) 以下の「解雇」等により離職した者

① 解雇（自己の責めに帰すべき重大な理由によるものを除く）

② 労働契約の締結に際し明示された労働条件が事実と著しく相違したこと

③ 賃金（退職手当を除く）の額の３分の１を上回る額が支払期日までに支払われなかったこと

④　次のいずれかに予期し得ず該当することとなったこと

a　離職した日の属する月以後6カ月のうちいずれかの月に支払われる賃金〔最低賃金法第2条第3号に規定する賃金（同法第4条第3項第1号および第2号に掲げる賃金ならびに歩合によって支払われる賃金を除く）をいう。bにおいて同じ〕の額が当該月の前6カ月のうちいずれかの月の賃金の額に100分の85を乗じて得た額を下回ると見込まれることとなったこと

b　離職の日の属する月の6カ月前から離職した日の属する月までのいずれかの月の賃金の額が当該月の前6カ月のうちいずれかの月の賃金の額に100分の85を乗じて得た額を下回ったこと

⑤　次のいずれかに該当することとなったこと

a　離職の日の属する月の前6カ月のうちいずれか連続した3カ月以上の期間において労働基準法第36条第3項に規定する限度時間に相当する時間数（当該受給資格者が、育介休業法第17条第1項の小学校就学の始期に達するまでの子を養育する労働者であって同項各号のいずれにも該当しない者である場合にあっては同項、育介休業法第18条第1項の要介護状態にある対象家族を介護する労働者であって同項において準用する育介休業法第17条第1項各号のいずれにも該当しない者である場合にあっては同項に規定する制限時間に相当する時間数）を超えて、時間外労働および休日労働が行われたこと

b　離職の日の属する月の前6カ月のうちいずれかの月において1カ月当たり100時間以上、時間外労働および休日労働が行われたこと

c　離職の日の属する月の前6カ月のうちいずれか連続した2カ月以上の期間の時間外労働および休日労働を平均し1カ月当たり80時間を超える時間外労働および休日労働が行われたこと

d　事業主が危険または健康障害の生じるおそれがある旨を行政機関から指摘されたにもかかわらず、事業所において当該危険または健康障害を防止するために必要な措置を講じなかったこと

e　事業主が法令に違反し、妊産婦や子の養育・家族の介護を行う労働者を就業させ、休業等の利用を不当に制限したこと、出産・休業

等の利用を理由として不利益な取り扱いをしたこと

⑥　事業主が労働者の職種転換等に際して、当該労働者の職業生活の継続のために必要な配慮を行っていないこと

⑦　期間の定めのある労働契約の更新により3年以上引き続き雇用されるに至った場合において当該労働契約が更新されないこととなったこと

⑧　期間の定めのある労働契約の締結に際し当該労働契約が更新されることが明示された場合において当該労働契約が更新されないこととなったこと

⑨　事業主または当該事業主に雇用される労働者から就業環境が著しく害されるような言動を受けたこと

⑩　事業主から退職するよう勧奨を受けたこと

⑪　事業所において使用者の責めに帰すべき事由により行われた休業が引き続き3カ月以上となったこと

⑫　事業所の業務が法令に違反したこと

なおそれ以外でも、新型コロナによる影響が考慮され、特例により特定受給資格者に該当すると認められたケースがあります。詳しくは厚生労働省のHPをご確認ください。

11　給付日数の延長

その者の個別、具体的な事情やその時の雇用失業情勢によっては、所定給付日数分の基本手当の支給だけでは、十分でない場合があります。このため、次の5つの給付日数の延長制度が設けられています。

(1)　訓練延長給付（法第24条）

受給資格者が公共職業安定所長の指示により、公共職業訓練等（その期間が2年以内のものに限られます）を受講する場合には、受講を容易にするために、次に掲げる期間内の失業している日について、その者の所定給付日数を超えて基本手当が支給されます。

イ　当該公共職業訓練等を受けるために待期している期間（90日を限度とします）

ロ　当該公共職業訓練等を受けている期間

ハ　当該公共職業訓練等を受け終わってもなお就職が困難な者について

は当該訓練等の受講終了後の期間（30日から支給残日数を差し引いた日数を限度とします）

ただし、ハについては、当該訓練の受講終了日までに職業に就く見込みがなく、かつ、特に職業指導その他再就職の援助が必要であると認められる者に限られます。

(2)　個別延長給付（法第24条の2）

就職困難者以外の特定受給資格者および特定理由離職者（本人の希望にかかわらず有期労働契約が更新されなかった者に限ります）であって、次のいずれかに該当し、かつ公共職業安定所長が再就職を促進するために必要な職業指導を行うことが適当と認めたものについては、所定給付日数を超えて基本手当が支給されます。

イ　難治性疾患・発達障害を有する者（病気の治療と仕事の両立を図るため求職活動をする者）

ロ　特に大きな災害の被災地域（東日本大震災のような特に大きな災害の被災地域）の居住者

ハ　震災等（激甚災害その他の災害）の被害を受けて離職した者

延長日数の限度は、上記イ、ハが60日（35歳以上60歳未満で被保険者であった期間が20年以上の者は30日）、ロが120日（同90日）です。この場合、受給期間も同様に延長されます。

就職困難者については、特に大きな災害の被災地域の居住者であって、かつ公共職業安定所長が再就職を促進するために必要な職業指導を行うことが適当と認めたものについては、所定給付日数を超えて基本手当が支給されます。

延長日数の限度は60日です。この場合、受給期間も同様に延長されます。

(3)　広域延長給付（法第25条）

失業者が多数発生した地域で厚生労働大臣が必要と認めて指定した地域において、広域職業紹介活動により職業のあっせんを受けることが適当と認められる受給資格者については、90日分に限り所定給付日数を超えて基本手当を支給する措置がとられます。なお、この場合、受給期間も90日を限度に延長されます。この厚生労働大臣が指定する地域は、公共職業安定所の管轄区域における一定の方法で計算した失業率が、全国のその率の２倍以上となり、かつ、その状態が継続すると認められる場合に期間を指定してその都度告示します（令第６条）。

(4)　全国延長給付（法第 27 条）

失業の状況が全国的に著しく悪化し、一定の基準に該当するに至った場合において、受給資格者の就職状況からみて必要があると認めるときは、厚生労働大臣が期間を指定して、すべての受給資格者を対象として給付日数を延長するための措置を決定することができます。また、厚生労働大臣は必要があると認めるときは、その指定した期間を延長することができます。

この全国延長給付は、すべての受給資格者を対象とするものですが、具体的には、指定期間内に所定給付日数分の基本手当の支給が終了してしまう受給資格者について行われることになります。この場合延長される給付日数の限度は 90 日です。全国延長給付の対象者となると、受給期間も 90 日間延長されます。

厚生労働大臣がこの措置を決定する基準は、一定の方法で計算した全国の基本手当の受給率が４％を超え、それが低下する傾向がなく、かつ、その状態が継続すると認められる場合とされています（令第７条）。

(5)　暫定措置による地域延長給付（附則第５条、令和７年３月 31 日までの暫定措置）

就職困難者以外の特定受給資格者および特定理由離職者（本人の希望にかかわらず有期労働契約が更新されなかった者に限ります）が、雇用機会が不足する地域（注）に居住し、かつ公共職業安定所長が再就職を促進するため職業指導を行うことが適当と認めたものについては、所定給付日数を超えて基本手当が支給されます。

延長日数は、60 日（35 歳以上 60 歳未満で被保険者であった期間が20年以上の者は30日）です。この場合、受給期間も同様に延長されます。

（注）令和４年３月 31 日厚生労働省告示第 144 号で、次の地域が指定されています。

・青森県の区域（五所川原公共職業安定所の管轄区域に限ります）
　および高知県の区域（いの公共職業安定所の管轄区域に限ります）

(6) 延長給付相互の調整

広域延長給付を受けている受給資格者に対して個別延長給付・地域延長給付が行われることとなったときは、広域延長給付が一時中断されて個別延長給付・地域延長給付が行われます。

全国延長給付と広域延長給付（および個別延長給付・地域延長給付）、訓練延長給付と全国延長給付（および広域延長給付、個別延長給付・地域延長給付）の関係も上記と同様になります。

すなわち、各延長給付が重複して行われる場合の順序は、個別延長給付・地域延長給付、広域延長給付、全国延長給付、訓練延長給付の順となります（法第28条、法附則5条）。

12 失業の認定および受給手続

(1) 失業の認定

基本手当の支給を受けようとする者は、受給資格の決定を受けた後、指定された失業の認定日に居住地を管轄する公共職業安定所に出頭して受給資格者証および失業認定申告書を提出し、失業の認定を受けなければなりません。失業の認定というのは、受給資格者が労働の意思および能力を有するにもかかわらず、就職することができない状態にあるか否かを確認するために行うもので、原則として4週間に1回行うこととされています（法第4条3項、法第15条）。

所定の認定日に出頭しない場合は、その日に行われるべき失業の認定に係る期間（前回の認定日から今回の認定日の前日までの期間）に関する失業の認定を受けることができません。ただし、15日未満の傷病の場合、公共職業安定所の紹介により求人者に面接する場合などには、定められた認定日に出頭しなくても、例外として所定の証明書を提出することにより失業の認定を受けることができます（則第25条から第28条まで）。

また、公共職業安定所長の指示した公共職業訓練等を受ける受給資格者の失業の認定は、1カ月に1回行うこととされています（則第24条第1項）。

なお、受給資格者が就職するためその他やむを得ない理由のために定められた認定日に出頭することができないときは、あらかじめその旨を申し出て認定日の変更の取扱いを受け、その申し出た日にその日の前日までの各日について失業の認定を受けることができます（則第23条および則第24条第2項）。

「失業認定申告書」の記載例を示すと、次ページのとおりです。

失業認定申告書には、受給資格者の認定対象期間中の求職活動を具体的に申告する欄が設けられています。原則として前回の認定日から今回の認定日の前日までの期間に、求職活動実績が2回（給付制限期間満了後の初回認定については原則3回、給付制限期間が2カ月の場合は2回）以上ないと、失業の認定は行われません。ただし、認定対象期間が14日未満の場合等には、求職活動実績は1回で足ります。

実績となる求職活動の範囲（例）

1．求人への応募
2．ハローワークが行う、職業相談、職業紹介等を受けたこと、各種講習、セミナーの受講など
3．許可・届出のある民間機関（民間職業紹介機関、労働者派遣機関）が行う、職業相談、職業紹介等を受けたこと、求職活動方法等を指導するセミナー等の受講など
4．公的機関等（(独)高齢・障害・求職者雇用支援機構、地方自治体、求人情報提供会社、新聞社等）が実施する職業相談等を受けたこと、各種講習・セミナー、個別相談ができる企業説明会等の参加など
5．再就職に資する各種国家試験、検定等の資格試験の受験

(2)　基本手当の支給

基本手当は、受給資格者が失業の認定を受けた日について支給されますが、最初の7日間の失業の日（傷病のため職業に就くことができない日を含みます）については支給されません。これを待期といいます（法第21条）。

基本手当は、待期を経過した者に対して、4週間に1回、その支給日にその日前28日分が一括して支給されます。ただし、公共職業安定所長の指示した公共職業訓練等を受講する者に対しては、1カ月に1回支給されます（法第30条および則第43条）。

様式第14号（第22条関係）（第1面）

失業認定申告書

（必ず第２面の注意書きをよく読んでから記入してください。）

※ 帳票種別　11203

1 失業の認定を受けようとする期間中に、就職、就労又は内職・手伝いをしましたか。	㋐ した　就職又は就労をした日は○印、内職又は手伝いをした日は×印を右のカレンダーに記入してください。 イ しない	7月	1 2 3 4 5 6 7 / 8 9 10 11 12 13 14 / 15 16 17 18 19 20 21 / 22 23 24 25 26 27 28 / 29 30 31	8月	1 2 3 4 ×5 ×6 7 / 8 9 10 11 12 13 14 / 15 16 17 18 ⑲ 20 21 / 22 23 24 25 26 27 28 / 29 30 31

（あてはまるものに○をつけ、必要なことがらを記入してください。）

2 内職又は手伝いをして収入を得た人は、収入のあった日、その額（何日分か）などを記入してください。	収入のあった日 8月 7日	収入額 2,000円	何日分の収入か 2日分
	収入のあった日 月 日	収入額 円	何日分の収入か 日分
	収入のあった日 月 日	収入額 円	何日分の収入か 日分

3 失業の認定を受けようとする期間中に、求職活動をしましたか。

㋐ 求職活動をした

(1) 求職活動をどのような方法で行いましたか。

求職活動の方法	活動日	利用した機関の名称	求職活動の内容
㋐ 公共職業安定所又は地方運輸局による職業相談、職業紹介等 （イ）職業紹介事業者による職業相談、職業紹介等 （ウ）派遣元事業主による派遣就業相談等 （エ）公的機関等による職業相談、職業紹介等	8/10	ハローワーク飯田橋	職業紹介の結果、株式会社○○への紹介を受けて、8/20面接。採否結果待ち。（8/27　採否通知予定）

(2) (1)の求職活動以外で、事業所の求人に応募したことがある場合には、下欄に記載してください。

事業所名、部署	応募日	応募方法	職種	応募したきっかけ	応募の結果
株式会社△△産業 人事部（電話番号 03-XXXX-XXXX）	8/13	直接の訪問	営業	（ア）知人の紹介 （イ）新聞広告 ㋒就職情報誌 （エ）インターネット （オ）その他	8/16不採用通知あり
（電話番号　　　）				（ア）知人の紹介 （イ）新聞広告 （ウ）就職情報誌 （エ）インターネット （オ）その他	

イ 求職活動をしなかった　（その理由を具体的に記載してください。）

4 今、公共職業安定所又は地方運輸局から自分に適した仕事が紹介されれば、すぐに応じられますか。	㋐ 応じられる / イ 応じられない	イに○印をした人は、すぐに応じられない理由を第２面の注意の8の中から選んで、その記号を○で囲んでください。（ア）（イ）（ウ）（エ）（オ）

5 就職もしくは自営した人又はその予定のある人が記入してください。	ア 就職	（1）公共職業安定所又は地方運輸局紹介 （2）地方公共団体又は職業紹介事業者紹介 （3）自己就職 / 月　日より就職（予定）	（就職先事業所）事業所名（　） 所在地（〒　）
	イ 自営	月　日より自営業開始（予定）	電話番号（　）

雇用保険法施行規則第２２条第１項の規定により上記のとおり申告します。

令和　4 年　8月　24 日（この申告書を提出する日）　○○ 公共職業安定所長 地方運輸局長 殿

受給資格者氏名　雇用　太郎

支給番号（　48010-17-000109-7　）

※公共職業安定所又は地方運輸局記載欄	1. 支給番号　―　―	2. 未支給区分（空欄 未支給以外 1 未支給）	3. 待期満了年月日　年 月 日
	4. 支給期間（初日）年 月 日 ～（末日）月 日	5. 内職又は手伝いによる収入（労働日数）日（収入額）円	6. 基本手当支給日数　日
	7. 就業手当支給日数　日	8. 就業手当に相当する特別給付支給日数　日	9. 就職年月日－経路　年 月 日 ―

次回認定日・時間	認定対象期間　月　日～　月　日	※連絡事項
月　日　時から　時まで	備考	取扱者印 / 操作者印

2019．5

なお、「払渡希望金融機関指定・変更届」（記載例 132 ページ）により、その希望する金融機関の普通預貯金口座への振込みの方法によって基本手当が支給されます（則第 44 条）。

(3) 死亡した受給資格者に対する基本手当の支給

受給資格者が、離職後公共職業安定所に出頭し受給資格の決定を受けた後において、死亡したために、その者に支給されるべき基本手当でまだ支給されていないものがあるときは、その者の配偶者（婚姻の届出を出していないが、事実上婚姻関係と同様の事情にあった者を含みます）、子、父母、孫、祖父母または兄弟姉妹であって、その者の死亡の当時その者と生計を同じくしていたものは、自己の名で、その未支給の基本手当の支給を請求することができます（法第 10 条の 3 第 1 項）。なお、この場合、受給資格者が死亡したため失業の認定を受けることができなかった期間に係る基本手当の支給を請求する者は、所定の手続により、当該受給資格者について失業の認定を受けなければなりません。なお、技能習得手当、寄宿手当、傷病手当、高年齢求職者給付金、特例一時金、日雇労働求職者給付金、就業促進手当、移転費および求職活動支援費についても同様に、死亡した受給資格者（高年齢受給資格者、特例受給資格者および日雇受給資格者を含む）に支給されるべき失業給付でまだその者に支給されなかったものがあるときは、その遺族は、自己の名で、それぞれの失業給付の支給を請求することができます。

未支給の基本手当の支給を請求しようとするときは、「未支給失業等給付請求書」（記載例 133 ページ）を、管轄の公共職業安定所長に提出しなければなりません（則第 17 条の 2）。

(4) 激甚災害時における基本手当の支給の特例

イ 概 要

基本手当は、雇用保険の被保険者である労働者が失業した場合（被保険者が離職し、労働の意思および能力を有するにもかかわらず、職業に就くことができない状態にある場合）にその生活の安定を図ることを目的とするものですが、被保険者がこのような失業とはいえなくても、たとえば、その就労する事業所が自然災害により甚大な被害を被り事業所が休廃業となり就労できず賃金が得られない状態、すなわ

様式第18号（第44条関係）（第1面）
雇用保険

払渡希望金融機関 指定 変更 届

※ 帳票種別
12131

1.被保険者番号
□□□□-□□□□□□-□

2.支給番号
□□-□□□□□□□-□

3.支払区分　4.金融機関・店舗コード　口座番号

5. 公金受取口座利用希望
マイナポータルにおいて登録した口座を利用する場合に「1」を記入

届出者	フリガナ	ヤマダ　コウジ
	1 氏　　名	山田　浩司
	2 住所又は居所	〒 100-0001 東京都千代田区内幸町×-×-×　(電話番号　03-××××-××××)

6. 払渡希望金融機関

□ マイナポータルに登録されている公金受取口座への振込を新たに希望される方は、左欄にチェックしてください。

□ マイナポータルに登録されている公金受取口座に変更が生じ、変更後の公金受取口座への振込を希望される方は、左欄にチェックしてください。

※公金受取口座への振込を希望する場合、個人番号を基に情報照会を行うことに同意したものとみなします。
※公金受取口座への振込を希望し、上記にチェックを入れた場合は、以下の金融機関情報について記載の必要はありませんが、記載があった場合には、以下の金融機関情報への振込を優先します。
※マイナポータルに登録されている公金受取口座に変更が生じた際は、速やかに「払渡希望金融機関変更届」を安定所に提出してください。安定所への届出がなされない場合、変更前の口座へ振り込まれることとなります。

フリガナ	カンダギンコウ　ヒビヤ	金融機関コード	店舗コード
3 名　　称	神田銀行　日比谷　本店 (支店)	××××	×××
4 銀行等（ゆうちょ銀行以外）	口座番号　（普通）　9999999		
5 ゆうちょ銀行	記号番号　（総合）　–		

※雇用保険の給付金を複数受給している場合、この届の届出により、すべての給付金の払渡し先が指定・変更されます。
給付金ごとに払渡し先を指定・変更することはできません。

雇用保険法施行規則第44条第2項・第3項（第62条・第65条・第65条の5・第69条・第101条の2・第101条の2の15・第101条の10・第101条の20・第102条・附則第32条において準用する場合を含む。）の規定により上記のとおり届けます。

令和 4 年 8月 1日

飯田橋 公共職業安定所長 地方運輸局長 殿

届出者氏名　山田　浩司

支給番号（ 48010-10-000123-4 ）

備考	

※

所長	次長	課長	係長	係	操作者

2022. 9

※必ず第2面をお読みください。

様式第10号の4（第17条の2関係）

未支給失業等給付請求書

1. 死亡した者	氏名	川上晃一	支給番号	48010- 10 - 000109 - 7
			被保険者番号	4800- 014551 - 0
	死亡の当時の住所又は居所	横浜市港北区新洞町×－××		
	死亡年月日	令和 5 年 2 月 20 日		
2. 請求者	氏名（カナ）	ｶﾜｶﾐ ﾐﾁｺ		
	氏名	川上道子		
	個人番号	019283746501		
	生年月日	昭和 平成 令和 40 年 11 月 8 日	性別	
	住所又は居所	横浜市港北区新洞町×－××		
	死亡した者との関係	妻		
3. 請求する失業等給付等の種類	基本手当・技能習得手当・寄宿手当・傷病手当・高年齢求職者給付金・特例一時金・日雇労働求職者給付金・就業手当・再就職手当・就業促進定着手当・常用就職支度手当・移転費・求職活動支援費・教育訓練給付金・教育訓練支援給付金・高年齢雇用継続基本給付金・高年齢再就職給付金・介護休業給付金・育児休業給付金・出生時育児休業給付金			

上記により未支給の失業等給付又は育児休業給付の支給を請求します。

令和 5 年 3 月 6 日

港北 公共職業安定所長 / 地方運輸局長 殿　　　請求者氏名 川上 道子

※公共職業安定所又は地方運輸局記載欄									
所属長		次長		課長		係長		係	

注意

1 この請求書は、受給資格者、高年齢受給資格者、特例受給資格者、日雇労働求職者給付金の支給を受けることができる者、教育訓練給付金若しくは教育訓練支援給付金の支給を受けることができる者若しくは雇用継続給付の支給を受けることができる者又は育児休業給付の支給を受けることができる者（以下「受給資格者等」という。）が死亡した日の翌日から起算して6か月以内に、原則として死亡した受給資格者等の死亡の当時の住所又は居所を管轄する公共職業安定所又は地方運輸局の長（ただし、教育訓練給付金、教育訓練支援給付金、高年齢雇用継続基本給付金、高年齢再就職給付金、介護休業給付金、育児休業給付金、出生時育児休業給付金は公共職業安定所の長に限る。）に提出すること。

2 2の個人番号欄には請求者の個人番号を記載してください。

3 2の生年月日欄については、該当する年号を○で囲むこと。

4 3欄については、請求しようとする失業等給付等を○で囲むこと。

5 この請求書には、受給資格者証、高年齢受給資格者証、特例受給資格者証又は被保険者手帳のほか次の書類を添えること。ただし、(4) から (19) までの書類については、死亡した受給資格者等が既に提出している場合は、添える必要がないこと。

(1) 死亡の事実及び死亡の年月日を証明できる書類……死亡診断書等
(2) 請求者と死亡した受給資格者等との続柄を証明することができる書類……戸籍謄本等
(3) 請求者が死亡した受給資格者等と生計を同じくしていたことを証明することができる書類……住民票の謄本等
(4) 基本手当、高年齢求職者給付金又は特例一時金を請求するとき……失業認定申告書
(5) 技能習得手当又は寄宿手当を請求するとき……公共職業訓練等受講証明書
(6) 傷病手当を請求するとき……傷病手当支給申請書
(7) 就業手当を請求するとき……就業手当支給申請書
(8) 再就職手当を請求するとき……再就職手当支給申請書
(9) 就業促進定着手当を請求するとき……就業促進定着手当支給申請書
(10) 常用就職支度手当を請求するとき……常用就職支度手当支給申請書
(11) 移転費を請求するとき……移転費支給申請書
(12) 求職活動支援費を請求するとき……求職活動支援費支給申請書
(13) 教育訓練給付金を請求するとき……教育訓練給付金支給申請書、教育訓練給付金（第101条の2の7第2号関係）支給申請書又は、教育訓練給付金（第101条の2の7第3号関係）支給申請書
(14) 教育訓練支援給付金を請求するとき……教育訓練支援給付金受講証明書
(15) 高年齢雇用継続基本給付金、高年齢再就職給付金を請求するとき……高年齢雇用継続基本給付支給申請書
(16) 介護休業給付金を請求するとき……介護休業給付金支給申請書
(17) 育児休業給付金を請求するとき……育児休業給付受給資格確認票・（初回）育児休業給付金支給申請書又は育児休業給付金支給申請書
(18) 出生時育児休業給付金を請求するとき……育児休業給付受給資格確認票・出生時育児休業給付金支給申請書
(19) その他必要な書類

6 請求者氏名を記載すること。

7 ※印欄には、記載しないこと。

2022. 9

ち、失業と同様の状態に置かれることが少なくありません。このような場合にも、激甚災害に対処するための特別の財政援助等に関する法律（昭和 37 年法律第 150 号）第 25 条の規定に基づき、一定の要件を満たすものについては基本手当が支給されます。

ロ　受給要件

(イ) 国民経済に著しい影響を及ぼし、かつ、当該災害による地方財政の負担を緩和し、または被災者に対する特別の助成を行うことが特に必要と認められる災害が発生し、その災害が激甚災害として政令で指定されたこと

(ロ)（イ）の指定に併せ、基本手当支給の特別措置を行うことが政令で指定されたこと

(ハ) 激甚災害法が発動された地域にある雇用保険の適用事業の被保険者（日雇労働被保険者は除かれます）として雇用されている者（受給要件を満たしている者に限ります）が、事業所が災害を受けたため、やむを得ず、事業を休止し、または廃止したことにより休業した場合であって、労働の意思および能力があるにもかかわらず就労することができず、かつ、賃金を受けることができないこと

上のいずれにも該当する場合に、災害の状況を考慮して地域ごとに政令で定められた期間、基本手当が支給されます。

ハ　休業の確認の手続および受給資格の決定

基本手当の支給を受けるためには、一般の基本手当の受給手続と異なり、激甚災害に対し、基本手当を支給するということが政令によって定められた日（休業の最初の日がその翌日以後の日であるときは、その休業の最初の日）から 30 日以内に、雇用保険被保険者休業証明書を休廃止事業所の所在地を管轄する公共職業安定所の長に提出し（事業主を通じて行うこともできます）公共職業安定所長の休業の確認を受けることが必要です。

休業の確認を受け、雇用保険被保険者休業票が交付されたときは、交付を受けた日から起算して 28 日以内にその休業票を、交付を受けた公共職業安定所または自分の居住地を管轄する公共職業安定所に提出（提出した公共職業安定所が以後管轄公共職業安定所となります）

し、受給資格の決定を受けますと、受給資格者証が交付されます。

なお、休業の確認に関する処分については、失業給付に関する処分等と同様に審査請求および再審査請求をすることができます。

ニ　基本手当の日額、給付日数および受給期間

支給を受けることができる基本手当の日額および給付日数は、普通の場合と同様ですが、支給を受けることができる期間は、ロに述べました政令で定められた期間に限られます。

ホ　失業の認定および基本手当の支給

基本手当は、基本手当の支給を受けようとする者が、指定された失業の認定日（原則として４週間に１回）に管轄公共職業安定所に出頭して、受給資格者証を提出し、休業の状態にあることの認定（失業の認定）を受けたときに、この認定を受けた日分について基本手当の支給を受けることができます。

なお、この場合であっても、一般の場合と同じように、最初の７日間の失業の日（待期）については支給されません。

13　給付制限および不正受給

(1)　給付制限

イ　概　要

給付制限は、制度の趣旨から給付を行わないことを適当とする一定の理由がある場合に、一定の期間はたとえ失業していても基本手当の支給を停止するものであり、その者の所定給付日数が減じられるものではありません。

ロ　職業紹介の拒否等による給付制限（法第 32 条）

受給資格者が公共職業安定所の紹介する職業に就くことまたはその指示した公共職業訓練等を受けることを拒んだときは、その拒んだ日から起算して１カ月間は、基本手当は支給されません。

ただし、厚生労働大臣が労働政策審議会の意見を聴いて定める認定基準に照らして、その拒否したことについて正当な理由がある場合に該当すると認められるときは、給付制限は行われません。

また､受給資格者が正当な理由がないと認められるにもかかわらず、

公共職業安定所が行う再就職を促進するために必要な職業指導を受けることを拒んだときは、その拒んだ日から起算して１カ月を超えない範囲で公共職業安定所が定める期間は基本手当は支給されません。ただし、厚生労働大臣が労働政策審議会の意見を聴いて定めた認定基準に照らして、その拒否したことについて正当な理由がある場合に該当すると認められるときは、給付制限は行われません。

ハ　離職理由による給付制限（法第 33 条）

被保険者が、自己の責めに帰すべき重大な理由によって解雇された場合、または、被保険者が、正当な理由（則第 35 条（第４号を除く）、則第 36 条（第１号、第７号、第７号の２を除く）に掲げる理由および２ 特定理由離職者の（２）の①～⑨に掲げる理由）がないと認められるにもかかわらず自己の都合によって退職した場合は、待期満了後１カ月以上３カ月以内の間において、公共職業安定所長の定める期間は基本手当は支給されません。なお、自己の責めに帰すべき重大な理由によって解雇された場合、給付制限期間は３カ月、正当な理由がなく退職した場合は５年間のうち２回までは２カ月とされています。短期間で離・入職を繰り返したときは１カ月となるケースもあります。

ただし、公共職業安定所長の指示した公共職業訓練等を受ける期間および当該公共職業訓練等を受け終わった日後の期間については、給付制限は解除されます。

ニ　不正受給による給付制限（法第 34 条、第 60 条、第 60 条の３、第 61 条の３、第 61 条の５、第 61 条の９）

偽りその他不正の行為により失業等給付（基本手当、技能習得手当、寄宿手当、傷病手当、高年齢求職者給付金、特例一時金、日雇労働求職者給付金、就業促進手当、移転費、求職活動支援費、教育訓練給付金、高年齢雇用継続給付および介護休業給付）または育児休業給付の支給を受け、または受けようとした者については、宥恕（ゆうじょ）が行われない限り、当該給付の支給を受け、または受けようとした日以後失業等給付は支給されません。１つの失業等給付について不正受給があった場合には、宥恕が行われない限り、その不正の行為の日以後すべての失業等給付（教育訓練給付金、雇用継続給付は除きます）の支給が停止されることになります。

(2)　不正受給金の返還命令および納付命令（法第 10 条の 4、第 61 条の 6）

公共職業安定所長は、不正に失業等給付または育児休業給付の支給を受けた者に対して、既に支給した当該失業等給付に係る失業等給付の全部または一部の返還を命ずることができます。この場合、不正受給が事業主、職業紹介事業者等、募集情報等提供事業を行う者または指定教育訓練実施者の虚偽の届出、報告または証明によるものであれば、事業主、職業紹介事業者等、募集情報等提供事業を行う者または指定教育訓練実施者も連帯して返還することを命ぜられることになります。

さらに、その不正に受給した額の２倍に相当する額までの金額を納付すべきこと（いわゆる３倍返し）が命ぜられます。

（2）技能習得手当および寄宿手当

1　概　要

受給資格者が積極的に公共職業訓練等を受け得る条件を整え、その再就職の促進に資するため、受給資格者が公共職業安定所長の指示により公共職業訓練等を受講する場合には、技能習得手当と寄宿手当が支給されます（法第 36 条）。

2　技能習得手当

技能習得手当には、受講手当、通所手当の２種類があります（則第56条）。

(1)　受講手当（則第 57 条）

受講手当は、受給資格者が公共職業安定所長の指示した公共職業訓練等を受ける場合に、公共職業訓練等を受けた日であって、基本手当の支給の対象となる日（内職収入があった場合の減額計算を行った結果、基本手当が支給されないこととなる日も含みます）について、40 日分を限度として支給されます。

したがって、公共職業訓練等を受講しない日、待期中の日、給付制限期間中の日および傷病手当の支給の対象となる日については支給されません。受講手当の日額は 500 円です。

(2) 通所手当（則第 59 条）

通所手当は、受給資格者が、受給資格者の住所または居所から公共職業訓練等を行う施設へ通所するため、および施設までの距離が相当長いため、近接する宿泊施設に宿泊し、施設に通所するために交通機関、自動車等を利用する場合に支給されます。

通所手当の月額は、通所方法により最高 42,500 円までとなっていますが、公共職業訓練等を受ける期間に属さない日等支給対象とならない日がある月については、日割りにより減額して支給されます（通所を常例としない者は通所日数に応じて調整）。

3 寄宿手当

寄宿手当は、受給資格者が、公共職業安定所長の指示した公共職業訓練等を受けるため、その者により生計を維持されている同居の親族（婚姻の届出はしていないが、事実上その者と婚姻と同様の事情にある者を含みます）と別居して寄宿する場合に、当該親族と別居して寄宿していた期間について支給されます（則第 60 条）。

寄宿手当の月額は 10,700 円ですが、受給資格者と親族と別居して寄宿していない日等支給対象とならない日がある月については、日割りにより減額して支給されます。

4 技能習得手当および寄宿手当の支給手続

受給資格者は、公共職業安定所長の指示により公共職業訓練等を受けることとなったときは、速やかに、公共職業訓練等受講届および公共職業訓練等通所届（記載例 139 ページ）に受給資格者証を添えて提出しなければなりません(則第 21 条第 1 項)。技能習得手当および寄宿手当の支給は、これらの届出に基づいて行われることとなります。さらに、技能習得手当および寄宿手当の支給を受けようとするときは、失業の認定日（公共職業訓練等の受講者については 1 カ月に 1 回）に、公共職業訓練等受講証明書（記載例 140 ページ）に受給資格者証を添えて管轄公共職業安定所に提出しなければなりません。

様式第12号（第21条関係）（第1面）

公共職業訓練等受講届・通所届

※帳票種別 13201

1.支給番号 □□-□□□□□□□□-□

2.受講指示年月日 □-□□□□□□（4 平成 5 令和） 元号 年 月 日

3.訓練の種類 級地区分 □□-□

4.受講開始年月日 □-□□□□□□ 終了予定年月日 □-□□□□□□（4 平成 5 令和） 元号 年 月 日

5.寄宿開始年月日 □-□□□□□□ 終了予定年月日 □-□□□□□□（4 平成 5 令和） 元号 年 月 日

6.通所開始年月日 □-□□□□□□ 終了予定年月日 □-□□□□□□ 元号 年 月 日

7.通所手当月額 □□,□□□円

8.訓練継続表示 □

1 受給資格者に関する事項	氏名	高橋　啓二	支給番号	03-123456-9
	住所又は居所	東京都文京区谷内3-100-8	（電話番号 03-XXXX-XXXX）（　）方	

2 公共職業訓練等に関する事項	種類	（第2面の注意の3の中から該当するものを選んで、その記号を○で囲むこと。）	㉑01 02 03 04 05 06 07 08 09	
	期間	1年間	昼夜間の別	昼間（○）・夜間
	受講開始年月日	令和 5 年 4 月 3 日	終了予定年月日	令和 6 年 3 月 30 日
	訓練実施機関名	王子高等職業訓練校	訓練実施機関住所	東京都北区王子X-X-X

2欄の記載事実に誤りのないことを証明する。
令和 5 年 3 月 17 日（公共職業訓練等の施設の長の職名）王子高等職業訓練校長　大西　英雄

3 通所に関する事項

順路	(1) 通所方法の別	(2) 区間	(3) 距離（概算）	(4) 乗車券等の種類	(5) 左欄の乗車券等の額（1ヶ月分）	(6) 特記事項
1	徒歩	住居 から（　経由）日暮里 まで	0.5 キロメートル		円	
2	京浜東北線	日暮里 から（　経由）王子 まで	3.8 キロメートル	1カ月定期券	4,940 円	
3	徒歩	王子 から（　経由）訓練校 まで	0.7 キロメートル		円	
4		から（　経由）　まで	. キロメートル		円	
5		から（　経由）　まで	. キロメートル		円	
6		から（　経由）　まで	. キロメートル		円	
計			. キロメートル		円	

(7)〔届出理由〕 ㋑新規（ロに該当するものを除く。） ロ 新規（雇用保険法第24条第2項の基本手当を受けることができる者であって再度の受講が指示されたことによるもの） ハ 住所又は居所の変更 ニ 通所経路の変更 ホ 通所方法の変更 ヘ 運賃等の負担額の変更

上記事実の発生年月日 令和 5 年 4 月 3 日　通所終了予定年月日 令和 6 年 3 月 30 日

4 寄宿に関する事項	寄宿の事実	有　無	家族の状況	（第2面の〔家族の状況〕欄に記載すること。）
	寄宿期間	令和　年　月　日 ～ 令和　年　月　日		
	寄宿前の住（居）所			

5 公共職業訓練等の受講指示に関する事項	受講指示公共職業安定所又は地方運輸局の名	飯田橋公共職業安定所	受講指示年月日	令和　年　月　日

雇用保険法施行規則第21条第1項の規定により上記のとおり届けます。
また、この届書の提出を上記公共職業訓練等の施設の長に委任します。

飯田橋 公共職業安定所長・地方運輸局長 殿　令和 5 年 4 月 4 日
受給資格者氏名 高橋　啓二

備考

※処理欄	法第24条第1項の基本手当	証明認定	寄宿手当
	通所手当（月額） 円		

※ 所属長 | 次長 | 課長 | 係長 | 係 | 操作者

2019.10

様式第15号（第27条関係）（第１面） 公共職業訓練等受講証明書

（必ず第２面の注意書きをよく読んでから記入してください。）

※ 帳票種別 13205

1.支給番号 □□-□□□□□□□□-□

2.未支給区分 □（空欄 未支給以外 1 未支給）

3.待期満了年月日 □-□□□□□□（4 平成 5 令和） 元号 年 月 日

4. 支給期間その１（初日）（末日） □-□□□□□□-□□□□（4 平成 5 令和） 元号 年 月 日 月 日

5. 認定日数 受講日数 通所日数その１

6.特定職種受講日数その１

7.寄宿日数その１

8.内職その１（労働日数ー収入額） □□□-□□□,□□□,□□□円

9.就業手当支給日数その１

10.早期就業支援金支給日数その１

11.支給期間その２（初日）（末日） □-□□□□□□-□□□□（4 平成 5 令和） 元号 年 月 日 月 日

12. 認定日数 受講日数 通所日数その２

13.特定職種受講日数その２

14. 寄宿日数その２

15.内職その２（労働日数ー収入額） □□□-□□□,□□□,□□□円

16. 就業手当支給日数その２

17. 早期就業支援金支給日数その２

1 受講者氏名	岡本 功	2 証明対象期間	令和 5 年 4 月
3 訓練受講職種	機械科		

4 右のカレンダーに該当する印をつけてください。
(1)公共職業訓練等が行われなかった日（日・祝日等） ＝印
(2)公共職業訓練等を受けなかった日のうち
イ 疾病又は負傷による場合 ○印
ロ イ以外でやむを得ない理由がある場合 △印
ハ やむを得ない理由がない場合 ×印

1	~~2~~	3	4	5	6	7
8	~~9~~	10	11	12	13	14
15	~~16~~	17	18	19	20	21
22	~~23~~	24	25	26	27	28
~~29~~	~~30~~	31				

5 特記事項

上記の記載事実に誤りのないことを証明する。

令和 5 年 5 月 2 日

船橋高等職業訓練校

（公共職業訓練等の施設の長の職名） 校長 佐藤 登

6 2の期間中に就職、就労、内職又は手伝いをしましたか。	イ した（ロ）しない
7 2の期間中に内職又は手伝いをして収入を得ましたか。	イ 得た（ロ）得ない
8 寄宿の有無	有（ ）・（無）

上記のとおり申告します。
また、この証明書の提出を上記公共職業訓練等の施設の長に委任します。

船橋 公共職業安定所長 / 地方運輸局長 殿

受講者氏名 岡本 功

支給番号 （ 03-0000001-1 ）

※連絡事項

備考

※所属長		次長		課長		係長		係		操作者	

2020. 1

（3）傷病手当

1　傷病手当の支給

傷病手当は、受給資格者が、離職後公共職業安定所に出頭し、求職の申込みをした後において、15日以上引き続いて疾病または負傷のために職業に就くことができない場合に、その疾病または負傷のために基本手当の支給を受けることができない日について、傷病期間中の生活の安定を図るために基本手当に代えて支給されるものです（法第37条）。なお、14日以内の疾病または負傷の場合には基本手当が支給されます。

傷病手当の日額は基本手当の日額と同額であり、支給される日数は所定給付日数から既に基本手当を支給した日数を差し引いた日数が限度とされています。

なお、傷病手当は、待期の日、給付制限期間中の日、疾病または負傷について健康保険法第99条または第135条の規定による傷病手当金等他の法令により行われる類似の給付を受ける日については支給されないこととなっています。また、疾病または負傷を理由として受給期間を延長した場合において、その後受給資格者が当該疾病または負傷を理由として傷病手当の支給を申請したときの支給日数は、当該疾病または負傷を理由とする受給期間の延長がないものとした場合における支給できる日数が限度とされています。

2　傷病手当の支給手続

傷病手当の支給を受けようとする受給資格者は、所定の手続に従って「傷病手当支給申請書」を提出しなければなりませんが、その記載例（次ページ）および申請手続は次のとおりとなります（則第63条から第65条まで）。

様式第22号

傷病手当支給申請書

※ 帳票種別 1 2 2 0 9

1. 支給番号 □□-□□□□□□-□

2. 未支給区分 □（空欄 未支給以外 / 1 未支給）

3. 支給期間（初日） 5-□□□□□□-□□□□（末日）（4 平成 / 5 令和） 元号 年 月 日 月 日

4. 傷病日数 □□□

5. 特例日額不支給日数 □□□

6. 内職（労働日数ー収入額） □□□-□□□□□□□ , , 円

7. 公害補償手当減額分 □□□□□□□ , , 円 - 傷病手当不支給日数 □□□

申請者	1 氏名	山下　慎二	2 性別	(男)・女	3 生年月日 大正・(昭和)・平成・令和 41年 9月 5日

診療担当者の証明			
4 傷病の名称及びその程度	右下肢骨折（全治２カ月）		
5 初診年月日	令和 4 年 9 月 1 日	6 傷病の経過	令和 4 年 11 月 2 日 (治ゆ)・転医・中止・継続中
7 傷病のため職業に就くことができなかったと認められる期間	令和 4 年 9 月 1 日から 令和 4 年 11 月 2 日まで 63 日間		
8 上記のとおり証明する。	令和 4 年 11 月 6 日（電話番号 03-XXXX-XXXX ） 診療機関の所在地及び名称 東京都千代田区大手町1-3-1 診療担当者氏名 大手町病院　横川　則一		

支給申請期間		
9 同一の傷病により受けることのできる給付	第２面の注意の３の中から選んでその番号を○で囲んでください。	(1) (2) (3) (4) (5) (6) (7) (8)
10 9の給付を受けることのできる期間	令和 年 月 日 から 令和 年 月 日 まで 日間 令和 年 月 日 から 令和 年 月 日 まで 日間	
11 傷病手当の支給を受けようとする期間	令和 4 年 9 月 1 日 から 令和 4 年 11 月 2 日 まで 63 日間	

12 内職若しくは手伝いをした日、又は収入のあった日、その額等を記入してください。	内職又は手伝いをした日	
	月／日 月／日 月／日	収入のあった日 月 日 収入額 円 何日分の収入か 日分 収入のあった日 月 日 収入額 円 何日分の収入か 日分 収入のあった日 月 日 収入額 円 何日分の収入か 日分

雇用保険法施行規則第63条第2項の規定により上記のとおり傷病手当の支給を申請します。

令和 4 年 11 月 10 日

申請者氏名 山下　慎二

飯田橋 公共職業安定所長 / 地方運輸局長 殿

支給番号（ 48010-10-000109-7 ）

※ 処理欄	支給期間 令和 年 月 日 から 令和 年 月 日 まで 日間
備考	

※ 所属長		次長		課長		係長		係		操作者	

2019. 5

3　高年齢被保険者の求職者給付

(1) 概　要

高年齢被保険者が失業した場合の求職者給付としては、一般の被保険者の場合と異なり、被保険者であった期間に応じ、30日分または50日分に相当する高年齢求職者給付金が支給されます（法第37条の4）。

高年齢被保険者とは、前に述べたように、65歳以上の被保険者（短期雇用特例被保険者および日雇労働被保険者となる者を除きます）のことをいいます。平成29年1月1日以前に高年齢継続被保険者だった人で、同日以降も被保険者である者は、同日以降、高年齢被保険者として取り扱われます。

(2) 高年齢求職者給付金

1　高年齢求職者給付金の受給要件

高年齢被保険者が高年齢求職者給付金の支給を受けるには、

① 失業したこと
② 算定対象期間（原則として離職の日以前1年間）に、被保険者期間が通算して6カ月以上あること

が必要です。

この場合の被保険者期間の計算方法については、一般の被保険者と同様に、法第14条第1項の規定により、離職の日からさかのぼって1カ月ごとに区切られた期間内に賃金支払基礎日数が11日以上（被保険者期間が不足するときは賃金支払基礎時間80時間以上）ある月を被保険者期間の1カ月とし、1カ月未満の端数の期間については、その期間の実日数が15日以上であり、賃金支払基礎日数が11日以上（同）あるときは、被保険者期間の2分の1カ月として計算することとなります。

なお、離職の日以前1年間に疾病、負傷等やむをえない理由のため30日以上賃金の支払いを受けることができなかった場合の受給要件の特例に

ついては、一般被保険者の場合と同様です（法第37条の3第1項)。

また、受給要件を満たして高年齢求職者給付金の支給を受けることができる者が、高年齢求職者給付金の受給前に再就職し、当初の離職の日の翌日から起算して1年以内に再離職した場合、再就職後の被保険者期間があらたな受給要件を満たしていないときには前の資格に基づき、高年齢求職者給付金が支給されます。

受給要件を満たしている者が高年齢求職者給付金の支給を受けるには、居住地を管轄する公共職業安定所に出頭し、求職の申込みをしたうえ、高年齢受給資格の決定を受けなければなりません。

高年齢受給資格の決定とは、公共職業安定所長が離職票を提出し求職の申込みをした者について、高年齢求職者給付金の受給資格者であると認定することをいいます。高年齢受給資格は、高年齢被保険者であって、

① 離職により資格の喪失の確認を受けたこと
② 労働の意思および能力があるにもかかわらず職業に就くことができない状態にあること
③ 算定対象期間に被保険者期間が通算して6カ月以上あること

の3つの要件を満たす者について認められます。

以上のようにして高年齢受給資格が決定された場合には、公共職業安定所長から高年齢受給資格者証が交付されます。この高年齢受給資格者証は、高年齢受給資格の決定がなされたことを証するもので、支給される高年齢求職者給付金の基礎となる基本手当の日額、出頭すべき失業の認定日など重要事項が記されており、以後失業の認定を受ける場合等には必ず提出しなければならない重要な証書です。したがって、これは大切に保管しておかなければなりません。

2　高年齢求職者給付金の額

高年齢求職者給付金の額は、被保険者であった期間に応じて次の表に定める日数分の基本手当の額に相当する額とされています(法第37条の4)。この場合、基本手当日額の計算は、一般の受給資格者の場合と同様に、被保険者期間として計算された離職前の6カ月間に支払われた賃金を基礎として行われます。

ただし、高年齢求職者給付金受給のための失業の認定があった日から、離職の日の翌日から起算して1年後の日（これを「受給期限日」といいます）までの日数が、高年齢求職者給付金の額に相当する基本手当の日数未満であるときは、失業の認定日から受給期限日までの日数分の支給となります。

被保険者であった期間	高年齢求職者給付金の額
1年以上	50日分
1年未満	30日分

3　失業の認定および高年齢求職者給付金の支給

高年齢受給資格者の失業の認定日は、一般の受給資格者の場合とはやや異なり、1回限りです。これは、一般の受給資格者に対しては、受給期間内に所定給付日数の範囲内で、原則として4週間に1回ずつ基本手当の支給が行われるのとは異なり、高年齢求職者給付金という形で1回限り支給される方法がとられていることによるものです。

高年齢求職者給付金の支給は、失業の認定を行った日に行われます。ただし、その者が口座振込高年齢受給資格者である場合には、その者に支給されるべき高年齢求職者給付金は、その者の名義の預（貯）金口座に振り込まれることとなります（則第65条の5）。

4　給付制限その他

待期、就職拒否等による給付制限および離職理由による給付制限の期間中は、高年齢求職者給付金の支給は行われません。これは、一般の受給資格者の基本手当の支給の場合と同様です。

また、偽りその他不正の行為によって、高年齢求職者給付金の支給を受け、または受けようとしたときは、高年齢求職者給付金の支給を受け、または受けようとした日以後、高年齢求職者給付金は支給されません。

4　短期雇用特例被保険者の求職者給付

（1）概　要

短期雇用特例被保険者が失業した場合の求職者給付としては、一般の被保険者の場合と異なり、特例一時金が支給されます。

短期雇用特例被保険者について、このような特例一時金制度をとっているのは、これらの被保険者は、一定の期間ごとに就職と離職を繰り返すため、一般の被保険者に対する求職者給付を適用することが適切ではなく、一時金制度とすることがその生活実態により即応しているからです。

（2）特例一時金

1　特例一時金の受給要件

短期雇用特例被保険者が特例一時金の支給を受けるには、

① 失業したこと

② 算定対象期間（原則として離職の日以前１年間）に、被保険者期間が通算して６カ月以上あること

が必要です（法第 39 条）。

この場合の被保険者期間の計算方法については、一般に法第 14 条第１項の規定により計算されますが（本章２の（１）の４ 被保険者期間の計算を参照）、短期雇用特例被保険者であった期間については、法附則第３条の規定によって、当分の間、次によって、被保険者期間が計算されることになります。

すなわち、一般被保険者または高年齢被保険者の場合は、離職の日からさかのぼって満１カ月ずつ区切った期間で当該期間内に賃金の支払いの基礎となった日が 11 日以上あるものを被保険者期間１カ月として計算することとなっていますが、短期雇用特例被保険者の場合、一暦月中に賃金の支払いの基礎となった日数が 11 日以上（被保険者期間が不足するときは

賃金支払基礎時間80時間以上）ある月を被保険者期間1カ月として計算することとなります。

なお、離職の日以前1年間に疾病、負傷等やむをえない理由のため30日以上賃金の支払いを受けることができなかった場合の受給要件の特例については、一般被保険者の場合と同様です（法第39条第1項）。

また、受給要件を満たして特例一時金の支給を受けることのできる者が、特例一時金の支給を受ける前に再就職し、当初の離職の日の翌日から起算して6カ月以内に再離職した場合には、再就職後の被保険者期間が新たな受給要件を満たしていない場合であっても、前の資格に基づき、特例一時金の支給を受けることができます（法第39条第2項）。

2　特例受給資格の決定

特例受給資格の決定とは、公共職業安定所長が離職票を提出した者について、特例一時金の受給資格者であると認定することをいいます。特例受給資格は、短期雇用特例被保険者であって、

①　離職により資格の確認を受けたこと

②　労働の意思および能力があるにもかかわらず職業に就くことができない状態にあること

③　算定対象期間に被保険者期間が通算して6カ月以上あること

の3つの要件を満たす者について認められます。

特例一時金の支給を受けるには、以上のような受給要件を満たしていることのほかに、その者が公共職業安定所に求職の申込みをしたうえ、所定の手続に従って失業の認定を受けることが必要です。この場合求職の申込みは、離職した被保険者の居住地を管轄する公共職業安定所にしなければなりません。

公共職業安定所は、特例一時金の支給を受けようとする者が出頭し、離職票を提出して求職の申込みをしたときは、その者が受給要件を満たしているかどうかを判断し、特例受給資格の決定を行うこととなります。

以上のようにして特例受給資格が決定された場合には、公共職業安定所長から特例受給資格者証が交付されます。この特例受給資格者証は、特例受給資格の決定がなされたことを証するもので、支給される特例一時金の

基礎となる基本手当の日額、出頭すべき失業の認定日など重要事項が記されており、以後失業の認定を受ける場合等には必ず提出しなければならない重要な証書です。したがって、これは大切に保管しておかなければなりません。

3　特例一時金の額

特例一時金の額は、特例受給資格者について、一般の受給資格者とみなして計算した基本手当の日額の30日（ただし、当分の間は暫定措置で40日）分とされています。この場合、基本手当日額の計算は、一般の受給資格者の場合と同様に、被保険者期間として計算された離職前の6カ月間に支払われた賃金を基礎として行われます。

ただし、特例一時金受給のための失業の認定があった日から、離職の日の翌日から起算して6カ月後の日（これを「受給期限日」といいます）までの日数が30日（ただし、当分の間は暫定措置で40日）未満であるときは、特例一時金の額はその日数分となります（法第40条第1項、附則第8条）。

4　失業の認定および支給手続

(1)　失業の認定日

特例受給資格者の失業の認定は、特例受給資格の決定があった後「令和○年○月○日」と定められ、雇用保険特例受給資格者証に記載されます。

なお、公共職業安定所長は、特例受給資格者の申出により必要があると認めるときは、その者の失業の認定日を変更することができることとなっています（則第68条第2項、第3項）。

(2)　失業の認定

特例受給資格者が特例一時金の支給を受けるためには、公共職業安定所に出頭して、特例受給資格者失業認定申告書に雇用保険特例受給資格者証を添えて提出し、次のことについて認定を受けなければなりません。

イ　当該安定所において雇用保険特例受給資格者証を交付した特例受給資格者であるかどうか、または委嘱もしくは移管の手続を経た特例受給資格者であるかどうか

ロ　特例受給資格者本人であるかどうか

ハ　所定の失業の認定日であるかどうか

ニ　労働の意思および能力があるかどうか

ホ　待期が満了しているかどうか

ヘ　給付制限が行われている場合には、当該給付制限の期間が経過しているかどうか

(3)　特例一時金の支給

前記によって特例受給資格者について失業の認定を行ったときは、公共職業安定所長は、特例一時金の支給の決定を行います。この場合、特例一時金の支給は、失業の認定を行った日に行われます。

ただし、その者が口座振込特例受給資格者である場合には、その者に支給されるべき特例一時金は、その者の名義の預（貯）金口座に振り込まれることとなります（則第69条）。

5　待期および給付制限

待期、職業紹介拒否等による給付制限および離職理由による給付制限の期間中は、特例一時金の支給は行われません。これは、一般の受給資格者の基本手当の支給の場合と同様です。

また、偽りその他不正の行為によって特例一時金の支給を受け、または受けようとしたときは、特例一時金の支給を受け、または受けようとした日以後特例一時金は支給されません。ただし、新たな特例受給資格を得た場合には、この限りではありません（法第40条第4項）。

（3）公共職業訓練等を受講する特例受給資格者に対する給付

特例受給資格者が、特例一時金の支給を受ける前に公共職業安定所長の指示した公共職業訓練等を受ける場合には、特例一時金は支給されず、一般の受給資格者とみなして、その訓練等を受け終わる日までの間に限り、一般の受給資格者に対する求職者給付（基本手当、技能習得手当および寄宿手当）が支給されます（法第41条）。

この取扱いは、次のすべてに該当する特例受給資格者に対して行われます。

(1)　公共職業訓練等受講の指示をした日において特例受給資格者であること。すなわち、その日までに特例一時金の支給を受けておらず、かつ、受給期限が経過していないこと

(2)　公共職業安定所長の指示により公共職業訓練等を受けること

(3)　公共職業訓練等の期間が 30 日（当分の間は 40 日）以上 2 年以内であること

基本手当、技能習得手当（受講手当、通所手当）および寄宿手当については、一般の受給資格者と同様に支給されます。

基本手当が支給されるのは、公共職業訓練等の指示が行われた日（指示が行われた日が待期及び給付制限の期間である場合は、その期間経過後）からその訓練等を受け終わる日までの間です。

失業の認定については、一般の受給資格者の場合と同様に、証明認定により毎月 1 回行うこととなります。

その他公共職業訓練等の変更の指示を受けた場合等の取扱いについても、一般の受給資格者の場合と同様に行われます（則第 70 条)。

5　日雇労働被保険者の求職者給付

（1）概　要

雇用保険では、日雇労働被保険者について特例を設け、日雇労働被保険者が失業した場合には、その雇用の形態に即した求職者給付を支給することとしています（法第３章第４節）。

これは、日雇労働被保険者に特有の雇用実態に合わせて事務処理を日々迅速簡便に行うことができるように、一般被保険者、高年齢被保険者または短期雇用特例被保険者とは全く別個の求職者給付の制度を設けたものです。

（2）日雇労働被保険者

雇用保険法では、日雇労働者とは、日々雇い入れられる者または30日以内の期間を定めて雇い入れられる者をいいます（法第42条）。

上の日雇労働者のうち雇用保険法の適用を受ける者すなわち日雇労働被保険者は、次のいずれかに該当する者のことをいいます（法第43条第１項）。

① 特別区もしくは公共職業安定所の所在する市町村の区域（厚生労働大臣が指定する区域は除かれる）または厚生労働大臣が指定する隣接市町村の全部または一部の区域（以下「適用区域」という）に居住し、適用事業に雇用される者

② 適用区域外に居住し、適用区域内の適用事業に雇用される者（適用事業主に雇用され、現実に就労する場所が適用区域内であること）

③ 適用区域外に居住し、適用区域外の厚生労働大臣の指定する適用事業に雇用される者

④ 日雇労働被保険者任意加入の申請（則第72条）をし、公共職業安定所長の認可を受けた者

ただし、日雇労働者が同一の事業主の適用事業に前２カ月の各月において18日以上雇用された場合はその翌月、同一の事業主の適用事業に継続して31日以上雇用された場合はその日から一般被保険者、高年齢被保険者また

は短期雇用特例被保険者として取り扱われます（法第42条、第56条、第56条の2）。この切替えは、日雇労働被保険者資格継続認可申請書（下記(3)の2参照）により認可を受けない限り、法律上当然に行われるものであるので注意を要します。一般被保険者、高年齢被保険者または短期雇用特例被保険者に切り替えられた場合には、事業主は当該日雇労働者について、雇用保険被保険者資格取得届を提出しなければなりません（第3章の2の(1)雇用保険被保険者資格取得届を参照）。

（3）日雇労働被保険者に関する手続

1　日雇労働被保険者手帳

前記（2）の①、②、③のいずれかに該当する日雇労働者は、それぞれの要件に該当するに至った日から5日以内に「雇用保険日雇労働被保険者資格取得届」（記載例153ページ）に住民票の写し等を添えて居住地を管轄する公共職業安定所長に提出しなければなりません（則第71条）。④の申請をしようとする人は、日雇労働被保険者任意加入申請書に住民票の写し等を添えて居住地を管轄する公共職業安定所長に提出します。この届書・申請書を提出したとき、届出・申請を受けた公共職業安定所長から日雇労働被保険者手帳が交付されます。また公共職業安定所長に「日雇労働被保険者任意加入申請書」を提出した日雇労働者については、その申請について公共職業安定所長の認可があったとき、日雇労働被保険者手帳が交付されます(法第44条、則第73条第1項)。公共職業安定所長は、前期(2)の①②③のいずれかに該当することを証明できる書類等の提出を命じることができます（則第71条第3項)。

事業主は、その雇用する日雇労働者であって要件を充たすものが日雇労働被保険者手帳を所持していない場合は、同手帳の交付を速やかに受けるよう指導してください。

2　日雇労働被保険者資格継続の認可

日雇労働被保険者が2カ月の各月において18日以上同一の事業主の適

様式第 25 号（第 71 条関係）

雇用保険日雇労働被保険者資格取得届

※	所長	次長	課長	係長	係

<table>
<tr><td>※被保険者番号</td><td colspan="7"></td></tr>
<tr><td>1. 氏　　名</td><td colspan="2">西田　庄司</td><td>2. 性 別</td><td>㊚・女</td><td>3. 生年月日</td><td>大 ㊗ 平 令</td><td>45 年 3 月 5 日</td></tr>
<tr><td>4. 住所又は居所</td><td colspan="7">青森県青森市青柳XXX-X</td></tr>
<tr><td>5. 個 人 番 号</td><td colspan="7">9 2 8 3 7 4 6 5 0 1 9 2</td></tr>
<tr><td>6. 職　　種</td><td>運搬作業</td><td colspan="3">7. 雇用保険法第 43 条第 1 項第 1 号から第 3 号までのいずれかに該当するに至った年月日</td><td colspan="3">令和 4 年 4 月 18 日</td></tr>
</table>

雇用保険法施行規則第 71 条の規定により上記のとおり届けます。

令和 4 年 4 月 21 日

被保険者氏名　西田　庄司

青森 公共職業安定所長　殿

注　意　　※印欄には、記載しないこと。

用事業に雇用された場合はその翌月の最初の日から、同一の事業主の適用事業に継続して31日以上雇用された場合はその日から一般被保険者、高年齢被保険者または短期雇用特例被保険者の取扱いを受けることになっていますが、公共職業安定所長の認可を受けたときは、継続して日雇労働被保険者として取り扱われる制度があります（法第43条第2項）。

この制度は、2以上の事業主間を頻繁に移動するような就労実態にある者または当該事業所における雇用期間が短期であるため受給資格、高年齢受給資格または特例受給資格を得ることが困難である者等が利用できる制度です。

認可を受けるためには、切替えの要件に該当するに至ったならば遅滞なく、「雇用保険日雇労働被保険者資格継続認可申請書」（記載例155ページ）に被保険者手帳を添えて、日雇労働被保険者が事業主を通じて、本人の居住地を管轄する公共職業安定所の長または事業所の所在地を管轄する公共職業安定所の長のいずれかに提出することになっています（則第74条第1項）。

この認可を受けると、被保険者手帳にその旨の表示をして返付されますから、この者については、事業主の事務処理は従前どおり一般保険料のほか雇用保険印紙による印紙保険料を納付することとなります。

（4）日雇労働求職者給付金

日雇労働被保険者が失業した場合には、求職者給付として「日雇労働求職者給付金」が、次の1および2に述べるところによって支給されます。

1　普通給付

(1)　受給資格

日雇労働被保険者が失業した場合において、その失業の日の属する月の直前の2カ月間に、その者について、通算して26日以上の印紙保険料が納付されているときは、日雇労働求職者給付金が支給されます（法第45条）。

様式第28号（第74条関係）

雇　用　保　険
日雇労働被保険者資格継続認可申請書

※	所長	次長	課長	係長	係

1. 氏名	田上　利明	2. 性別	(男)・女	3. 生年月日	大・(昭)・平・令 41 年 8 月 29 日
4. 住所又は居所	札幌市東区北26条東XX			5. 被保険者番号	1018
6. 継続雇用された月又は期間	令和4年5月および6月				
継続雇用された事業主	7. 氏名	中本建設株式会社 代表取締役　中本光二			
	8. 住所	札幌市中央区北二条西X-X			
継続雇用された事業所	9. 名称				
	10. 所在地				

雇用保険法施行規則第74条第1項の規定により上記のとおり日雇労働被保険者の資格の継続についての認可を申請します。

令和 4 年 6 月 30 日

被保険者氏名　田上　利明

札幌 公共職業安定所長　殿

※認可の可否		※理由	

注意

1　6欄から10欄までには、2月の各月において18日以上又は継続して31日以上同一の事業主の適用事業に雇用された場合のその月又は期間、事業主及び事業所を記載すること。

2　継続雇用された事業主が法人の場合は、7欄には法人の名称及び代表者の氏名を、8欄には法人の主たる事務所の所在地を記載すること。

3　9欄及び10欄には、継続雇用された事業所の名称及び所在地が7欄及び8欄の記載と異なる場合にのみ記載すること。

4　※印欄には、記載しないこと。

(2)　日雇労働求職者給付金の支給

日雇労働求職者給付金は、原則として失業の認定を行った日に、その日分が支給されます（法第51条）。

イ　給付金の日額

給付金の日額は、第1級が7,500円、第2級が6,200円、第3級が4,100円ですが、日雇労働被保険者が失業した場合において受け得る給付金の日額は、日雇労働被保険者手帳におけるその者の失業した日の属する月の直前の2カ月間に対応する各月該当欄に貼付された雇用保険印紙の種類別枚数により、次のとおり決定されます（法第48条）。

(イ)　第1級給付金

第1級印紙保険料（176円）が24日分以上納付されているとき

(ロ)　第2級給付金

第1級印紙保険料および第2級印紙保険料（146円）が合計して24日分以上納付されているとき、または第1級、第2級、第3級印紙保険料（96円）の順に選んだ24日分の印紙保険料の平均額が第2級印紙保険料の日額以上であるとき

(ハ)　第3級給付金

前記（イ)、(ロ）以外のとき

なお、給付金日額はそれぞれ7,500円（第1級)、6,200円（第2級)、4,100円（第3級）ですが、日雇労働者の賃金水準の一定割合以上の変動に伴って変更されます。

ロ　支給日数

日雇労働被保険者が失業した日の属する月において、その者に対し日雇労働求職者給付金が支給される日数は、被保険者手帳にその月の直前の2カ月間に貼付された第1級、第2級および第3級の印紙の合計枚数により、157ページ下表のとおり決定されます（法第50条第1項)。

(3)　失業の認定および支給手続

日雇労働被保険者は、失業した場合に日雇労働求職者給付金の支給を受けようとするときは、所定の時刻までに公共職業安定所に出頭し、その所持する日雇労働被保険者手帳を提出して求職の申込みをしたうえ、失業の認定を受けなければなりません（法第47条)。この場合、その

日雇労働求職者給付金等級早見表（普通給付用）

印紙保険料の納付日数			日雇給付金日額の等級
1級	2級	3級	
24日以上			1
15日～23日			2
14日	2日以上		〃
13〃	4　〃		〃
12〃	5　〃		〃
11〃	7　〃		〃
10〃	8　〃		〃
9〃	10　〃		〃
8〃	12　〃		〃
7〃	13　〃		〃
6〃	15　〃		〃
5〃	16　〃		〃
4〃	18　〃		〃
3〃	20　〃		〃
2〃	21　〃		〃
1〃	23　〃		〃
0〃	24　〃		〃
上記に該当しないとき			3

日雇労働求職者給付金の支給日数

印紙の貼付枚数	支給日数
26枚から31枚まで	13日
32枚から35枚まで	14日
36枚から39枚まで	15日
40枚から43枚まで	16日
44枚以上	17日

月において初めて公共職業安定所に出頭したものであるときは、本人であることおよび受給資格の有無について確認を受けることが必要です。

失業の認定は、公共職業安定所において日々その日について行われる（求職活動の内容も確認されます）のが原則ですが、失業した日が行政機関の休日（公共職業安定所が職業紹介を行う日は除かれます）であるとき、降雨降雪その他やむを得ない理由のため事業主が事業を休止したことによりあらかじめ公共職業安定所から紹介されていた職業に就くことができなかった日であるとき等においては、その日の翌日から１カ月以内に公共職業安定所に失業していたことを届け出て失業の認定を受けることができます（則第75条第２項）。なお、失業の認定を受けようとする日に、天災その他やむを得ない理由のために公共職業安定所に出頭することができないときは、その理由がやんだ日の翌日から起算して７日以内ならば、官公署等の証明書を提出して失業の認定を受けることができます（則第75条第３項、第４項）。

日雇労働求職者給付金は、日雇労働被保険者が各週（日曜日から土曜日までの７日）について職業に就かなかった最初の１日（不就労日といいます）を除き、その週において失業の認定がされた日について支給されます（法第50条、則第76条第１項）。この場合、その失業の日がその週において当該給付金が支給されるべき最初の日であるときは、その週において不就労日のあることを公共職業安定所に届け出なければなりません（則第75条第５項）。

なお、日雇労働被保険者が死亡したために失業の認定を受けることができなかった死亡前の日については、他の失業給付の場合と同様に、その死亡した日雇労働被保険者の遺族であってその死亡者の死亡当時、生計を同じくしていた者は、死亡した日雇労働被保険者について失業の認定を受けたうえで、自己の名で、未支給の給付金の支給を請求することができます（法第51条第３項）。このことは、後記の特例給付を受給中の日雇労働被保険者が死亡した場合についても同様です。

2　特例給付

(1)　受給要件

日雇労働被保険者が失業した場合において、次のいずれにも該当しているときは、その者の居住地を管轄する公共職業安定所の長に申し出を行うことにより、特例給付として、(2)で述べるような日雇労働求職者給付金の支給を受けることができます（法第53条から第55条）。

① 継続する6カ月間に印紙保険料が各月11日分以上、かつ、通算して78日分以上納付されていること

② ①の6カ月間（以下「基礎期間」という）のうち、後の5カ月間に普通給付による日雇労働求職者給付金の支給を受けていないこと

③ 基礎期間の最後の月の翌月以後2カ月間（申出をした日が当該2カ月の期間内にあるときは申出をした日までの間）に、普通給付による日雇労働求職者給付金の支給を受けていないこと

これを図示すると次の図のとおりです。

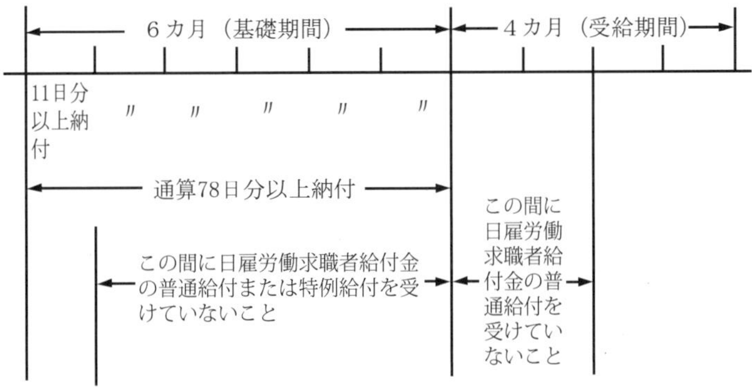

(2)　支給日数および支給日額

特例給付は、通常は、4週間に1回、失業の認定を行った日に、24日分（各週の最初の不就労日計4日分が除かれる）が支給されます（法第55条第4項、則第79条、第80条）。

特例給付の日雇労働求職者給付金の日額は、特例給付の申出をした者の被保険者手帳における6カ月間に対応する各月の該当欄に貼付された各級の雇用保険印紙の枚数に応じて次のように決められ、基礎期間の最後の月の翌月以後4カ月の期間内の失業している日について、通算して

60日分を限度として支給されます（法第54条）。

(イ) 第1級給付金

第1級印紙保険料が72日分以上であるとき

(ロ) 第2級給付金

第1級印紙保険料および第2級印紙保険料が72日分以上であるときまたは第1級、第2級、第3級印紙保険料の順に選んだ72日分の印紙保険料の平均額が第2級印紙保険料の日額以上であるとき

(ハ) 第3級給付金

(イ)、(ロ) 以外のとき

(3) 失業の認定および支給手続

日雇労働被保険者は、特例給付の日雇労働求職者給付金の支給を受けようとするときは、自己の居住地を管轄する公共職業安定所の長に日雇労働被保険者手帳を提出するとともに、その旨を文書で申し出なければなりません（則第78条第1項）。

特例給付についての失業の認定は、原則として特例給付の申出をした日から4週間に1回ずつ自己の居住地を管轄する公共職業安定所において行われます（則第79条第1項）。また、失業の認定を受けようとする日において、天災その他やむを得ない理由により公共職業安定所に出頭することができないときは、その理由を記載した証明書を提出し、その理由がやんだ後に最初の失業の認定を受けるべき日に失業の認定を受けることができます（則第79条第2項）。

3 給付制限および不正受給

日雇労働求職者給付金の支給を受けることのできる者が公共職業安定所の紹介した業務に就くことを拒否した場合において、その拒否の理由が、㋑紹介された業務がその者の能力からみて不適当と認められること、㋺賃金が、同一地域における同種の業務の一般賃金水準に比して不当に低いこと等の理由に該当しないときは、その拒否した日から起算して7日間は、失業の認定および給付金の支給は行われません。また、偽りその他不正の行為によって給付金の支給を受けまたは受けようとしたときは、やむを得

ない理由があると認められる場合を除き、その月およびその翌月から3カ月間は、給付金は支給しないこととされています（法第52条）。

なお、悪質な不正受給者および当該不正受給が事業主等の偽りの届出、報告または証明によるものであればその事業主等も連帯して、基本手当等の場合と同様に、納付命令制度により、不正受給金額の2倍以下の金額の納付を命ぜられることがあります。

（5）日雇労働被保険者であった者に係る被保険者期間の特例

日雇労働被保険者が2カ月の各月において18日以上同一の事業主の適用事業に雇用されるに至ったときは、公共職業安定所長の認可を受けない限り、その翌月の最初の日から一般被保険者、高年齢被保険者または短期雇用特例被保険者として取り扱われますが、その取扱いを受けるようになった月以後に離職した場合には、その2カ月を法第14条にいう被保険者期間の2カ月として計算する措置の適用を受けることができます（法第56条第1項）。ただし、日雇労働被保険者の資格継続の認可を受けた者（法第43条第2項）、または日雇労働被保険者とされなくなった最初の月に離職し、失業した場合に日雇労働被保険者とみなして日雇労働求職者給付金が支給された者（同条第3項）についてはこの措置の適用は受けられません（法第56条第1項ただし書）。

なお、被保険者期間を2カ月として計算する措置の適用を受けようとする者は、その2カ月の翌々月の末日までに当該事業主の事業所を管轄する公共職業安定所の長またはその措置の適用を受けようとする者の居住地を管轄する公共職業安定所の長に、被保険者手帳を提出して、その措置の適用を受けたい旨を申し出なければなりません（則第81条第1項）。

この措置によって法第14条第2項第1号に規定する受給資格、法第37条の3第2項に規定する高年齢受給資格または法第39条第2項に規定する特例受給資格を取得した者について、法第17条に規定する賃金日額を算定する場合には、被保険者期間として計算された2カ月の各月において納付された印紙保険料の額を2000分の13で除した額がそれぞれの各月に支払われた賃金額とみなされます（法第56条第2項、則第81条第4項）。

また、日雇労働被保険者が同一の事業主の適用事業に継続して31日以上雇用されるに至ったときは、前記と同様に、公共職業安定所長の認可を受けない限り、その日から一般被保険者、高年齢被保険者または短期雇用特例被保険者として取り扱われますが、その取扱いを受けるようになった日以後に離職した場合には、その者の日雇労働被保険者であった期間を被保険者であった期間とみなして計算する措置の適用を受けることができます（法第56条の2第1項）。ただし、日雇労働被保険者の資格継続の認可を受けた者（法第43条第2項）、または日雇労働被保険者とされなくなった最初の月に離職し、失業した場合に日雇労働被保険者とみなして日雇労働求職者給付金が支給された者（同条第3項）についてはこの措置の適用は受けられません（法第56条第1項ただし書）。

なお、日雇労働被保険者であった期間を被保険者期間として計算する措置の適用を受けようとする者は、当該期間の最後の日の属する月の翌月の末日までに当該事業主の事業所を管轄する公共職業安定所の長またはその措置の適用を受けようとする者の居住地を管轄する公共職業安定所の長に、被保険者手帳を提出して、その措置の適用を受けたい旨を申し出なければなりません（則第81条の2第1項）。

この措置によって法第14条第2項第1号に規定する受給資格、法第37条の3第2項に規定する高年齢受給資格または法第39条第2項に規定する特例受給資格を取得した者について、法第17条に規定する賃金日額を計算する場合には、被保険者期間として計算された日雇労働被保険者期間のうち最後の6カ月間に含まれる期間に納付された印紙保険料の額を2000分の13で除した額が当該期間に支払われた賃金額とみなされます（法第56条の2第2項、則第81条の2第4項）。

6　就職促進給付

（1）就業手当

1　就業手当の支給要件

就業手当は、受給資格者が次のいずれにも該当する場合に支給されます（法第56条の3第1項1号イ、則第82条）。

(1)　就職日の前日における基本手当の支給残日数が45日以上、かつ、所定給付日数の3分の1以上であること。ここで支給残日数とは、所定給付日数から、既に支給した基本手当（基本手当を支給したとみなされる給付を含みます）または傷病手当の日数を差し引いた日数です。

　しかしながら、そのように計算して得た日数が職業に就いた日（離職理由および就職拒否等に基づく給付制限期間中に就職した場合については、この給付制限期間の末日の翌日）から受給期間の最後の日までの日数を超えるときは、この職業に就いた日から受給期間の最後の日までの日数が支給残日数となります。

(2)　職業に就いたものであること〔再就職手当（6の（2））の対象となる安定した職業に就いた場合を除く〕。この場合の職業とは雇用労働に限らず、事業を開始すること等も含まれます。

(3)　離職前の事業主〔関連事業主（資本、資金、人事、取引等の状況からみて離職前の事業主と密接な関係にある他の事業主をいう）を含む〕に再び雇用された者でないこと

(4)　雇入れすることを受給資格の決定に係る求職の申込みをした日前に約した事業主に雇用されたものでないこと

(5)　待期期間の経過後に就業したものであること

(6)　受給資格に係る離職について離職理由に基づく給付制限を受ける者については、待期期間の満了後1カ月間については、公共職業安定所または職業紹介事業者の紹介により就業したものであること

なお、偽りその他不正の行為により失業等給付を受け、または受けようと

した場合には、宥恕が行われる場合を除き失業等給付を受け、または受けようとした日以後就業手当を受給することはできません（法第60条第1項）。

2　就業手当の額

就業手当の額は、就業日ごとに基本手当日額（この場合の基本手当日額の上限額は、6,190円（60歳以上65歳未満は5,004円）となります）の30％に相当する額です。就業手当が支払われた場合、その日数に相当する基本手当を受給したものとみなします。

3　就業手当の受給

就業手当の支給を受けようとする受給資格者は、原則として失業の認定にあわせ、4週間に1回、前回の認定日から今回の認定日の前日までの各日について、「就業手当支給申請書」（165ページ参照）に、受給資格者証と就業した事実を証明する資料（給与明細書など）を添付して、その者の居住地を管轄する公共職業安定所の長に提出しなければなりません。

（2）再就職手当

1　再就職手当の支給要件

再就職手当は、受給資格者が次のいずれにも該当する場合に支給されます（法第56条の3第1項1号ロ、則第82条、82条の2）。

(1)　就職日の前日における基本手当の支給残日数が所定給付日数の3分の1以上であること

(2)　1年を超えて引き続き雇用されることが確実であると認められる職業に就き、または事業（受給資格者が自立することができると公共職業安定所長が認めたものに限る）を開始したものであること

(3)　離職前の事業主〔関連事業主（資本、資金、人事、取引等の状況からみて離職前の事業主と密接な関係にある他の事業主をいう）を含む〕に再び雇用されたものでないこと

(4)　待期期間の経過後に就職し、または事業を開始したものであること

(5)　受給資格に係る離職について離職理由に基づく給付制限を受ける者

様式第29号（第82条の5関係）（第1面）　**就業手当支給申請書**

※ 帳票種別　12230

1. 支給番号　□□-□□□□□□□-□

2. 未支給区分　□（空欄 未支給以外／1 未支給）

3. 支給対象期間（初日）5-□□□□□□-（末日）□□□□（4 平成／5 令和）元号 年 月 日 月 日

4. 就業手当支給日数　□□□日

5. 特別給付支給日数　□□□日

6. 不支給理由　□□（1 待期未経過／2 残日数不足／5 紹介要件不該当／7 離職前事業主／8 雇用予約）

7. 姓（漢字）就業

8. 名（漢字）太郎

9. 郵便番号　100-8916

10. 電話番号（項目ごとにそれぞれ左詰めで記入してください。）03-××××-××××（市外局番・市内局番・番号）

11. 申請者の住所（漢字）市・区・郡及び町村名　千代田区霞ヶ関

申請者の住所（漢字）丁目・番地　1-2-2

申請者の住所（漢字）アパート、マンション名等　合同宿舎5号館

（記載もれのないよう御注意ください。）

12. 就職先の事業所〔下記13の(1)の場合のみ記載〕	名称		（雇用保険）事業所番号	- -
	所在地	〒　（電話番号　）		

13. 職業に就いた日等について記載してください（記載に当たっては第2面の注意書きをよくお読みください）

(1) 一の雇用契約の期間が7日以上である場合

イ 一週間の所定労働時間　時間　分	ロ 雇用年月日　令和　年　月　日
ハ 雇用期間　（イ）定めなし　（ロ）定めあり	→ 令和　年　月　日まで　（　年　ヵ月）
二 支給対象期間中の就業日数　合計　日	

(2) (1)以外の就業

イ 就業先の事業所等	ロ 就業期間	ハ 就業日数	二 就業内容
雇用建設（電話番号 03-xxxx-xxxx）	7/1.3.4.5.10.11.16	7 日	土木工事
（電話番号　）		日	
（電話番号　）		日	
（電話番号　）		日	
		合計　日	

上記12及び13の(1)の記載事実に誤りのないことを証明する。〈証明は郵送、代理のときのみ必要です〉

令和　年　月　日

事業主氏名（法人のときは名称及び代表者氏名）

14. 上記12及び13の事業所の事業主は、受給資格に係る離職前の事業主（関連事業主を含む。）であるか否か	イ 離職前事業主である／（ロ）離職前事業主ではない
15. 申請に係る就業について、公共職業安定所又は地方運輸局への求職の申込みの日前に雇用の予約があったか否か	イ 雇用の予約があった／（ロ）雇用の予約はない
16. 申請に係る就業について、離職理由による給付制限期間中の最初の1ヶ月である場合に、公共職業安定所、地方運輸局、地方公共団体又は職業紹介事業者の紹介を受けましたか　地方公共団体又は職業紹介事業者の名称　（電話番号　）	イ 紹介を受けた／ロ 紹介を受けてない

雇用保険法施行規則第82条の5第1項の規定により、上記のとおり就業手当の支給を申請します。

令和 4 年 7 月 28 日

飯田橋 公共職業安定所長／地方運輸局長 殿　　申請者氏名 就業 太郎

次回申請月日	※処理欄	支給金額	円	備考
月　日まで		支給決定年月日	令和　年　月　日	

※ | 所属長 | 次長 | 課長 | 係長 | 係 | 操作者 |
|---|---|---|---|---|---|
| | | | | | |

2021. 9

については、待期期間の満了後１カ月間については、公共職業安定所または職業紹介事業者の紹介により就職したものであること

(6) 就職日前３年以内の就職について再就職手当または常用就職支度手当の支給を受けたことがないこと

(7) 雇入れすることを受給資格の決定に係る求職の申込みをした日前に約した事業主に雇用されたものでないこと

(8) その他再就職手当を支給することが受給資格者の職業の安定に資すると認められるものであること

イ 適用事業の事業主に雇用され、被保険者資格を取得した者（申請時点において再取得の届出がなされていない場合であっても、再取得することが確実と認められる場合を含む）であること

ロ 事業を開始した者である場合は、次のいずれかに該当すること

a 再就職手当の支給の要否に関する調査を行う際、当該開始した事業に雇用されていた被保険者が離職し、被保険者が存在しない状態でないこと

b 引き続き事業を継続しており、事業を安定的に継続して行うことができる見込みがあると判断できるものであること

なお、偽りその他不正の行為により失業等給付を受け、または受けようとした場合には、宥恕が行われる場合を除き失業等給付を受け、または受けようとした日以後再就職手当が支給されないことはいうまでもありません（法第60条第１項）。

2 再就職手当の額

再就職手当には、再就職手当（本体）と就業促進定着手当の２種類があります。

再就職手当の額は、支給残日数の10分の６（基本手当の残日数が所定給付日数の３分の２以上（以下「早期再就職」といいます）のときは10分の７）に相当する日数に当該受給資格者の基本手当日額〔この場合の基本手当日額の上限は6,190円（60歳以上65歳未満は5,004円）となります〕を乗じて得た額です。

就業促進定着手当は、再就職手当の受給者が次のいずれにも該当する場

合に、追加で支給されます（法第56条の3第3項第2号、則第83条の2、83条の3）。

(1)　再就職手当の支給に係る同一の事業主にその職業に就いた日から6カ月雇用されていること

(2)　6カ月に支払われた賃金に対して基本手当の基礎となる賃金日額の計算方法を適用して算定した賃金日額（「みなし賃金日額」といいます）が、再就職手当の基礎となった賃金日額（「算定基礎賃金日額」といいます）を下回ったこと

就業促進定着手当の額は、算定基礎賃金日額からみなし賃金日額を減じた額に、上記6カ月の賃金支払基礎日数を乗じた額です。ただし、基本手当日額に支給残日数を乗じて得た額の40%（早期再就職のときは30%）を限度とします。

3　再就職手当の受給

再就職手当の支給を受けようとする受給資格者は、就職するに至った日の翌日から起算して1カ月以内に、「再就職手当支給申請書」（記載例168ページ）に、雇用保険受給資格者証を添えてその者の居住地を管轄する公共職業安定所の長に提出しなければなりません。

就業定着促進手当を受けようとする受給資格者は、同一の事業主に雇用された日から起算して6カ月目に当たる日の翌日から2カ月以内に、「就業促進定着手当支給申請書」（記載例169ページ）に、雇用保険受給資格者証と賃金額・支払基礎日数を証明できる書類を添えてその者の居住地を管轄する公共職業安定所の長に提出しなければなりません。

様式第29号の2（第82条の7関係）（第1面）

再就職手当支給申請書

※ 帳票種別 12221

1. 支給番号 □□-□□□□□□-□

2. 未支給区分 □（空欄 未支給以外　1 未支給）

3. 番号複数取得チェック不要 □（チェック・リストが出力されたが、調査の結果、同一人でなかった場合に「1」を記入すること。）

4. 就職年月日 5-□□□□□□（4 平成　5 令和）元号 年 月 日

5. 不支給理由 □□（1 待期未経過　2 残日数不足　3 手当等履歴有　4 早期支援履歴有　5 紹介要件不該当　6 安定就業不該当　7 離職前事業主　8 雇用予約　9 安定要件不認定　13 調査時点離職）

6. 姓（漢字） 石山

7. 名（漢字） 徹

8. 郵便番号 170-0001

9. 電話番号（項目ごとにそれぞれ左詰めで記入してください。） 03-XXXX-XXXX（市外局番 市内局番 番号）

10. 申請者の住所（漢字） 市・区・郡及び町村名 練馬区練馬

申請者の住所（漢字） 丁目・番地 X-X

申請者の住所（漢字） アパート、マンション名等

事業主の証明

11. 就職先の事業所（開始した事業）	名称	松倉木材株式会社	（雇用保険）事業所番号 1309-124397-3
	所在地	〒170-0000 東京都豊島区東長崎X-X	（電話番号 03-XXXX-XXXX ）
	事業の種類	木材販売業	

12. 雇入年月日（事業開始年月日） 令和 4 年 10 月 3 日　13. 採用内定年月日 令和 4 年 9 月 28 日

14. 職種 事務員　15. 一週間の所定労働時間 40 時間 0 分　16. 賃金月額 25 万 0 千円　17. 雇用期間 イ（定めなし）→令和 年 月 日まで　ロ 定めあり－ 契約更新条項（イ 有 ロ 無） 1年を超えて雇用する見込み（イ 有 ロ 無）

18. 上記の記載事実に誤りのないことを証明する。

令和 4 年 10 月 3 日

事業主氏名（法人のときは名称及び代表者氏名） 松倉木材株式会社 代表取締役 松倉 俊一 ［代表者印］

19. 上記12欄の日前3年間における就職についての再就職手当又は常用就職支度手当の受給の有無
イ 再就職手当又は常用就職支度手当を受給したことがある。
ロ 再就職手当又は常用就職支度手当のいずれも受給したことがない。

雇用保険法施行規則第82条の7第1項の規定により、上記のとおり再就職手当の支給を申請します。

令和 4 年 10 月 6 日

池袋 公共職業安定所長／地方運輸局長 殿　申請者氏名 石山 徹

※処理欄	
所定給付日数	90・120・150・180・210・240・270・300・330・360 日
支給残日数	日
支給金額	円
支給決定年月日	令和 年 月 日

備考

※所属長	次長	課長	係長	係	操作者

（記載もれのないよう御注意ください。）

2021. 9

様式第29号の2の2（第83条の4関係）（第1面）

就業促進定着手当支給申請書

（必ず第２面の注意書きをよく読んでから記入してください。）

※ 帳票種別
1 0 2 3 1

1. 支給番号 □□-□□□□□□□□-□

2. 未支給区分 □ （空欄 未支給以外　1 未支給）

3. 賃金日額相当額（区分－日額又は総額） □-□□□□□□□□□ 円　区分（1 日額　2 総額）

4. 賃金支払いの基礎日数 □□□

5. 不支給理由 □ （1 継続雇用不該当　2 賃金低下不該当）

6. 姓（漢字） 大谷　　7. 名（漢字） 公一

8. 郵便番号 171-0042　　9. 電話番号（項目ごとにそれぞれ左詰めで記入してください。） 03-3956-XXXX（市外局番・市内局番・番号）

10. 申請者の住所（漢字） 市・区・郡及び町村名 豊島区高松

申請者の住所（漢字） 丁目・番地 X-X

申請者の住所（漢字） アパート、マンション名等

（記載もれのないよう御注意ください。）

事業主の証明

11. 就職先の事業所	名称	石橋電機株式会社	（雇用保険）事業所番号	1309-234567-8
	所在地	〒171-0022 東京都板橋区仲町X-X	（電話番号　）	
12. 一週間の所定労働時間	40 時間 0 分	13. 求人申込み時等に明示した賃金額（月額）	20 万 0 千円	

14. 雇用期間中の賃金支払状況

① 賃金支払対象期間	② ①の基礎日数	③ 賃金額 Ⓐ	Ⓑ	計	④ 備考
月　日～　月　日	日				
9月21日～10月20日	30 日	200,000		200,000	
8月21日～9月20日	31 日	200,000		200,000	
7月21日～8月20日	31 日	200,000		200,000	
6月21日～7月20日	30 日	200,000		200,000	
5月21日～6月20日	31 日	200,000		200,000	
4月21日～5月20日	31 日	200,000		200,000	
就職年月日～4月20日	20 日	135,000		135,000	

15. 上記の記載事実に誤りのないことを証明する。

令和 4 年 11 月 17 日　　事業主氏名（法人のときは名称及び代表者氏名） 石橋電機株式会社 代表取締役 石橋 伸一 ㊞（代表者印）

16. 雇用保険法施行規則第83条の４第１項の規定により、上記のとおり就業促進定着手当の支給を申請します。

令和 4 年 11 月 17 日

池袋 公共職業安定所長／地方運輸局長 殿　　申請者氏名 大谷 公一

備考

※ 所属長	次長	課長	係長	係	操作者

2021. 9

（3）常用就職支度手当

1　常用就職支度手当の支給要件

(1)　常用就職支度手当は、受給資格者（就職した日の前日における基本手当の支給残日数が所定給付日数の３分の１未満である者に限ります）、高年齢受給資格者（高年齢求職者給付金の支給を受けた者であって当該高年齢受給資格に係る離職の日の翌日から起算して１年を経過していないものを含みます。以下同じ）、特例受給資格者（特例一時金の支給を既に受けた者であって当該特例受給資格に係る離職の日の翌日から起算して６カ月を経過していないものを含みます。以下同じ）または日雇受給資格者（日雇労働求職者給付金の支給を受けることができる者をいいます。以下同じ）（これらを総称して以下「受給資格者等」といいます）であって、次のイからトのいずれかに該当する者が安定した職業に就いた場合において、公共職業安定所長が次の (2) の基準に従って必要があると認めたときに支給されます（法第 56 条の３第１項２号、則第 82 条の３）。

ただし、再就職手当の支給を受けることができる者については、常用就職支度手当は支給されません。

イ　障害者雇用促進法第２条第２号に該当する身体障害者

ロ　障害者雇用促進法第２条第４号に規定する知的障害者

ハ　障害者雇用促進法第２条第６号に規定する精神障害者

ニ　45 歳以上の受給資格者であって、労働施策総合推進法に基づく再就職援助計画の援助対象者等または高年齢者雇用安定法に基づく求職活動支援書の対象者

ホ　季節的に雇用されていた特例受給資格者であって、通年雇用助成金の指定地域内に所在する事業所の事業主に通年雇用される者

ヘ　日雇労働被保険者として就労することを常態とするものであって、就職日において 45 歳以上である者

ト　駐留軍関係離職者、沖縄失業者求職者手帳の所持者、一般旅客定期航路事業等離職者求職手帳の所持者、売春防止法等により保護観察所

長から公共職業安定所長に連絡のあったもの等

(2) 常用就職支度手当は、(1) に掲げる受給資格者等が、次のイからホのすべての要件を満たしている場合に支給されます（則第 82 条第 2 項）。

イ　公共職業安定所または職業紹介事業者の紹介により 1 年以上引き続いて雇用されることが確実であると認められる職業に就いたこと

ロ　離職前の事業主に再び雇用されたものでないこと

ハ　待期の期間が経過した後において職業に就いたこと

ニ　給付制限の期間が経過した後において職業に就いたこと

ホ　常用就職支度手当を支給することがその者の職業の安定に資すると認められること

この基準を満たすためには、原則として、適用事業の事業主に雇用され、被保険者資格を取得した者であることが必要です。

なお、常用就職支度手当は、以上の支給要件に該当する場合であっても、常用就職支度手当の支給の要否に関する調査を行う際、すでに当該事業所を正当な理由がなく離職している場合、就職日前 3 年以内の就職について再就職手当または常用就職支度手当の支給を受けたことがある場合、または偽りその他不正の行為により失業給付を受け、または受けようとした場合には支給されません（法第 56 条の 3 第 2 項、法第 60 条第 1 項）。

2　常用就職支度手当の額

常用就職支度手当の額は、基本手当の日額〔高年齢受給資格者については、その者を離職の日において 30 歳未満である受給資格者とみなした場合に支給されることとなる基本手当の日額、特例受給資格者については、その者を基本手当の受給資格者とみなした場合にその者に支給されることとなる基本手当の日額、日雇受給資格者については、その者に支給される日雇労働求職者給付金の日額となります。また、この場合の基本手当日額の上限額は、6,190 円（60 歳以上 65 歳未満は、5,004 円）となります〕の 18 日分から 36 日分に相当する額となります（法第 56 条の 3 第 3 項第 3 号）。

3　常用就職支度手当の受給手続

常用就職支度手当の支給を受けようとする受給資格者等は、就職日（この場合の就職日とは、現実に職業に就く最初の日を指し、単に就職することが決定した日をいうのではありません）の翌日から起算して1カ月以内に、「常用就職支度手当支給申請書」（記載例173ページ）に雇用保険受給資格者証、雇用保険高年齢受給資格者証、雇用保険特例受給資格者証または雇用保険日雇労働被保険者手帳（以下（4）、（5）の項において「受給資格者証等」といいます）を添えてその者の居住地を管轄する公共職業安定所の長（日雇受給資格者については、就職先の事業所の所在地を管轄する公共職業安定所の長）に提出しなければなりません（則第84条）。

（4）移転費

1　移転費の支給要件

受給資格者等が公共職業安定所、特定地方公共団体[注]もしくは職業紹介事業者（業務停止命令を受けている者その他を除きます）の紹介した職業に就くため、または公共職業安定所長の指示した公共職業訓練等を受講するため、その住所または居所を変更する必要がある場合には、その者およびその者により生計を維持されている同居の親族の移転に要する費用が支給されます（法第58条）。

（注）厚生労働大臣に通知をして無料の職業紹介事業を行う地方公共団体をいいます。

移転費の支給を受けるには次の要件を満たしていることが必要です（則第86条）。

(1)　待期期間または給付制限（自己都合など離職理由に基づく給付制限を除きます）期間が経過した後に就職し、または公共職業訓練等を受けることとなった場合であって、管轄公共職業安定所長が住所または居所を変更する必要があると認めたとき

(2)　その就職又は公共職業訓練等の受講について、就職準備金その他移転に要する費用（以下「就職支度費」といいます）が就職先の事業主、

様式第29号の3（第84条関係）（第1面）

常用就職支度手当支給申請書

※帳票種別 12___ （110 日雇／210 一般）

1. 支給番号 ___-______-_

2. 未支給区分 _ （空欄 未支給以外／1 未支給）

3. 番号複数取得チェック不要 _ （チェック・リストが出力されたが、調査の結果、同一人でなかった場合に「1」を記入すること。）

4. 被保険者番号（日雇の場合にのみ記入すること。）____-______-_

5. 就職年月日 _-______-_ 元号 年 月 日　対象者区分（4 平成／5 令和）

6. 不支給理由 __ （1 待期未経過　3 手当等履歴有　4 早期支援履歴有　6 安定就業不該当　7 離職前事業主　9 安定要件不認定　10 対象不該当　11 給付制限未経過　12 再就職手当該当　13 調査時点離職）

7. 姓（漢字）高橋

8. 名（漢字）洋子

9. 郵便番号 177-0044

10. 電話番号（項目ごとにそれぞれ左詰めで記入してください。）03-XXXX-XXXX（市外局番・市内局番・番号）

11. 申請者の住所（漢字） 市・区・郡及び町村名 練馬区上石神井

申請者の住所（漢字） 丁目・番地 X-XX

申請者の住所（漢字） アパート、マンション名等

事業主の証明			
12. 就職先の事業所	名称	豊島食品工業株式会社	（雇用保険）事業所番号 1309-154293-5
	所在地	〒173-0014 豊島区池袋XX-X	（電話番号 03-XXXX-XXXX）
	事業の種類	食料品製造業	
13. 雇入年月日	令和 4 年 11 月 1 日	14. 採用内定年月日	令和 4 年 10 月 26 日
15. 職種	事務員	16. 一週間の所定労働時間 40 時間 0 分	17. 賃金月額 25 万 0 千円
18. 雇用期間	イ 定めなし（○）→令和 年 月 日まで／ロ 定めあり	契約更新条項（イ 有 ロ 無）／1年以上雇用する見込み（イ 有 ロ 無）	

19. 上記の記載事実に誤りのないことを証明する。

令和 4 年 11 月 2 日

豊島食品工業株式会社
事業主氏名 代表取締役 米田 正 [代表者印]
（法人のときは名称及び代表者氏名）

20. 上記13欄の日前３年間における就職についての再就職手当又は常用就職支度手当の受給の有無

イ 再就職手当又は常用就職支度手当を受給したことがある。
ロ（○）再就職手当又は常用就職支度手当のいずれも受給したことがない。

雇用保険法施行規則第84条第１項の規定により、上記のとおり常用就職支度手当の支給を申請します。

令和 4 年 11 月 24 日

池袋 公共職業安定所長／地方運輸局長 殿

申請者氏名 高橋 洋子

備考

※処理欄	支給金額	円	支給決定年月日	令和 年 月 日

※ 所属長 ／ 次長 ／ 課長 ／ 係長 ／ 係 ／ 操作者

（記載もれのないよう御注意ください。）

2021. 9

公共職業訓練の施設の長その他の者から支給されないとき、またはその支給額が移転費の額に満たないとき

なお、移転費は、以上の支給要件に該当する場合であっても、その者の雇用期間が１年未満である場合など特別な事情がある場合には支給されません（則第86条）。

2　移転費の額

移転費には、鉄道賃、船賃、航空賃、車賃、移転料および着後手当の6種類があり、移転費の支給を受けることができる者およびその者が随伴する家族について、その旧居住地から、新居住地までの区間の順路によって計算した額（着後手当を除く）が支給されます（則第87条）。

鉄道賃および船賃は、普通運賃相当額（一定距離以上に限り、普通急行料金または特別急行料金を加えた額）が支給されます。航空賃は、現に支払った旅客運賃の額とします。

車賃は、1キロメートルにつき37円が支給されます。

移転料については、移転の距離ごとに一定の額を支給するよう移転料の額が次の表のとおり定められています。

（注）船賃または車賃の支給を受ける受給資格者等については、当該船賃または車賃の額の計算の基礎となる距離の4倍に相当する距離を鉄道賃の額の計算の基礎となる距離に含めます。

ただし、家族（その者の収入によって生計を維持されている同居の親族、届出をしていないが、事実上その者と婚姻関係と同様の事情にある者を含む）を随伴しないで単独で移転する場合（独身者が移転する場合を含みます）は、その額の2分の1に相当する額が支給されます（則第89条第1項）。

鉄道賃の額の計算の基礎となる距離	50km未満	50km以上 100km未満	100km以上 300km未満	300km以上 500km未満	500km以上 1,000km未満	1,000km以上 1,500km未満	1,500km以上 2,000km未満	2,000km 以上
移転料	93,000円	107,000円	132,000円	163,000円	216,000円	227,000円	243,000円	282,000円

着後手当は、移転費の支給要件に該当する限り鉄道賃等とともに支給されるものであり、その額は、家族を随伴する場合には76,000円（移転の距離が100キロメートル以上である場合は95,000円）、単独で移転する場合（独身者が移転する場合を含みます）には38,000円（同47,500円）となっています（則第90条）。

3　移転費の受給手続

移転費の支給を受けようとする受給資格者等は、「移転費支給申請書」（記載例176ページ）に受給資格者証等および移転の際家族を随伴する場合には、その家族がその者により生計を維持されている者であることを証明することができる書類を添えて、移転の日の翌日から起算して1カ月以内に管轄公共職業安定所の長（日雇受給資格者にあってはその者の選択する公共職業安定所の長）に提出しなければなりません（則第92条第1項）。

なお、就職先の事業主から就職支度費が支給されるときや事業主所有の自動車等を使用するときは、申請書を提出する際にその金額を届け出なければなりません（則第92条第2項）。

公共職業安定所においては、移転費の支給を決定したときは、移転費支給決定書を作成し、支給することとなっています（則第93条）。この場合に、就職先の事業主から就職支度費が支給されるときは、差額分だけが支給されます。

移転費の支給を受けた受給資格者等は、移転後直ちに移転費支給決定書を就職先の事業主に提出しなければなりません。就職先の事業主は、提出された移転費支給決定書に基づいて「移転証明書」（記載例177ページ）を作成し、移転費を支給した公共職業安定所長に送付しなければなりません（則第94条）。

4　移転費の返還

移転費の支給を受けた受給資格者等が、紹介された職業に就かなかったとき、または指示された公共職業訓練等を受けなかったときは、その事実が確定した日の翌日から起算して10日以内に移転費を支給した公共職業安定所長に届け出るとともに、その支給を受けた移転費に相当する額を返還しなければなりません（則第95条第1項）。

様式第30号（第92条関係）（第1面）

移転費支給申請書

※ 帳票種別

1 2 2 1 1

1. 支給番号　□□-□□□□□□□-□

2. 未支給区分　□（空欄 未支給以外　1 未支給）

3. 移転区分 支給金額　□-□□□□□□□,□□円

移転区分（1 就職移転　2 訓練移転）

4. 紹介区分　□（1 公共職業安定所　2 特定地方公共団体（都道府県）　3 特定地方公共団体（市町村）　4 職業紹介事業者）

5. 就職時期又は訓練開始時期　□（1 給付制限期間中　2 受給中　3 受給終了後　4 未定）

1 申請者	氏名	高野　一郎
	移転前の住所又は居所	長野市中御所3-18-1
	移転後の住所又は居所	東京都杉並区井草1-6-6

2 就職先の事業所又は受講する公共職業訓練等の施設	名称	株式会社　赤松商事
	所在地	東京都千代田区丸の内1-6
3 特定地方公共団体又は職業紹介事業者の紹介による就職の場合、その名称及び所在地	名称	
	所在地	

4 就職決定年月日又は受講指示年月日	令和4年7月11日	5 訓練受講期間	令和　年　月　日から令和　年　月　日まで
6 移転開始予定年月日	令和4年7月25日	7 乗車（船）の場所（出発空港）	長野
		8 下車（船）の場所（到着空港）	東京

9 移転する者の氏名（生年月日）	10 続柄	※鉄道賃 距離	運賃	急行料金	計	※船賃 距離	運賃	※航空賃 距離	運賃	※車賃 距離	運賃	※計
本人 昭48年 3月18日生）		キロメートル	円	円	円	キロメートル	円	キロメートル	円	キロメートル	円	円
家族 高野　和子（昭50年11月25日生）	妻											
高野　和一（平12年 1月18日生）	長男											
（　年　月　日生）												
（　年　月　日生）												
族（　年　月　日生）												
※合計			円	円	円		円		円		円	円

雇用保険法施行規則第92条第1項の規定により上記のとおり移転費の支給を申請します。

令和 4 年 7 月 28 日

新宿 公共職業安定所長／地方運輸局長 殿　　申請者氏名　高橋　一郎

※処理欄	支給番号等		運賃等の合計	円
	雇用期間		移転料 距離 キロメートル 支給額	円
	支給決定年月日	令和　年　月　日	着後手当	円

備考	就職先の事業主等が所有する自動車等を利用して負担した実費相当額	円
	就職先の事業主等から支給される就職支度費の額	円
	差引支給額	円

所長		次長		課長		係長		係		操作者	

2021. 9

様式第３２号（第 94 条関係）

移　転　証　明　書

1. 移転した者	氏名	高野　一郎	※支給番号等		
	移転後の住所又は居所	東京都杉並区井草1-6-6			
2. 就職した事業所	名称	株式会社　赤松商事			
	所在地	東京都千代田区丸の内1-6			
3. 雇入年月日	令和4年8月1日	4. 雇用形態	(常用)臨時・日雇	5. 雇用期間	定めなし
6. 支給した就職支度費の額		0円	7. 備考		

雇用保険法施行規則第 94 条第 2 項の規定により上記のとおり移転し、就職したことを証明する。

令和 4 年　8月　4日

新宿　公共職業安定所長／地方運輸局長　殿

株式会社　赤松商事
代表取締役
事業主氏名　赤松　勇一

注　意

1　この証明書は、移転した者から移転費支給決定書の提出を受けたときに作成し、速やかに移転費を支給した公共職業安定所又は地方運輸局の長に送付すること。
2　３欄には、実際に就労した最初の日を記載すること。
3　４欄には、該当する事項を○で囲むこと。
4　５欄には、日雇、臨時工等雇用契約の期間が短いものにあっては、その者の実際の就業期間を記載すること。
5　６欄には、移転した者に事業主が支給した移転に要する費用の全てを記載すること。
6　この証明書の記載事項と移転費支給決定書の記載事項とが異なる場合には、その理由をできるだけ詳細に７欄に記載すること。
7　※印欄には、記載しないこと。

2021. 9

（5）広域求職活動費

1　広域求職活動費の支給要件

受給資格者等が公共職業安定所の紹介により、広域求職活動（管轄公共職業安定所の管轄区域外にある常用求人者の事業所を訪問し、その事業所に就職するか否かを決めるため、求人者に面接したり、事業所の状況を見たりすることをいいます。移動距離が往復200キロメートル以上を対象とします）を行う場合に、広域求職活動に要する費用が支給されます（法第59条第1項第1号）。この場合、次の2つの要件を満たしていることが必要です（則第96条）。

(1)　待期期間または給付制限（自己都合など離職理由に基づく給付制限を除きます）期間が経過した後に広域求職活動を開始したとき

(2)　広域求職活動に要する費用が訪問先の事業所（以下「訪問事業所」という）の事業主から支給されないとき、またはその支給額が広域求職活動費の額に満たないとき

2　広域求職活動費の額

広域求職活動費は、鉄道賃、航空賃、船賃、車賃および宿泊料の5種類があり、通常の経路および方法により、管轄公共職業安定所の所在地から、訪問事業所の所在地を管轄する公共職業安定所の所在地までの順路により、移転費の場合に準じて計算した額が支給されます（則第97条、第98条第1項）。

宿泊料については、鉄道賃、船賃および車賃の計算の基礎となる距離と訪問事業所の数に応じて定められており、1泊から6泊までの宿泊料が、1泊につき8,700円（訪問事業所の所在地を管轄する公共職業安定所の所在地が、国家公務員等の旅費に関する法律別表第一の地域区分による乙地方に該当する地域に所在する場合は、7,800円）が支給されます。ただし、近距離である場合（鉄道賃の計算の基礎となる距離が400キロメートル未満である場合）には支給されません（則第98条第2項）。

なお、訪問事業所の事業主から広域求職活動に要する費用が支給されその額が上の額に満たない場合は、その差額が広域求職活動費として支給されます。

3　広域求職活動費の受給手続

広域求職活動費の支給を受けようとする受給資格者等は、求職活動支援費（広域求職活動費）支給申請書（記載例 180 ページ）に受給資格者証等を添えて、広域求職活動を終了した日の翌日から起算して 10 日以内に管轄公共職業安定所の長に提出しなければなりません（則第 99 条第 1 項）。

また、訪問事業所の事業主から広域求職活動に要する費用が支給されるときは、申請書を提出した際に、その金額を届け出なければなりません（則第 99 条第 3 項）。

（6）短期訓練受講費

1　短期訓練受講費の支給要件

受給資格者等が公共職業安定所の職業指導により再就職に必要な教育訓練（短期訓練）を受け、終了した場合に支給されます（法第 59 条第 1 項第 2 号）。ただし、受講費用について教育訓練給付金の支給を受けていないときに限られます。

2　短期訓練受講費の額

受講のために支払った費用の額の 2 割相当とします。ただし、その額が 10 万円を超えるときは 10 万円とします（則第 100 条の 3）。

3　短期訓練受講費の受給手続

短期訓練受講費の支給を受けようとする受給資格者等は、求職活動支援費（短期訓練受講費）支給申請書（記載例 181 ページ）に受講資格者証および下記の書類を添え、訓練終了日の翌日から起算して 1 カ月以内に管轄公共職業安定所の長に提出しなければなりません（則第 100 条の 4）。

①　教育訓練を修了したことを証明する書類（教育訓練を行う者による証明に限る）

②　受講費用を証明する書類

③　その他職業安定局長が定める書類

■ 様式第32号の2（第99条関係）（第1面） ■

求職活動支援費（広域求職活動費）支給申請書

※ 帳票種別
11217

1. 支給番号 □□-□□□□□□□-□

2. 未支給区分 □（空欄 未支給以外　1 未支給）

3. 支給金額（広域求職活動費）□□□,□□□円

4. 広域求職活動開始時期 □（1 給付制限期間中　2 受給中　3 受給終了後）

1 申請者	氏名	谷澤　隆	住所又は居所	新潟県柏崎市新橋X-X-X

2 訪問事業所	名称	所在地
	中央工学工業(株)	東京都中央区八重洲X-XX-X
	千代田科学(株)	東京都千代田区外神田XX-X-X

雇用保険法施行規則第99条第１項の規定により上記のとおり求職活動支援費（広域求職活動費）の支給を申請します。

令和 4 年 9 月 7 日

柏崎 公共職業安定所長／地方運輸局長 殿　　申請者氏名 谷澤　隆

※処理欄

支給番号等		支給決定年月日	令和　年　月　日

宿泊地	公共職業安定所 地方運輸局関係	公共職業安定所 地方運輸局関係	公共職業安定所 地方運輸局関係	公共職業安定所 地方運輸局関係
泊数	泊	泊	泊	泊

区間	鉄道賃 距離（キロメートル）／運賃（円）／急行料金（円）	船賃 距離（キロメートル）／運賃（円）	航空賃 距離（キロメートル）／運賃（円）	車賃 距離（キロメートル）／運賃（円）	宿泊料（円）	計（円）	鉄道距離換算キロ数（キロメートル）
	キロメートル／円／円	キロメートル／円	キロメートル／円	キロメートル／円	円	円	キロメートル
	キロメートル／円／円	キロメートル／円	キロメートル／円	キロメートル／円	円	円	キロメートル
	キロメートル／円／円	キロメートル／円	キロメートル／円	キロメートル／円	円	円	キロメートル
	キロメートル／円／円	キロメートル／円	キロメートル／円	キロメートル／円	円	円	キロメートル
合計						円	キロメートル

備考	求人者から支給される広域求職活動に要する費用の額	円
	差引支給額	円

所属長		次長		課長		係長		係		操作者	

2021. 9 ■

■ 様式第32号の3（第100条の4関係）（第1面） ■

求職活動支援費（短期訓練受講費）支給申請書

※ 帳票種別

1 1 2 1 8

1. 支給番号

□□-□□□□□□□-□

2. 未支給区分

□ （空欄 未支給以外／1 未支給）

3. 支給金額（短期訓練受講費）

□□□,□□□ 円

1 講座	教育訓練施設の名称	講座名	受講開始年月日	受講修了年月日	当該講座に関連する公的資格	受講費（入学料含む）（円）
	ABCコンピュータ学院	グラフィック デザイン講座	令和5年 1月15日	令和5年 2月9日	資格名（グラフィックデザイナー 技能認定試験○級） 4. 分類 4（1〜9 第2面参照） 5. 種別 3（1〜3 第2面参照）	58,000 円

雇用保険法施行規則第100条の４第１項の規定により上記のとおり求職活動支援費（短期訓練受講費）の支給を申請します。

令和 5 年 2 月 23 日

前橋 公共職業安定所長／地方運輸局長 殿　　申請者氏名 白石 麻美

※処理欄	支給番号等		支給決定年月日	令和 年 月 日
	計算欄		支給額（円）	
			円	

備考

所属長		次長		課長		係長		係		操作者	

2021. 9 ■

(7) 求職活動関係役務利用費

1　求職活動関係役務利用費の支給要件

受給資格者等が求人者との面接、教育訓練・職業訓練を受講するため、次の保育等サービスを利用する場合に支給されます(法第59条第1項第3号、則第100条の6)。

① 保育所、認定こども園で行われる保育、小規模保育、家庭的保育、居宅訪問型保育、事業所内保育

② 地域子ども・子育て支援事業(延長保育、放課後児童健全育成、子育て短期支援、一時預かり事業、病児保育、ファミリー・サポート・センター事業等)

③ その他上記に準ずる役務として職業安定局長が定めるもの(認可外保育所で行われる保育、ひとり親家庭日常生活支援等)

2　求職活動関係役務利用費の額

受給資格者等が保育等サービスの利用のために負担した費用(1日当たりの上限8,000円)の額の8割相当の額とします(則第100条の7)。

ただし、下記の区分に応じて利用日数の限度が設けられています。

① 求人者との面接をした日　　15日

② 対象となる訓練等を受講した日　　60日

3　求職活動関係役務利用費

求職活動関係役務利用費の支給を受けようとする受給資格者等は、求職活動支援費(求職活動関係役務利用費)支給申請書(記載例183ページ)に受講資格者証および下記の書類を添え、管轄公共職業安定所の長に提出しなければなりません(則第100条の8)。

① 保育等サービスの利用のために支払った額を証明する書類

② 求人者との面接・訓練等の受講を証明する書類

③ その他職業安定局長が定める書類

■ 様式第32号の4（第100条の8関係）（第1面） ■

求職活動支援費（求職活動関係役務利用費）支給申請書

※ 帳票種別 11219

1. 支給番号 □□-□□□□□□□-□

2. 未支給区分 □（空欄 未支給以外 / 1 未支給）

3. 支給金額（求職活動関係役務利用費） □□□,□□□円

	項番	保育等サービス利用理由	保育等サービス事業者名	保育等サービス利用日	保育等サービス利用日数	保育等サービス名	保育等サービス利用期間内の求職活動実施日	保育等サービス利用期間内の求職活動実施日数	費用（自己負担分）（円）
1 保育等サービス	(1)	4. その1 1 (1・2) 第2面参照	○×保育ルーム	2/7 2/14 2/21	3 日	5. その1 08 (01〜14) 第2面参照	2/7 2/14 2/21	6. その1 03 日	18,000 円
	(2)	7. その2 □ (1・2) 第2面参照			日	8. その2 □□ (01〜14) 第2面参照		9. その2 □□ 日	円
	(3)	10. その3 □ (1・2) 第2面参照			日	11. その3 □□ (01〜14) 第2面参照		12. その3 □□ 日	円
	(4)	13. その4 □ (1・2) 第2面参照			日	14. その4 □□ (01〜14) 第2面参照		15. その4 □□ 日	円

雇用保険法施行規則第100条の８第１項の規定により上記のとおり求職活動支援費（求職活動関係役務利用費）の支給を申請します。

令和 5 年 2 月 27 日

静岡 公共職業安定所長 / 地方運輸局長 殿　　申請者氏名 深川 真美

※処理欄	支給番号等		支給決定年月日	令和 年 月 日
	項番	計算欄		支給額（円）
	(1)			円
	(2)			円
	(3)			円
	(4)			円
	合計			円

備考	

所属長		次長		課長		係長		係		操作者	

2021. 9 ■

7　教育訓練給付

教育訓練給付として、労働者の主体的な能力開発を支援するため、一定の要件を満たす教育訓練を受講し、修了した場合（一部は受講中も可）に教育訓練給付金を支給します。一定要件を満たすときは、教育訓練支援給付金も併給されます。

（1）教育訓練給付金

1　教育訓練給付金の支給要件

被保険者であった期間が３年（暫定措置として、当分の間、教育訓練給付金の支給を受けたことがない者で一般教育訓練給付を受けようとする者については１年等）以上である被保険者または被保険者であった者が、以下の要件を満たした場合であって、厚生労働大臣の指定する教育訓練の講座を受講し、修了した場合に支給されます（法第 60 条の２第１項）。

① 一般被保険者または高年齢被保険者の場合、教育訓練の受講を開始した日（以下「受講開始日」という）において、支給要件期間が３年（暫定措置として、当分の間、教育訓練給付金の支給を受けたことがない者で一般教育訓練給付を受けようとする者については１年等）以上あること

② 被保険者であった者の場合、一般被保険者資格または高年齢被保険者資格を喪失した日（離職日の翌日）以降、受講開始日までが１年以内（その期間内に、妊娠、出産、育児、疾病、負傷等の理由により 30 日以上引き続き教育訓練を開始することができない場合には、申し出ることにより、その日数が１年に加算され、最大限 20 年間まで延長されます）であり、かつ、支給要件期間が３年（暫定措置として、当分の間、教育訓練給付金の支給を受けたことがない者で、一般教育訓練給付を受けようとする者については１年等）以上あること

なお、支給要件期間とは、受講開始日までの間に同一事業主の適用事業に引き続いて被保険者（一般被保険者、高年齢被保険者または短期雇用

特例被保険者）として雇用された期間のことです。また、その被保険者資格を取得する前に、他の事業所に雇用され、被保険者であったことがある場合には、被保険者であった期間の間が１年以内であれば、直前の被保険者であった期間から順次その被保険者であった期間が通算されます（法第60条の２第２項）。

2　教育訓練給付金の額

教育訓練給付金には、一般教育訓練を対象とするものと専門実践教育訓練を対象とするものの２種類があります。

一般教育訓練は、①一般教育訓練（②以外）と②特定一般教育訓練の２種類に分かれます。

①一般教育訓練とは、雇用の安定および就職の促進を図るために必要な職業訓練として厚生労働大臣が指定する教育訓練（②の対象を除きます）を指します（則第101条の２の７第１号）。

②特定一般教育訓練とは、雇用の安定および就職の促進を図るために必要な職業に関する職業訓練のうち速やかな再就職および早期のキャリア形成に資する教育訓練として厚生労働大臣が指定する教育訓練を指します（則第101条の２の７第１号の２）。特定一般教育訓練の受講に当たっては、事前にキャリアコンサルティングを受ける必要があります。

一般教育訓練に係る教育訓練給付金は、支給要件期間３年（当分の間、教育訓練給付金の支給を受けたことがない者は１年）以上で申請できます。

専門実践教育訓練とは、雇用の安定および就職の促進を図るために必要な職業訓練のうち中長期的なキャリア形成に資する専門的かつ実践的な教育訓練として厚生労働大臣が指定する教育訓練を指します（則第101条の２の７第２号）。専門実践教育訓練の受講に当たっては、事前にキャリアコンサルティングを受ける必要があります。

専門実践教育訓練に係る教育訓練給付金は、支給要件期間３年（当分の間、教育訓練給付金の支給を受けたことがない者は２年）以上で申請できます。

なお、過去に教育訓練給付金を受けたことがあるときは、３年間、教育訓練給付金の支給が制限されます（則第101条の２の10）。

それぞれの支給額等ですが、①一般教育訓練給付は、訓練を修了したのち受講者本人が教育訓練給付に支払った入学料及び受講料の20％相当額が支給されます。ただし、その計算された額が100,000円を超えるときは100,000円を限度とします。また、①一般教育訓練給付の受講開始前１年以内にキャリアコンサルティング（能開法で定める資格を有するキャリアコンサルタントが行うものに限ります）を受けた場合は、その費用（上限20,000円）も支給されます。

②特定一般教育訓練給付は、訓練を修了したのち受講者本人が教育訓練給付に支払った入学料及び受講料の40％相当額が支給されます。ただし、その計算された額が200,000円を超えるときは200,000円を限度とします。

専門実践教育訓練給付金は、支給単位期間ごとに支給されます。支給単位期間とは、専門実践教育訓練の開始日またはその応当日から６カ月後の応当日の前日までの各期間に区分した場合の１つの期間をいいます。

専門実践教育訓練給付金は、訓練の受講が雇用の安定および就職の促進につながったか否かによって２種類に分かれます（則第101条の２の７）。

専門実践教育訓練を受け修了した者（受講中の者を含みます）に対しては、受講料の50％相当額が支給されます。ただし、その計算された額が120万円（１年ごとの支給額は40万円）を限度とします。専門実践教育訓練のうち４年の修業年限が規定されている教育訓練（以下、「長期専門実践教育訓練」といいます）については、「訓練の開始日から30カ月経過時点の賃金日額が、一定水準※未満であること」等の条件を満たすときは160万円と読み替えられます。なお、10年の間に複数回専門実践教育訓練を受講する場合、合計額は168万円が限度とされます。

※基本手当を算出する際、賃金日額の高低に応じて80～50％（60～65歳未満は45％）を乗じますが、50％（同45％）を適用する水準の賃金日額をいいます。

専門実践教育訓練を受け修了し、資格の取得等をし、一般被保険者または高年齢被保険者として雇用された者（１年以内に雇用された者に限ります。ただし、就職困難者については例外が認められます）または雇用されている者（教育訓練修了日に一般被保険者または高年齢被保険者として雇用されている者であって、1年以内に資格の取得等をしたものに限ります）に対しては、受講料の70％相当額が支給されます。ただし、その計算された額が168万円（1年ごとの支給額は56万円）を限度とします。長期専門実践教育訓練が一定条件件を満たすときは224万円と読み替えられます（則第101条の2の8）。

なお、教育訓練給付金として計算された額が4,000円を超えないときは支給されません（則第101条の2の9）。

3　教育訓練給付金の受給手続

被保険者等が①一般教育訓練給付の支給を受けようとする場合は、厚生労働大臣の指定する教育訓練の講座を受講し、修了した日の翌日から起算して1カ月以内に「教育訓練給付金支給申請書」（記載例188ページ）を被保険者等の住居地を管轄する公共職業安定所に提出していただくことになります。申請書の提出は、疾病または負傷等その他やむを得ない理由があると認められない限り、代理人または郵送によって行うことができません。当該やむを得ない理由のために支給申請期限内に公共職業安定所に出頭することができない場合に限り、その理由を記載した証明書を添付のうえ、代理人（本人と代理人の間柄、代理人の所属、代理申請の理由を明記した「委任状」が必要）または郵送により提出することができます。提出に際しては、「一般教育訓練修了証明書」、受講者が教育施設に支払った教育訓練経費の「領収書」（クレジットカード等による支払いの場合は、「クレジット契約証明書」）およびキャリアコンサルティング費用を併せて申請するときは「領収書」「キャリアコンサルティングの記録」「キャリアコンサルティング実施証明書」等、申請者の本人確認と住所確認を行うための証明書（個人番号の記載があるときはマイナンバーカード、住民票記載事項証明書など）等の添付資料を提出していただきます。

また、適用対象期間の延長をしていた場合には、「教育訓練給付適用対象期間延長通知書」を、「領収書」、「クレジット契約証明書」が発行された後で教育訓練経費の一部が教育訓練施設から本人に対して還付された（される）場合には、「返還金明細書」を提出する必要があります。

被保険者等が②特定一般教育訓練給付の支給を受けようとする場合は、

様式第33号の２（第101条の２の11、第101条の２の11の２関係）（第１面）

教育訓練給付金支給申請書

帳票種別 17501

1. 個人番号 987654321098

● 第２面の注意をよくお読みください。
● 支給申請期間は、受講修了日の翌日から1ヵ月以内です。

2. 被保険者番号 4012-563244-8

3. 姓（漢字） 清水

4. 名（漢字） 典子

5. フリガナ（カタカナ） シミズ　ノリコ

6. 生年月日 3-500208（2 大正　3 昭和　4 平成　5 令和）元号 年 月 日

7. 指定番号 4112398-5678907-8

教育訓練施設の名称 日本教育センター

教育訓練講座名 宅地建物取引主任者講座

8. 受講開始年月日（基準日） 5-041202 元号 年 月 日

9. 受講修了年月日 5-050531 元号 年 月 日

10. 教育訓練経費 62300 円

キャリアコンサルタントの名称

11. キャリアコンサルティングを受けた年月日 元号 年 月 日

12. キャリアコンサルティングの費用 円

13. 郵便番号 173-0022

教育訓練講座の受講をあっせんした販売代理店等及び販売員の名称 （販売代理店等）（販売員）

14. 住所（漢字）※市・区・郡及び町村名 板橋区弥生町

住所（漢字）※丁目・番地 29-9

住所（漢字）※アパート、マンション名等

（この用紙は、このまま機械で処理しますので、汚さないようにしてください。）

※公共職業安定所記載欄

15. 決定年月日 元号 年 月 日

16. 未支給区分（空欄 未支給以外　1 未支給）

17. 支払区分

18. 金融機関・店舗コード　口座番号

特定一般区分（空欄 一般　1 特定）

雇用保険法施行規則第101条の２の11又は第101条の２の11の２の規定により、上記のとおり教育訓練給付金の支給を申請します。

令和5年6月9日　池袋 公共職業安定所長 殿

電話番号 03-3956-XXXX

申請者 氏名 清水　典子

払渡希望金融機関指定届

19. 払渡希望金融機関	フリガナ	ミズホギンコウ イケブクロシテン		金融機関コード	店舗コード
	名称	みずほ銀行　池袋	本店／支店	××××（支店に○）	×××
	銀行等（ゆうちょ銀行以外）	口座番号	（普通） ○○○○○○○		
	ゆうちょ銀行	記号番号	（総合） －		

備考

※処理欄		
決定年月日	令和	年 月 日
支給決定額		円
不支給理由		
通知年月日	令和	年 月 日

修了証明書	領収書	本人・住所	運・健受・出住・印	被保険者証	本・代・郵

※所長	次長	課長	係長	係	操作者

2022. 3

特定一般教育訓練を開始する日の１カ月前までに「教育訓練給付金及び教育訓練支援給付金受給資格確認票」を受講者の所在地を管轄する公共職業安定所に提出します。その際、キャリアコンサルティングを踏まえて記載した「書面（ジョブカード）」、本人確認等を行うための書類（運転免許証等）、「専門実践教育訓練給付及び特定一般教育訓練給付再受給時報告（過去に受けた教育訓練によるキャリア形成等の効果等を把握することができる書類）」等の添付書類を提出していただきます。提出を受けた公共職業安定所長は、教育訓練給付金の支給に関する通知を交付します。

特定一般教育訓練を修了したときは、その翌日から起算して１カ月以内に「教育訓練給付金支給申請書」を被保険者等の住所を管轄する公共職業安定所に提出します。①一般教育訓練給付と同様に「教育訓練修了証明書」、教育訓練経費の「領収書」等を添付するほか、公共職業安定所長から交付された「受給資格確認通知書」や「特定一般教育訓練給付受給時報告（当該特定一般教育訓練によるキャリア形成等の効果等を把握することができる書類）」等も必要となります。

被保険者等が専門実践教育訓練給付の支給を受けようとする場合は、専門実践教育訓練を開始する日の１カ月前までに、「教育訓練給付金及び教育訓練支援給付金受給資格確認票」（記載例 190 ページ）を受講者の住居地を管轄する公共職業安定所に提出します。提出に際しては、キャリアコンサルティングを踏まえて記載した「書面（ジョブカード）」、本人確認等を行うための書類（運転免許証等）、「専門実践教育訓練給付及び特定一般教育訓練給付再受給時報告（過去に受けた教育訓練によるキャリア形成等の効果等を把握することができる書類）」等を添えます。

専門実践教育訓練給付金を受けようとするときは、支給単位期間終了ごとに公共職業安定所長が定める期間（支給単位期間の末日の翌日から起算して１カ月以内の期間）内に「教育訓練給付金支給申請書（第 101 条の２の７第２号関係）」（記載例 191 ページ）を受講者の住居地を管轄する公共職業安定所に提出します。その際、受講証明書、支給単位期間に支払った費用の額を証明する書類、「教育訓練給付金及び教育訓練支援給付金受給資格者証」（192 ページ）等を添えます。

受講者が専門実践教育訓練に係る資格の取得等をし、被保険者として雇

様式第33号の２の２（第101条の２の７第１号の２、第101条の２の７第２号関係）（第１面）

教育訓練給付金及び教育訓練支援給付金受給資格確認票

（必ず第２面の注意書きをよく読んでから記入してください。）

（この用紙は、このまま機械で処理しますので、汚さないようにしてください。）

帳票種別 13502

1.個人番号 876543210987

2.被保険者番号 4123-567890-8

3.姓（漢字） 高山　4.名（漢字） 信吾

5.フリガナ（カタカナ） タカヤマ　シンゴ

6.生年月日 3-621020（元号 年 月 日）（2 大正 3 昭和 4 平成 5 令和）

7.指定番号 □-□-□

教育訓練施設の名称 介護福祉専門学校

教育訓練講座名 介護福祉士

8.受講開始予定年月日 5-041201　受講修了予定年月日 5-050629（元号 年 月 日）

9.郵便番号 114-0002

10.住所（漢字）※市・区・郡及び町村名 北区王子

住所（漢字）※丁目・番地 X―X―X

住所（漢字）※アパート、マンション名等

11.電話番号（項目ごとにそれぞれ左付けで記入してください） 03-3908-XXXX

雇用保険法施行規則第101条の２の12第１項及び附則第27条の規定により、
上記のとおり教育訓練給付金及び教育訓練支援給付金の受給資格の確認を申請します。

令和 4 年 10 月 13 日　池袋 公共職業安定所長 殿　申請者氏名 高山 信吾

※公共職業安定所記載欄

12.教育訓練給付金資格確認請求年月日（元号 年 月 日）　資格確認年月日（元号 年 月 日）

13.賃金日額（区分ー日額または総額）

14.教育訓練支援給付金受給資格確認請求年月日（元号 年 月 日）　資格確認年月日（元号 年 月 日）

15.教育訓練資格否認（1 期間不足 2 支給歴 3 コンサルティング結果 4 その他）

16.支援給付資格否認（4 その他 5 失業状態）

17.金融機関・店舗コード　口座番号

特定一般区分（空欄 特定以外　1 特定）

払渡希望金融機関指定届

18. 払渡希望金融機関	フリガナ	ミツイスミトモギンコウ　オウジシテン	金融機関コード	店舗コード
	名称	三井住友銀行　王子　本店・（支店）	××××	×××
	銀行等（ゆうちょ銀行以外）	口座番号（普通）〇〇〇〇〇〇〇		
	ゆうちょ銀行	記号番号（総合）　―		

備考

※処理欄	教育訓練給付金（特定・専門）		教育訓練支援給付金	
	決定年月日	令和　年　月　日	決定年月日	令和　年　月　日
	資格可否(理由)		資格可否(理由)	
	通知年月日	令和　年　月　日	通知年月日	令和　年　月　日
	キャリコン	事業主承認	本人・住所	運・健 受・出 住・印 / 被保険者証 / 本・代・郵

※所長	次長	課長	係長	係	操作者

2022. 3

様式第33号の２の４（第101条の２の７第２号関係）（第１面）

教育訓練給付金（第101条の2の7第2号関係）支給申請書

（必ず第２面の注意書きをよく読んでから記入してください。）

帳票種別

13504

1.被保険者番号

4321-098765-2

2.受講開始年月日

5-050201（4 平成 5 令和）

元号 年 月 日

3.指定番号

1403257-9920027-4

教育訓練施設の名称

○×資格専門学校

教育訓練講座名

旅行業務取扱管理者講座

4.支給単位期間（初日）（末日）

5-050201-0731（4 平成 5 令和）

元号 年 月 日 月 日

5.受講修了年月日

5-050731（4 平成 5 令和）

元号 年 月 日

6.4の期間に係る教育訓練経費

120000 円

教育訓練講座の受講をあっせんした販売代理店等及び販売員の名称

(販売代理店等)　(販売員)

（この用紙は、このまま機械で処理しますので、汚さないようにしてください。）

雇用保険法施行規則第101条の２の12第５項の規定により、
上記のとおり教育訓練給付金（第101条の２の７第２号関係）の給付の支給を申請します。

令和 5 年 8 月 21 日　渋谷 公共職業安定所長 殿　申請者氏名 藤沢 桜子

※公共職業安定所記載欄

7.教育訓練給付金支給・不支給決定年月日 □-□□□□□□（元号 年 月 日）

8.未支給区分 □（空欄 未支給以外 1 未支給）

9.支払区分 □

10.不支給理由 □（1 受講不良 2 申請期限 3 その他）

11.所得制限に係る賃金日額（区分－日額又は総額）□-□□□□□□□□

備考

※所長	次長	課長	係長	係	操作者

※処理欄		
決定年月日	令和 年 月 日	
支給決定額	円	
不支給理由		
通知年月日	令和 年 月 日	

資格者証	受講証明	領収書	本人・住所	運・健受・出住・印	本・代・郵

2022. 3

様式第33号の2の3（第1面、第2面）

教育訓練給付金（第101条の2の7第2号関係）及び教育訓練支援給付金受給資格者証 （第１面）

1. 被保険者番号		2. 氏名	
3. 性別	4. 受講開始時年齢	5. 生年月日	6. 離職又は在職の別の表示
7. 住所又は居所			
8. 支払方法（記号（口座）番号－金融機関名－支店名）			

9. 支給番号	10. 離職時賃金日額	11. 支給日額

12. 教育訓練実施者名		13. 教育訓練施設の名称
14. 教育訓練講座名		
15. 指定番号	16. 実施方法	17. 訓練期間
18. 受給資格確認年月日	19. 受講開始日	20. 受講修了予定日
21. 登録資格		
22. 登録訓練経費		

管轄公共職業安定所

電話番号　　　　　　　　　　　　　　　　交付　　年　　月　　日

―――― 折り曲げ線 ――――

注意事項

1　この証は、受講修了日から１年間は大切に保管してください。もし、この証を滅失したり、損傷したときは、速やかに申し出て再交付を受けてください。なお、この証は、折り曲げ線以外では折り曲げないでください。

2　教育訓練給付金（第101条の2の7第2号関係）、又は教育訓練支援給付金を受けようとするときは、この証を関係書類に添えて、原則として、管轄公共職業安定所の長に提出してください。

3　あなたが預貯金口座への振込みの方法によって支給を受ける場合、支給金額欄の金額をあらかじめ指定された金融機関の預貯金口座に振り込む手続きを、支給決定後に行いますので、その金融機関から支払いを受けてください。この場合、その金融機関から支払いを受けることができる日が、給付金の支給日となります。

4　定められた出頭日に来所しないときは、教育訓練支援給付金の支給を受けることができなくなることがあります。

5　教育訓練支援給付金を受給するために、失業の認定を受けようとする期間中に就職した日があった場合はその旨を必ず届け出てください。

6　偽りその他不正の行為によって教育訓練給付金（第101条の2の7第2号関係）又は教育訓練支援給付金を受けたり、又は受けようとしたときは、以後教育訓練給付金及び教育訓練支援給付金を受けられなくなるばかりでなく、不正受給した金額の返還と更にそれに加えて一定の金額の納付を命ぜられ、また、処罰される場合があります。

7　氏名、住所若しくは居所、又は電話番号を変更したときは、その後最初に来所したときに、届書を提出してください。

8　教育訓練給付金（第101条の2の7第2号関係）に関する処分又は上記６の返還若しくは納付を命ずる処分について不服があるときは、その処分があったことを知った日の翌日から起算して60日以内に　　　　　雇用保険審査官に対して審査請求をすることができます。

9　教育訓練給付金（第101条の2の7第2号関係）又は教育訓練支援給付金について分からないことがあった場合には、公共職業安定所の窓口で御相談ください。

被保険者番号

（第２面）

用された者または雇用されている者に該当するに至ったときは、「教育訓練給付金支給申請書（第101条の2の7第3号関係）」（194ページ）を受講者の住居地を管轄する公共職業安定所に提出します。その際、全支給単位期間に支払った費用の額を証明する書類、専門実践教育訓練に係る資格を取得したこと等の証明、教育訓練給付金および教育訓練支援給付金受給資格者証等を添えます。

なお、給付率50％の対象となる専門実践教育訓練給付の最後の支給単位期間に対する支給申請の際、および給付率70％の対象となる専門実践教育訓練給付の申請の際には、専門実践教育訓練給付最終受給時報告（当該専門実践教育訓練によるキャリア形成等の効果等を把握することができる書類）の提出も必要です。

4　適用対象期間の延長

適用対象期間の延長とは、受講開始日において一般被保険者でない方のうち、一般被保険者資格を喪失した日以降1年間のうちに妊娠、出産、育児、疾病、負傷等の理由により引き続き30日以上対象教育訓練の受講を開始できない日がある場合には、公共職業安定所にその旨を申し出ることにより、当該一般被保険者資格を喪失した日から受講開始日までの教育訓練給付の対象となり得る期間（適用対象期間）にその受講を開始できない日数を加算することができます（加算された期間が20年を超えるときは20年）。

公共職業安定所にて配布する「教育訓練給付適用対象期間延長申請書」用紙に必要事項を記入し、本人来所、代理人、郵送のいずれかの方法によって、本人の住所を管轄する公共職業安定所に提出してください。

（2）教育訓練支援給付金

1　教育訓練支援給付金の支給要件

過去に教育訓練給付金の支給を受けたことがない者のうち、45歳未満の離職者（一般被保険者であった者。受給期間延長により加算された期間が4年を超える者を除きます）で、専門実践教育訓練を初めて受ける者（「教育訓練給付対象者」といいます）が支給対象になります。平成26年

様式第33号の2の5（第101条の2の7第3号関係）（第1面）

教育訓練給付金（第101条の2の7第3号関係）支給申請書

（必ず第2面の注意書きをよく読んでから記入してください。）

（この用紙は、このまま機械で処理しますので、汚さないようにしてください。）

帳票種別 14505

1.被保険者番号 4123-506978-0

2.受講開始年月日 5-050403（4 平成 5 令和）元号 年 月 日

3.指定番号 1432055-1975386-9

教育訓練施設の名称 早慶経理専門学校

教育訓練講座名 Excel上級コース

教育訓練講座の受講をあっせんした販売代理店等及び販売員の名称（販売代理店等）（販売員）

4.受講修了年月日 5-060831 元号 年 月 日

5.資格等取得年月日 5-060913 元号 年 月 日

取得資格名称 △△△△

6.就職年月日 5-060929 元号 年 月 日

就職先事業所名 市ヶ谷電算株式会社

事業主の証明

① 就職先の事業所	名称	市ヶ谷電算株式会社	（雇用保険）事業所番号	1234-567890-9
	所在地	〒176-0022 東京都練馬区向山X-X（電話番号 03-3989-XXXX）	事業の種類	専門・技術サービス業

② 雇入年月日 令和 6 年 10 月 2 日　③職種 営業事務　④一週間の所定労働時間 40 時間 0 分　⑤賃金月額 20 万 0 千円

⑥雇用期間 ㋐定めなし　イ 定めあり　令和　年　月　日まで　契約更新条項（ア 有　イ 無）　1年を超えて雇用する見込み（ア 有　イ 無）

上記の記載事実に誤りのないことを証明する。

令和 6 年 10 月 6 日

事業主氏名（法人のときは名称及び代表者氏名） 市ヶ谷電算株式会社 代表取締役　畠山 修二

7.教育訓練経費（1回目）	240000	円	（追納金額）	円
8.教育訓練経費（2回目）	160000	円	（追納金額）	円
9.教育訓練経費（3回目）	160000	円	（追納金額）	円
10.教育訓練経費（4回目）		円	（追納金額）	円
11.教育訓練経費（5回目）		円	（追納金額）	円
12.教育訓練経費（6回目）		円	（追納金額）	円
13.教育訓練経費（7回目）		円	（追納金額）	円
14.教育訓練経費（8回目）		円	（追納金額）	円

雇用保険法施行規則第101条の2の12第6項の規定により、上記のとおり教育訓練給付金（第101条の2の7第3号関係）の支給を申請します。

令和 6 年 10 月 13 日　池袋　公共職業安定所長 殿

申請者氏名 佐藤　慎二

※公共職業安定所記載欄

15.教育訓練給付金追加給付支給・不支給決定年月日 □-□□□□□□（4 平成 5 令和）元号 年 月 日

16.未支給区分（空欄 未支給以外　1 未支給）

17.支払区分

18.不支給理由（1 資格等未取得　2 未就職　3 申請期限）

19.所得制限に係る賃金日額（区分－日額又は総額）

備考

※所長　次長　課長　係長　係　操作者

※処理欄	
決定年月日	令和　年　月　日
支給決定額	円
不支給決定理由	
通知年月日	令和　年　月　日
合格等年月日・合格証等	令和　年　月　日（　）

資格者証　受講証明　領収書　本人・住所　運・健・受・出・住・印　本・代・郵

2022. 3

10 月 1 日前に教育訓練給付金を受けた者で、同日以降に専門実践教育訓練を開始したものについては、教育訓練給付金の支給を受けたことがない者とみなします。本給付金は暫定措置で、専門実践教育訓練は令和 7 年 3 月 31 日以前に開始したものに限られます（法附則第 11 条の 2）。

2　教育訓練支援給付金の額

教育訓練支援給付金の額は、基本手当日額（第 4 章の 2 の（1）の 6 基本手当の日額を参照）と同様に計算して得た額の 80％相当額です。

教育訓練支援給付金は、専門実践教育訓練を受けている日のうち失業している日について支給されます。ただし、基本手当が支給される期間および給付制限等により基本手当を支給しないこととされる期間は、教育訓練支援給付金は支給されません。

教育訓練支援給付金は、支給単位期間ごとに支給されます。支給単位期間とは、専門実践教育訓練の開始日またはその応当日から 2 カ月後の応当日の前日までの各期間に区分した場合の 1 つの期間をいいます。

3　教育訓練支援給付金の受給手続

教育訓練支援給付金の支給を受けようとする場合は、専門実践教育訓練を開始する日の 1 カ月前までに、「教育訓練給付金及び教育訓練支援給付金受給資格確認票」（記載例 190 ページ）を受講者の住居地を管轄する公共職業安定所に提出します。

教育訓練支援給付金を受けようとする者は、支給単位期間終了ごとに公共職業安定所長が定める日（支給単位期間の末日から起算して 1 カ月以内の期間）に失業の認定を受けなければいけません。指定された日に公共職業安定所に出頭し、「教育訓練支援給付金受講証明書」（記載例 196 ページ）に、教育訓練給付金及び教育訓練支援給付金受給資格者証（基本手当の受給資格者は併せて受給資格者証）を添えて提出します。

■ 様式第33号の2の7（第1面） ■

教育訓練支援給付金受講証明書

（必ず第２面の注意書きをよく読んでから記入してください。）

帳票種別

10503

（この用紙は、このまま機械で処理しますので、汚さないようにしてください。）

1 受講者氏名	岡崎　圭祐
2 証明対象期間	令和 4 年 9 月 1 日 ～ 令和 4 年 10 月 31 日
3 教育訓練講座名	福祉用具専門相談員

4 右のカレンダーに該当する印をつけるとともに、開講日数、出席等日数、出席率を記入してください。

(1) 教育訓練が行われなかった日（日・祝日等）＝印
(2) 教育訓練を一部のみ受けた日 △印
(3) 教育訓練を受けなかった日 ×印

9月							10月							月						
1	2	~~3~~	~~4~~	5	6	7	~~1~~	~~2~~	3	4	5	6	7	1	2	3	4	5	6	7
8	9	~~10~~	~~11~~	12	13	14	~~8~~	~~9~~	~~10~~	11	12	13	14	8	9	10	11	12	13	14
15	16	~~17~~	~~18~~	~~19~~	20	21	~~15~~	~~16~~	17	18	19	20	21	15	16	17	18	19	20	21
22	~~23~~	~~24~~	~~25~~	26	27	28	~~22~~	~~23~~	24	25	26	27	28	22	23	24	25	26	27	28
29	30	31					~~29~~	~~30~~	31					29	30	31				
開講日数					41	日	出席等日数					41	日	出席率					100	%

5 特記事項

上記の記載事実に誤りのないことを証明する。　令和 4 年 11月 2日

新宿 公共職業安定所長殿

指定教育訓練実施者名	学校法人介護福祉専門学校
教育訓練施設の名称	学校法人介護福祉専門学校
所在地	東京都新宿区上落合X-X-X
電話番号	
長の職名・氏名	校長　板垣　雄一

6 失業と受講の認定を受けようとする期間中に、就職をしましたか。

ア した〔就職をした日は○印を右のカレンダーに記入してください。〕

㋑ していない

月							月							月						
1	2	3	4	5	6	7	1	2	3	4	5	6	7	1	2	3	4	5	6	7
8	9	10	11	12	13	14	8	9	10	11	12	13	14	8	9	10	11	12	13	14
15	16	17	18	19	20	21	15	16	17	18	19	20	21	15	16	17	18	19	20	21
22	23	24	25	26	27	28	22	23	24	25	26	27	28	22	23	24	25	26	27	28
29	30	31					29	30	31					29	30	31				

7 就職もしくは自営した人又はその予定のある人が記入してください。

ア 就職	（1）公共職業安定所又は地方運輸局紹介 （2）職業紹介事業者紹介 （3）自己就職 月　日より就職（予定）	（就職先事業所） 事業所名（　） 所在地（〒　）
イ 自営	月　日より自営業開始（予定）	電話番号（　）

雇用保険法施行規則附則第28条の規定により、上記のとおり申告し、教育訓練支援給付金の支給を申請します。

令和 4 年 11月 6 日

新宿 公共職業安定所長 殿　　申請者氏名　岡崎　圭祐

※公共職業安定所記載欄

1. 被保険者番号
2. 受講開始年月日（元号 年 月 日）
3. 未支給区分（空欄 未支給以外／1 未支給）
4. 支払区分
5. 支給期間その１（初日）（末日）（元号 年 月 日 月 日）
6. 認定日数その１
7. 不支給理由その１（1 就職／2 受講不良／3 その他）
8. 支給期間その２（初日）（末日）（元号 年 月 日 月 日）
9. 認定日数その２
10. 不支給理由その２（1 就職／2 受講不良／3 その他）
11. 就職年月日ー経路（元号 年 月 日）
12. 離職年月日ー離職理由（元号 年 月 日）

備考		※所長	次長	課長	係長	係	操作者

8　雇用継続給付

雇用継続給付は大別して、60歳時点等に即して一定以上賃金が低下した場合に支給される「高年齢雇用継続給付」((1) 高年齢雇用継続基本給付金および (2) 高年齢再就職給付金) ならびに介護休業を行った場合に支給される「介護休業給付」((3) 介護休業給付金) の３種類からなります。

(1) 高年齢雇用継続基本給付金

1　高年齢雇用継続基本給付金の支給要件

高年齢雇用継続基本給付金は、被保険者であった期間が５年以上ある被保険者が、60歳到達後も継続して雇用され、60歳以降の各月の賃金が60歳到達時点の賃金月額の75%未満の場合に支給されます(法第61条)。

また、60歳到達時点よりも後で被保険者であった期間５年の要件を満たした場合であっても、当該５年の要件を満たした時点の賃金に比べて要件を満たした月以降の各月の賃金が75%未満に低下したときにも、高年齢雇用継続基本給付金は支給されることとなります。

2　高年齢雇用継続基本給付金の額

60歳から65歳に達するまでの各月(初日から末日まで被保険者であり、育児・介護休業給付を受けることができる休業をしなかった月に限ります)の賃金の15%相当額 (60歳時点の賃金の61%から75%の賃金で就労する月については、15%から一定の割合で逓減する率をその月の賃金に乗じた額) が支給されます。なお、令和７年４月１日から、給付率の引下げが決まっています。改定後の支給額は、賃金の10%相当額 (60歳時点の賃金の64%から75%の賃金で就労する月については、10%から一定の割合で逓減する率をその月の賃金に乗じた額) となります。

また、離職後再就職ができず基本手当を受給する者との均衡を考慮して、当該給付と賃金との合計額について、基本手当に準じて上限額を設けることとしています。

具体的な上限額は、364,595円です。

給付額として算定された額が、基本手当日額の最低限度額（現行2,125円）を超えないときは、高年齢雇用継続基本給付金は支給されません。

高年齢雇用継続基本給付金は、最大5年間支給されます。

3　高年齢雇用継続基本給付金の受給手続

被保険者が初めて高年齢雇用継続基本給付金の支給を受けようとする場合は、最初の支給対象月の初日から起算して4カ月以内に「高年齢雇用継続給付受給資格確認票・(初回) 高年齢雇用継続給付支給申請書」(記載例199ページ) に「雇用保険被保険者六十歳到達時等賃金証明書」(記載例200ページ) を添え、事業主を経由してその事業所の所在地を管轄する公共職業安定所に提出する必要があります。なお、特定法人（資本金1億円超の法人等）については、令和2年4月以降、電子申請が原則となりました。ただし、やむを得ない理由のために事業主を経由して申請することが困難であるときは、事業主を経由しないで提出することができます。なお、被保険者と合意のもと「記載内容に関する確認書・申請等に関する同意書」を作成することで、申請書への被保険者の署名を省略することができます。その際、氏名欄には「申請について同意済」と記載します。

支給申請に際しては、支給対象月に係る賃金台帳、出勤簿等を提出していただきます。

そして、公共職業安定所長が高年齢雇用継続基本給付金を支給することを決定したときは、次回以降の支給申請を行うべき月が指定されます。

2回目以降の支給申請を行うべき期間の指定は、連続する2の支給単位期間ごとに、その支給単位期間の初日から起算して4カ月を超えない範囲内となるよう行われます（則第101条の5）。

様式第33号の3（第101条の5、第101条の7関係）（第1面）

高年齢雇用継続給付受給資格確認票・（初回）高年齢雇用継続給付支給申請書

（必ず第２面の注意書きをよく読んでから記入してください。）

帳票種別 15300

1.個人番号 765432109876

2.被保険者番号 2702-036721-5

3.資格取得年月日 4-221001（3 昭和 4 平成 5 令和）元号 年 月 日

4.被保険者氏名 赤木　勇夫

フリガナ（カタカナ） アカギ イサオ

5.事業所番号 2702-003399-4

6.給付金の種類 1（1 基本給付金 2 再就職給付金）

＜賃金支払状況＞

7.支給対象年月その1	8.7欄の支給対象年月に支払われた賃金額	9.賃金の減額のあった日数	10.みなし賃金額
5-0411	150,000円	日	円

11.支給対象年月その2	12.11欄の支給対象年月に支払われた賃金額	13.賃金の減額のあった日数	14.みなし賃金額
5-0412	150,000円	日	円

15.支給対象年月その3	16.15欄の支給対象年月に支払われた賃金額	17.賃金の減額のあった日数	18.みなし賃金額
元号 - 年 月	円	日	円

※公共職業安定所記載欄

60歳到達時等賃金登録欄：19.賃金月額（区分－日額又は総額）（1 日額 2 総額）　20.登録区分　21.基本手当の受給資格　22.定年等修正賃金登録年月日

高年齢雇用継続給付受給資格確認票項目記載欄：23.受給資格確認年月日　24.支給申請月（1 奇数月 2 偶数月）　25.次回（初回）支給申請年月日　26.支払区分　27.金融機関・店舗コード　口座番号　28.未支給区分（空欄 未支給以外 1 未支給）

（この用紙は、このまま機械で処理しますので、汚さないようにしてください。）

その他賃金に関する特記事項

29.	30.	31.

上記の記載事実に誤りのないことを証明します。

事業所名（所在地・電話番号） 大阪市北区同心町X-X　06-6367-XXXX

令和 5 年 1 月 10 日　事業主氏名 近畿紙器工業株式会社　石竹　正明　代表者印

上記のとおり高年齢雇用継続給付の受給資格の確認を申請します。
雇用保険法施行規則第101条の5及び第101条の7の規定により、上記のとおり高年齢雇用継続給付の支給を申請します。

令和 5 年 1 月 10 日　梅田 公共職業安定所長 殿

住所

申請者氏名（フリガナ）アカギ イサオ 赤木　勇夫

払渡希望金融機関指定届	32. 払渡希望金融機関	フリガナ		金融機関コード	店舗コード
		名称	本店 支店		
		銀行等（ゆうちょ銀行以外）	口座番号 （普通）		
		ゆうちょ銀行	記号番号 （総合） －		

備考	
賃金締切日	日 賃金支払日 当月・翌月 日 賃金形態 月給・日給・時間給・
所定労働日数	7欄 日 11欄 日 15欄 日
通勤手当	有（毎月・3か月・6か月・　）・無

※処理欄	
資格確認の可否	可・否
年齢確認書類	住・免・（　）
資格確認年月日	令和 年 月 日
通知年月日	令和 年 月 日

社会保険労務士記載欄	作成年月日・提出代行者・事務代理者の表示	氏名	電話番号

※所長	次長	課長	係長	係	操作者

2021. 9

様式第33号の4（第101条の5関係）

雇用保険被保険者六十歳到達時等賃金証明書（安定所提出用）

①被保険者番号	2702－036721－5	③フリガナ	アカギ　イサオ
②事業所番号	2702－003399－4	60歳に達した者の氏名	赤木　勇夫
④事業所 名称 / 所在地 / 電話番号	近畿紙器工業株式会社 大阪市北区同心町X-X 06-6367-XXXX	⑤60歳に達した者の住所又は居所	〒 590-0107 大阪府大阪市大浜北町X-X-X 電話番号（072）221－XXXX
⑥60歳に達した日等の年月日	平成・令和（○） 4年 11月 10日	⑦60歳に達した者の生年月日	昭和（○）・平成 37年 11月 11日

この証明書の記載は、事実に相違ないことを証明します。

事業主　住所　大阪市北区同心町X-X
近畿紙器工業株式会社
氏名　代表取締役　小川　啓介　代表者印

60歳に達した日等以前の賃金支払状況等

⑧60歳に達した日等に離職したとみなした場合の被保険者期間算定対象期間（60歳に達した日等の翌日 11月11日）	⑨⑧の期間における賃金支払基礎日数	⑩賃金支払対象期間	⑪⑩の基礎日数	⑫賃金額 Ⓐ	Ⓑ	計	⑬備考
10月11日～60歳に達した日等	31日	10月26日～60歳に達した日等	31日	125,700			
9月11日～10月10日	30日	9月26日～10月25日	30日	242,000			
8月11日～9月10日	31日	8月26日～9月25日	31日	242,000			
7月11日～8月10日	31日	7月26日～8月25日	31日	242,000			
6月11日～7月10日	30日	6月26日～7月25日	30日	242,000			
5月11日～6月10日	31日	5月26日～6月25日	31日	242,000			
4月11日～5月10日	30日	4月26日～5月25日	30日	242,000			
3月11日～4月10日	31日	3月26日～4月25日	31日	242,000			
2月11日～3月10日	28日	2月26日～3月25日	28日	235,000			
1月11日～2月10日	31日	1月26日～2月25日	31日	235,000			
12月11日～1月10日	31日	12月26日～1月25日	31日	235,000			
11月11日～12月10日	30日	11月26日～12月25日	30日	235,000			
月　日～　月　日	日	10月26日～11月25日	31日	235,000			

⑭賃金に関する特記事項		六十歳到達時等賃金証明書受理 令和　年　月　日 （受理番号　番）
※公共職業安定所記載欄		

（注）

本手続は電子申請による申請が可能です。

なお、本手続について、社会保険労務士が事業主の委託を受け、電子申請により本申請書の提出に関する手続を行う場合には、当該社会保険労務士が当該事業主から委託を受けた者であることを証明するものを本申請書の提出と併せて送信することをもって、本証明書に係る当該事業主の電子署名に代えることができます。

また、本手続について、事業主が本申請書の提出に関する手続を行う場合には、当該事業主が被保険者から、当該被保険者が六十歳到達時等賃金証明書の内容について確認したことを証明するものを提出させ、保存しておくことをもって、当該被保険者の（電子）署名に代えることができます。

社会保険労務士記載欄	作成年月日・提出代行者・事務代理者の表示	氏名	電話番号

※	所長	次長	課長	係長	係

（2）高年齢再就職給付金

1　高年齢再就職給付金の支給要件

受給資格に係る離職の日における算定基礎期間が５年以上ある受給資格者（基本手当の支給を受けたことがある者に限ります）が、原則として、60 歳に達した日以後、基本手当の日額の算定基礎となった賃金日額の75％未満で再就職し、就労しているときに支給されます（法第 61 条の２）。

高年齢再就職給付金の支給に当たっては、高年齢雇用継続基本給付金と同様に、基本手当とのバランスを考慮して、被保険者であった期間が５年以上あることを要件としています。

高年齢再就職給付金は、基本手当とのバランスを図り、できる限り雇用の継続を援助、促進するため、就職日の前日における支給残日数が一定日数（100 日）以上あることおよび安定した職業に就くことにより被保険者となったことを支給要件とし、基本手当の支給残日数に応じ定められた期間について支給されます。

具体的には、支給残日数が 200 日以上の場合は最大２年間、100 日以上の場合は最大１年間となります。

2　高年齢再就職給付金の額

再就職後の各月の賃金の 15％相当額（離職前の賃金の 61％から 75％未満の賃金で就労する月については、15％から一定の割合で逓減する率をその月の賃金に乗じた額）を支給します。なお、高年齢再就職給付金の給付率についても、令和７年４月１日からの引下げが決まっています。

その他上限額、下限額等は高年齢雇用継続基本給付金と同様です。

3　高年齢再就職給付金の受給手続

基本手当の支給を受けていた人が、60 歳到達以降に雇用され一般被保険者となり、再就職給付金の受給を希望するときは、「受給資格確認票・（初回）支給申請書」を受給資格確認票のみとして使用し、原則として事業主を経由してその事業所の所在地を管轄する公共職業安定所に提出しておきます。

被保険者が、初めて高年齢再就職給付金の支給を受けようとする場合は、「高年齢雇用継続給付支給申請書」を事業主を経由してその事業所の所在地を管轄する公共職業安定所に提出します。提出期限、次回以降の申請月の指定等については、高年齢雇用継続基本給付金と同様です（則第101条の7）。

（3）介護休業給付金

1　介護休業給付金の支給要件

対象家族の介護をするために介護休業を取得した一般被保険者または高年齢被保険者であって、介護休業開始前2年間にみなし被保険者期間（賃金支払の基礎となった日数が11日以上ある月。ただし、被保険者期間が不足するときは賃金支払基礎時間80時間以上）が12カ月以上ある者に対して支給することとしています（法第61条の4）。

この場合、対象家族とは、配偶者、父母、子、配偶者の父母のほか、祖父母、兄弟姉妹、孫となります。

被保険者が有期雇用労働者であるときは、以下の要件を満たすときに介護休業給付を支給するものとします。

① 休業開始予定日から93日を経過する日から6カ月を経過する日までの間に雇用契約が更新されないことが明らかでないこと

介護休業給付の対象となるのは、介護休業の初日から、その末日または休業開始日から起算して3カ月を経過した日のいずれか早い日までの期間となります。なお、同一の対象家族について取得した介護休業は93日を限度に3回までに限り給付対象となります。

2　介護休業給付金の額

当該被保険者が介護休業開始日の前日に離職したものとみなしたときの賃金日額に30日（休業終了日を含む支給単位期間については、その暦日数）を乗じた額の40％（当分の間は67％）相当額を支給単位期間につき支給

(実際には、支給単位期間ごとに計算した合計額を職場復帰後に一括支給)します。支給単位期間とは、休業をした期間を、休業開始日または休業開始応当日から各翌月の休業開始応答日の前日(当該休業を終了した日の属する月にあっては、当該休業を終了した日)までの各期間に区分した場合の1の期間をいうものです。介護休業給付の対象となるのは、1支給単位期間に就業日数が10日以下である休業です。

なお、上限額は45歳から60歳未満の者に係る賃金日額の上限額(16,710円)の67%相当額(30日分、335,871円)となり、下限額は賃金日額の下限額(2,657円)の67%相当額となります。介護休業期間中において事業主から賃金が支払われた場合の支給額は、事業主から支払われた賃金が、休業開始前賃金の13%以下であるときは特段の調整を行わず、13%を超え80%未満の場合は当該賃金と介護休業給付金との合計額が80%相当額に達するまで支給され、さらに、80%以上であるときは、介護休業給付金は支給されません。

3　介護休業給付金の受給手続

介護休業を開始した被保険者を雇用する事業主は、その被保険者について、「休業開始時賃金月額証明書」(育児休業給付の手続きに準じます。記載例213ページ参照)を事業所の所在地を管轄する公共職業安定所に提出していただくことになります。事業主を経由して支給申請を行う通常の場合には、その支給申請書の提出と同時に賃金の届出を行います。

提出に際しては、賃金台帳、出勤簿等、記載内容を確認できる書類を持参していただくことになります。

被保険者は、介護休業給付金の支給を受けようとするときは、当該休業を終了した日の翌日から起算して、2カ月を経過する日の属する月の末日までに、「介護休業給付金支給申請書」(記載例205ページ)を事業主を経由してその事業所の所在地を管轄する公共職業安定所に提出する必要があります(則101条の19)。被保険者の記名等省略については高年齢雇用継続給付と同様です。ただし、やむを得ない理由のために事業主を経由して申請することが困難であるときは、事業主を経由しないで提出することができます。

なお、申請に際しては、被保険者が事業主に提出した「介護休業申出書」、介護対象家族の氏名、被保険者との続柄などが確認できる住民票記載事項証明書、賃金台帳、出勤簿等の記載内容を確認できる書類を提出していただきます。

様式第33号の6（第101条の19関係）（第1面）

介護休業給付金支給申請書

（必ず第２面の注意書きをよく読んでから記入してください。）

帳票種別 16601

1. 介護休業被保険者の個人番号 543210987654

2. 被保険者番号 5001－201010－1

3. 資格取得年月日 4－140401（元号 年 月 日）（3 昭和 4 平成 5 令和）

4. 被保険者氏名 溝口 進一　フリガナ（カタカナ） ミゾグチ シンイチ

5. 事業所番号 5401－010100－1

6. 姓（漢字） 溝口

7. 名（漢字） 進一

8. 介護休業開始年月日 5－040501（元号 年 月 日）

9. 介護対象家族の個人番号 543653189102

10. 介護対象家族の姓（カタカナ） ミゾグチ

11. 介護対象家族の名（カタカナ） ツカサ

12. 介護対象家族の性別 2（1 男 2 女）

13. 介護対象家族の続柄 1（1 配偶者 2 父母 3 子 4 配偶者の父母 5 祖父母 6 兄弟姉妹 7 孫）

14. 介護対象家族の姓（漢字） 溝口

15. 介護対象家族の名（漢字） 司

16. 介護対象家族の生年月日 3－480107（元号 年 月 日）（1 明治 2 大正 3 昭和 4 平成 5 令和）

17. 支給対象期間その１（初日） 5－040501－（末日）0531（元号 年 月 日 月 日）

18. 全日休業日数 31

19. 支払われた賃金額 0 円

20. 支給対象期間その２（初日） 5－040601－（末日）0630

21. 全日休業日数 30

22. 支払われた賃金額 0 円

23. 支給対象期間その３（初日） 5－040701－（末日）0731

24. 全日休業日数 31

25. 支払われた賃金額 0 円

26. 介護休業終了年月日 －（元号 年 月 日）（介護休業期間が93日未満のとき記入）

27. 終了事由（1 職場復帰 2 休業事由の消滅）

※公共職業安定所記載欄

28. 賃金月額（区分－日額又は総額） － 円（1 日額 2 総額）

29. 同一対象家族に係る介護休業開始年月日 －（元号 年 月 日）

30. 期間雇用者の継続雇用の見込み

31. 支払区分

32. 金融機関・店舗コード －口座番号

33. 未支給区分（空欄 未支給以外 1 未支給）

34. 処理区分（空欄 一括処理 1 否認（期間） 2 否認（対象家族） 3 資格確認のみ 4 支給のみ 5 否認（９３日超） 6 否認（取得回数））

35. 特殊事項（1 チェック不要 2 再開（他の休業の終了） 3 再開（被保険者資格再取得））

上記被保険者が介護休業を取得し、上記の記載事実に誤りがないことを証明します。

令和 4 年 8 月 1 日　事業所名（所在地・電話番号）千代田区霞ヶ関X-X-XX　03-XXXX-XXXX

事業主氏名 大島建設株式会社　大島　賢二

雇用保険法施行規則第１０１条の１９の規定により、上記のとおり介護休業給付金の支給を申請します。

令和 4 年 8 月 1 日　千葉 公共職業安定所長 殿

住所 千葉県千葉市中央区長洲X-X-X

申請者氏名（フリガナ ミゾグチ シンイチ） 溝口 進一

払渡希望金融機関指定届	36. 払渡希望金融機関	フリガナ	ミズホギンコウ ケイヨウシテン	金融機関コード	店舗コード
		名称	みずほ銀行 京葉 本店・支店（支店に○）	XXXX	XXX
		銀行等（ゆうちょ銀行以外）	口座番号（普通） 3456789		
		ゆうちょ銀行	記号番号（総合） －		

備考	
賃金締切日	20日
賃金支払日	当月（○） 翌月 25日
通勤手当	有（○） 毎月（○） 3か月・6か月・　） 無

※処理欄	
支給決定年月日	令和 年 月 日
支給決定額	円
不支給理由	
通知年月日	令和 年 月 日

社会保険労務士記載欄	作成年月日・提出代行者・事務代理者の表示	氏名	電話番号

※所長	次長	課長	係長	係	操作者

2021. 9

（この用紙は、このまま機械で処理しますので、汚さないようにしてください。）

第５章
育児のための休業取得者に対する給付

従来、育児休業給付は、高年齢雇用継続給付および介護休業給付と同様に、雇用継続給付の一種に分類されていました。

しかし、令和２年４月１日施行の改正雇用保険法により法律の章立てが変更され、育児休業給付は、失業等給付とは別の性格を持つ給付（育児のために休業を取得した労働者の雇用と安定を図るための給付）として位置付けられました。

雇用保険給付に要する資金は、事業主・被保険者が納める保険料と国庫からの補助を財源としています。上記改正に合わせ、失業等給付に要する資金と育児休業給付に要する資金は、別管理する形に改められています。

また、男性の育児休業の取得の促進を図るとともに、男女問わず仕事と育児を両立できる社会を実現することを目的として、育児・介護休業法が改正され、令和４年 10 月１日から、育児休業の２回までの分割取得や出生時育児休業（産後パパ育休）の取得が可能となり、これに対応した育児休業給付が受けられるようになりました。

育児休業給付には、出生時育児休業期間を対象に支給される「出生時育児休業給付金」と、育児休業期間中に支給される「育児休業給付金」があります。

（1）出生時育児休業給付金

1　出生時育児休業給付金の支給要件

一般被保険者または高年齢被保険者が子の「出生日または出産予定日のうち早い日」から「出生日または出産予定日のうち遅い日から８週間を経過する日の翌日まで」の期間内に、4 週間（28 日）以内の期間を定めて、当該子を養育するための出生時育児休業を取得した場合に、休業開始前の２年間にみなし被保険者期間（賃金支払いの基礎となった日数が 11 日以上ある月。ただし被保険者期間が不足するときは賃金支払基礎時間 80 時間以上）が 12 カ月以上ある者に対して支給することとしています（法第 61 条の 8）。

被保険者が有期雇用労働者であるときは、子の出生日（出産予定日前に子が出生した場合は出産予定日）から８週間を経過する日の翌日から６

カ月を経過する日までの間に雇用契約が更新されないことが明らかでないことという要件にも該当しなければなりません。

その上で、出生時育児休業給付金は、

①出生時育児休業期間を対象として、休業開始時賃金日額×休業期間の日数の8割以上の賃金が支払われていないこと。

②休業期間中の就業日数が、最大10日（10日を超える場合は就業した時間数が80時間）以下であること。（ただし、休業期間が28日間より短い場合は、その日数に比例して短くなります。）

などの要件を満たす場合に支給されます。

また、出生日から8週間を経過する日の翌日までの期間であって、合計で28日以内での休業であれば、出生時育児休業は2回まで分割して取得することができます。

2　出生時育児休業給付金の額

当該被保険者が出生時育児休業開始日の前日に離職したものとみなしたときの賃金日額（以下、休業開始時賃金日額）に休業期間の日数を乗じた額の67%に相当する額を支給します。

出生時育児休業期間中に事業主から賃金が支払われた場合の支給額は、事業主から支払われた賃金が、休業開始時賃金日額に休業期間の日数を乗じた額の13%以下であるときは特段の調整を行わず、13%を超え80%未満の場合は休業開始時賃金日額に休業期間の日数を乗じた額の80%相当額と賃金との差額が支給されます。支払われた賃金が休業開始時賃金日額に休業期間の日数を乗じた額の80%以上となる場合は支給されません。

令和5年7月31日までの出生時育児休業給付金の支給上限額（休業28日）は、休業開始時賃金日額の上限額15,190円に28日を乗じた額の67%相当である284,964円です。

3　出生時育児休業給付金の受給手続

出生時育児休業を開始した被保険者を雇用する事業主は、その被保険者について、「雇用保険被保険者休業開始時賃金月額証明書」「育児休業給付受給資格確認票・出生時育児休業給付金支給申請書」を事業所の所在地を管轄する公共職業安定所に提出していただくことになります（電子申請も可）。育児休業給付金とは異なり、受給資格の確認と給付金の支給申請を同時に行う必要があります。

なお、出生時育児休業は同一の子について２回に分割して取得できますが、申請は１回にまとめて行います。

被保険者の記名等省略については高年齢雇用継続給付と同様です。

賃金台帳、出勤簿、母子健康手帳の写し等、支給申請書の記載内容を確認できる書類を添付します。

子の出生日（出産予定日前に子が出生した場合は、当該出産予定日）から８週間を経過する日の翌日から提出が可能となり、当該日から２カ月を経過する日の属する月の末日が提出期限となります。休業期間を対象とする賃金がある場合は、当該賃金が支払われた後に提出してください。

（２）育児休業給付金

1　育児休業給付金の支給要件

満１歳（保育所に入れない等の事由があるときは最大２歳、「パパ・ママ育休プラス(注)」による場合は１歳２カ月）未満の子を養育するために育児休業を取得した一般被保険者または高年齢被保険者であって、育児休業開始前２年間にみなし被保険者期間（賃金支払いの基礎となった日数が11日以上ある月。ただし、被保険者期間が不足するときは賃金支払基礎時間80時間以上）が12カ月以上ある者に対して支給することとしています（法第61条の７）。

※令和３年９月１日から、被保険者期間において上記要件を満たせなくとも、産前休業開始日等を起算点として、その日前２年間に上記のみなし被保険者期間があれば要件を満たすものとされています。

この場合、子については、実子であるか養子であるかは問いません（特別養子縁組の監護期間中の子、養子縁組里親に委託されている子等も対象になります）。

被保険者が有期雇用労働者であるときは、以下の要件を満たすときに育児休業給付を支給するものとします。

① 子が1歳6カ月（2歳まで再延長するときは2歳）になるまでの間に雇用契約が更新されないことが明らかでないこと

(注) 父母が同一の子について交替で育児休業を取得する場合、子が1歳2カ月に達するまで育児休業を取得できます（育児介護休業法第9条の6）。

2 育児休業給付金の額

当該被保険者が育児休業開始日の前日に離職したものとみなしたときの賃金日額に30日（休業終了日を含む支給単位期間については、その暦日数）を乗じた額の50%（休業を開始した日から休業日数が通算して180日に達するまでの間に限り67%、出生時育児休業給付金が支給された日数も180日に通算されます。）に相当する額を一支給単位期間につき支給します。支給単位期間とは、休業をした期間を、休業開始日または休業開始応当日から各翌月の休業開始応答日の前日（当該休業を終了した日の属する月にあっては、当該休業を終了した日）までの各期間に区分した場合の1つの期間をいうものです（例えば、4月10日に育児休業を開始したときは、4月10日から5月9日までが1の支給単位期間となります）。育児休業給付の対象となるのは、1支給単位期間に就業日数が10日以下（10日を超えるときは就業時間80時間以下）である休業です（則101条の22）。

なお、育児休業給付金の日額の上限額は30歳から45歳未満の者に係る賃金日額の上限額（15,190円）の50%（休業を開始した日から休業日数が通算して180日に達するまでの間は67%、以下同様）相当額、下限額は各年齢共通の賃金日額の下限額（2,657円）の50%相当額となります。

育児休業期間中において事業主から賃金が支払われた場合の支給額は、事業主から支払われた賃金が、休業前賃金の30%（休業を開始した日から休業日数が通算して180日に達するまでの間は13%。以下同様）以下であるときは特段の調整を行わず、30%を超え80%未満の場合は当該前賃金と育児休業給付金との合計額が80%相当額に達するまで支給され、さらに、80%以上であるときは、育児休業給付金は支給されません。

3　育児休業給付金の受給手続

育児休業を開始した被保険者を雇用する事業主は、その被保険者について、「休業開始時賃金月額証明書」（記載例 213 ページ）を事業所の所在地を管轄する公共職業安定所に提出していただくことになります。なお、特定法人（資本金１億円超の法人等）については、令和２年４月以降、電子申請が原則となりました。事業主を経由して支給申請を行う通常の場合には、その支給申請書の提出と同時に賃金の届出を行います。

提出に際しては、賃金台帳、労働者名簿等、記載内容を確認できる書類を持参していただくことになります。

被保険者は、最初に育児休業給付金の支給を受けようとするときは、最初の支給単位期間の初日から起算して４カ月を経過する日の属する月の末日までに、「育児休業給付受給資格確認票・（初回）育児休業給付金支給申請書」（214 ページ参照）に「休業開始時賃金月額証明書」を添え、事業主を経由してその事業所の所在地を管轄する公共職業安定所に提出する必要があります（則 101 条の 30）。被保険者の記名等省略については高年齢雇用継続給付と同様です。ただし、やむを得ない理由のために事業主を経由して申請することが困難であるときは、事業主を経由しないで提出することができます。

この場合、提出に際しては、被保険者の母子健康手帳その他育児の事実を確認できる書類、支給対象期間に係る賃金台帳、出勤簿等を持参していただきます。

公共職業安定所長が支給することを決定したときは、次回以降の支給申請を行うべき期間が指定されます。

２回目以降の支給申請を行うべき期間の指定は、連続する２の支給単位期間ごとに、その支給単位期間の初日から起算して４カ月を経過する日の属する月の末日を超えない範囲内となるよう行われます。

同一の子について分割して育児休業を取得する場合について、２回目の育児休業に係る支給単位期間は、当該２回目の休業開始日又は当該２回目の休業開始日の応当日から、それぞれその翌月の応当日の前日までの１カ月ごとです。この場合、改めて受給資格の確認を行う必要はありませんが、育児休業給付受給資格確認票・（初回）支給申請書の提出が必要です。

様式第10号の2の2

雇用保険被保険者 休業開始時賃金月額証明書 ~~所定労働時間短縮開始時賃金証明書~~ （安定所提出用）（介護・育児）

（「育児」に丸印）

①被保険者番号	5000－004321－8	③フリガナ	キクタ　サトコ	④休業等を開始した日の年月日	令和 4年 10月 21日
②事業所番号	1401－001579－3	休業等を開始した者の氏名	菊田　聡子		

⑤名称	大野物産株式会社	⑥休業等を開始した者の住所又は居所	〒 221-0835
事業所所在地	横浜市中区本町3-30		横浜市神奈川区鶴屋町2-32-2
電話番号	045-XXX-XXXX		電話番号（045）XXX－XXXX

この証明書の記載は、事実に相違ないことを証明します。

事業主　住所　横浜市中区本町3-30　大野物産株式会社
　　　　氏名　代表取締役　大野　豊

休業等を開始した日前の賃金支払状況等

⑦休業等を開始した日の前日に離職したとみなした場合の被保険者期間算定対象期間（休業等を開始した日 10月21日）	⑧⑦の期間における賃金支払基礎日数	⑨賃金支払対象期間	⑩⑨の基礎日数	⑪賃金額 Ⓐ	Ⓑ	計	⑫備考
9月21日～休業等を開始した日の前日	0日	9月26日～休業等を開始した日の前日	0日	0			自3.7.14
6月21日～7月20日	23日	6月26日～7月25日	19日	97,000			至3.10.20
5月21日～6月20日	31日	5月26日～6月25日	31日	176,000			98日間出産
4月21日～5月20日	30日	4月26日～5月25日	30日	176,000			のため賃金
3月21日～4月20日	31日	3月26日～4月25日	31日	176,000			支払なし
2月21日～3月20日	28日	2月26日～3月25日	28日	158,000			
1月21日～2月20日	31日	1月26日～2月25日	31日	158,000			
12月21日～1月20日	31日	12月26日～1月25日	31日	158,000			
11月21日～12月20日	30日	11月26日～12月25日	30日	158,000			
10月21日～11月20日	31日	10月26日～11月25日	31日	158,000			
9月21日～10月20日	30日	9月26日～10月25日	30日	158,000			
8月21日～9月20日	31日	8月26日～9月25日	31日	158,000			
7月21日～8月20日	31日	7月26日～8月25日	31日	158,000			
6月21日～7月20日	30日	6月26日～7月25日	30日	158,000			
月　日～　月　日	日	月　日～　月　日	日				
月　日～　月　日	日	月　日～　月　日	日				

⑬賃金に関する特記事項		休業開始時賃金月額証明書 ~~所定労働時間短縮開始時賃金証明書~~ 受理　令和　年　月　日（受理番号　号）

⑭（休業開始時における）雇用期間　イ 定めなし　ロ 定めあり→　年　月　日まで（休業開始日を含めて　年　カ月）

※公共職業安定所記載欄

雇用保険法施行規則第14条の4第1項の規定により被保険者の育児又は介護のための休業又は所定労働時間短縮開始時の賃金の届出を行う場合は、当該賃金の支払の状況を明らかにする書類を添えてください。

本手続は電子申請による申請が可能です。

なお、本手続について、社会保険労務士が事業主の委託を受け、電子申請により本届書の提出に関する手続を行う場合には、当該社会保険労務士が当該事業主から委託を受けた者であることを証明するものを本届書の提出と併せて送信することをもって、当該事業主の電子署名に代えることができます。

また、本手続について、事業主が本届書の提出に係る手続を行う場合には、当該事業主が被保険者から、当該被保険者が休業開始時賃金月額証明書／所定労働時間短縮開始時賃金証明書の内容について確認したことを証明するものを提出させ、保存しておくことをもって、当該被保険者の（電子）署名に代えることができます。

社会保険労務士記載欄	作成年月日・提出代行者・事務代理者の表示	氏名	電話番号

※	所長	次長	課長	係長	係

第101条の30関係（第1面）

育児休業給付受給資格確認票・（初回）育児休業給付金支給申請書

（必ず第２面の注意書きをよく読んでから記入してください。）

帳票種別 14405

1.被保険者番号 1401-001579-3

2.資格取得年月日 4-190401（元号 年 月 日）

3.被保険者氏名 菊田　聡子　フリガナ（カタカナ） キクタ サトコ

4.事業所番号 5000-004321-8

5.育児休業開始年月日 5-040601（元号 年 月 日）

6.出産年月日 5-040405（3 昭和 4 平成 5 令和）

8.過去に同一の子について出生時育児休業または育児休業取得の有無

9.個人番号 654321098765

7.出産予定日 □-□□□□□□（元号 年 月 日）

10.被保険者の住所（郵便番号） 351-0115

12.被保険者の電話番号（項目ごとにそれぞれ左詰めで記入してください。） 048-XXX-XXXX（市外局番 市内局番 番号）

11.被保険者の住所（漢字）※市・区・郡及び町村名 埼玉県和光市新倉

被保険者の住所（漢字）※丁目・番地 X-X-XX

被保険者の住所（漢字）※アパート、マンション名等

13.支給単位期間その１（初日）（末日） 5-040601-0630（4 平成 5 令和）　14.就業日数 0　15.就業時間　16.支払われた賃金額 0 円

17.支給単位期間その２（初日）（末日） 5-040701-0731（4 平成 5 令和）　18.就業日数 0　19.就業時間　20.支払われた賃金額 0 円

21.最終支給単位期間（初日）（末日）（4 平成 5 令和）　22.就業日数　23.就業時間　24.支払われた賃金額 円

25.職場復帰年月日

26.支給対象となる期間の延長事由－期間（事由 元号 年 月 日 月 日）
1 保育所における保育が実施されないこと
2 養育を予定していた配偶者の死亡
3 養育を予定していた配偶者の負傷・疾病等
4 養育を予定していた配偶者との婚姻の解消等による別居
5 養育を予定していた配偶者の産前産後休業等
6 他休業事由の消滅

（この用紙は、このまま機械で処理しますので、汚さないようにしてください。）

27.配偶者育休取得　28.配偶者の被保険者番号

29.育児休業再取得理由（1 他休業事由の消滅 2 配偶者等の事由 3 子や保育の事情 5 延長交替）

31.休業事由の消滅年月日

※公共職業安定所記載欄

30.期間雇用者の継続雇用の見込み　32.延長等否認　33.産後休業表示（休業がある場合に「1」を記入）　34.賃金月額（区分－日額又は総額）（1 日額 2 総額）円　35.当初の育児休業開始年月日

36.受給資格確認年月日（4 平成 5 令和）　37.受給資格否認（受給資格なしと判断した場合に「1」を記入）　38.支給申請月（1 奇数月 2 偶数月）　39.次回支給申請年月日

40.支払区分　41.金融機関・店舗コード　口座番号　42.未支給区分（空欄 未支給以外 1 未支給）

上記被保険者が育児休業を取得し、上記の記載事実に誤りがないことを証明します。

令和　4年　8月1日　事業所名（所在地・電話番号） 横浜市中区本町XX-X　045-XXX-XXXX
事業主名 大野物産株式会社　大野 豊

上記のとおり育児休業給付の受給資格の確認を申請します。
雇用保険法施行規則第１０１条の３０の規定により、上記のとおり育児休業給付金の支給を申請します。

令和　4年　8月1日　横浜 公共職業安定所長 殿　申請者氏名（フリガナ キクタ サトコ） 菊田 聡子

払渡希望金融機関指定届	43. 払渡希望金融機関	フリガナ		金融機関コード	店舗コード
		名称	本店 支店		
		銀行等（ゆうちょ銀行以外）	口座番号（普通）		
		ゆうちょ銀行	記号番号（総合） －		

備考	賃金締切日 日	通勤手当 有（毎月・3か月・6か月・　）無	※処理欄	資格確認の可否	可・否
	賃金支払日 当月・翌月 日			資格確認年月日	令和 年 月 日
				通知年月日	令和 年 月 日

社会保険労務士記載欄	作成年月日・提出代行者・事務代理者の表示	氏名	電話番号

※所長	次長	課長	係長	係	操作者

2022. 9

（第101条の30関係）（第1面）

育児休業給付金支給申請書

（必ず第２面の注意書きをよく読んでから記入してください。）

（なるべく折り曲げないようにし、やむをえない場合には折り曲げマーク（▶）の所で折り曲げてください。）

（この用紙は、このまま機械で処理しますので、汚さないようにしてください。）

帳票種別 12406

支給申請期間

氏名 キクタ　サトコ

1. 被保険者番号 1401-001579-3

2. 資格取得年月日 4-190401

3. 育児休業開始年月日 5-040601

支給単位期間その１（初日－末日） 040901-0930

支給単位期間その２（初日－末日） 041001-1031

事業所番号 5000-004321-8

管轄区分 0

支給終了年月日

出産年月日 040405

前回処理年月日

4. 被保険者氏名

フリガナ（カタカナ）

5. 支給単位期間その１（初日）（末日） 5-040901-0930 元号 年 月 日 月 日（4 平成 5 令和）

6. 就業日数 0 日

7. 就業時間 時間

8. 支払われた賃金額 0 円

9. 支給単位期間その２（初日）（末日） 5-041001-1031 元号 年 月 日 月 日（4 平成 5 令和）

10. 就業日数 0 日

11. 就業時間 時間

12. 支払われた賃金額 0 円

13. 最終支給単位期間（初日）（末日） 元号 年 月 日 月 日（4 平成 5 令和）

14. 就業日数 日

15. 就業時間 時間

16. 支払われた賃金額 円

17. 職場復帰年月日 元号 年 月 日

18. 支給対象となる期間の延長事由－期間 事由 元号 年 月 日 月 日

（1 保育所における保育が実施されないこと　2 養育を予定していた配偶者の死亡　3 養育を予定していた配偶者の負傷・疾病等　4 養育を予定していた配偶者との婚姻の解消等による別居　5 養育を予定していた配偶者の産前産後休業等）

19. 配偶者育休取得

20. 配偶者の被保険者番号

※ 21. 次回支給申請年月日 元号 年 月 日

22. 延長等否認

23. 未支給区分（空欄 未支給以外　1 未支給）

その他賃金に関する特記事項

24.

25.

2020. 3

第101条の33関係（第1面）

育児休業給付受給資格確認票・出生時育児休業給付金支給申請書

（必ず第２面の注意書きをよく読んでから記入してください。）

帳票種別 10407

1. 被保険者番号 5050-222222-3

2. 資格取得年月日 4-271101（元号 年 月 日）

3. 被保険者氏名 菊池　聡　フリガナ（カタカナ） キクチ サトシ

4. 事業所番号 1300-765432-1

5. 育児休業開始年月日 5-041003（元号 年 月 日）

6. 出産年月日 5-041010（元号 年 月 日）

8. 個人番号 123456789012

7. 出産予定日 5-041003（元号 年 月 日）

（3 昭和　4 平成　5 令和）

9. 被保険者の住所（郵便番号） 100-8988

10. 被保険者の住所（漢字）※市・区・郡及び町村名 東京都千代田区霞が関

被保険者の住所（漢字）※丁目・番地 X-X-XX

被保険者の住所（漢字）※アパート、マンション名等

11. 被保険者の電話番号（項目ごとにそれぞれ左詰めで記入してください。） 03-1234-5678（市外局番 市内局番 番号）

12. 支給期間その1（初日）（末日） 5-041003-1016（5 令和）（元号 年 月 日 月 日）

13. 就業日数 3 日

14. 就業時間 21 時間

15. 支払われた賃金額 21,000 円

16. 支給期間その2（初日）（末日） 5-041019-1025（5 令和）（元号 年 月 日 月 日）

17. 就業日数 1 日

18. 就業時間 7 時間

19. 支払われた賃金額 7,000 円

（この用紙は、このまま機械で処理しますので、汚さないようにしてください。）

※公共職業安定所記載欄

20. 期間雇用者の継続雇用の見込み

21. 賃金月額（区分－日額又は総額）（1 日額　2 総額）円

22. 当初の育児休業開始年月日（元号 年 月 日）

23. 受給資格確認年月日（5 令和）（元号 年 月 日）

24. 受給資格否認（受給資格なしと判断した場合に「1」を記入）

25. 支払区分

26. 金融機関・店舗コード　口座番号

27. 未支給区分（空欄 未支給以外　1 未支給）

上記被保険者が出生時育児休業を取得し、上記の記載事実に誤りがないことを証明します。

令和　5 年　1 月　10 日　事業所名（所在地・電話番号） 東京都千代田区霞が関X-X-XX　03-9999-8888

事業主名 株式会社労働食品　労働太郎

上記のとおり育児休業給付の受給資格の確認を申請します。

雇用保険法施行規則第１０１条の３３の規定により、上記のとおり出生時育児休業給付金の支給を申請します。

令和　5 年　1 月　15 日　○○　公共職業安定所長　殿

フリガナ キクチ　サトシ

申請者氏名 菊池　聡

払渡希望金融機関指定届	28. 払渡希望金融機関	フリガナ		金融機関コード	店舗コード
		名称	本店 支店		
		銀行等（ゆうちょ銀行以外）	口座番号（普通）		
		ゆうちょ銀行	記号番号（総合）　－		

備考	賃金締切日	日	通勤手当	有（毎月・3か月・6か月・　）無
	賃金支払日	当月・翌月　日		

※処理欄		
資格確認の可否	可・否	
資格確認年月日	令和　年　月　日	
通知年月日	令和　年　月　日	

社会保険労務士記載欄	作成年月日・提出代行者・事務代理者の表示	氏名	電話番号

※所長	次長	課長	係長	係	操作者

2022. 9

第６章
雇用安定事業
および能力開発事業

雇用保険では、失業した場合および雇用の継続が困難となる事由が生じた場合に備える各種給付の支給のみならず、予め完全雇用を目標とした失業の予防や労働者の職業能力の開発に対する援助等を行っています。

雇用安定・能力開発の２事業は、被保険者等の職業の安定を図るため、労働生産性の向上に資するものとなるよう留意しつつ行うべきものとされています。

（1）雇用安定事業

雇用安定事業は、被保険者等に関し、失業の予防、雇用状態の是正、雇用機会の増大その他雇用の安定を図ることを目的とし、そのために必要な措置を講ずる事業主等に対する助成、援助（新型コロナに関するものを含む）がが行われています。

（2）能力開発事業

能力開発事業は、被保険者等に関し、職業生活の全期間を通じてこれらの者の能力を開発しおよび向上させることを促進することを目的とし、それらの事業を行う事業主や都道府県、労働者等に対して必要な助成や援助が行われています。

1　雇用安定事業

（1）雇用調整助成金

1　趣　旨

景気の変動、産業構造の変化などの経済上の理由により事業活動の縮小を余儀なくされた場合に、休業、教育訓練、または出向によって、その雇用する労働者の雇用の維持を図る事業主に対して助成するものであり、労働者の失業の予防や雇用の安定を図ることを目的としています。

雇用安定事業等の概要

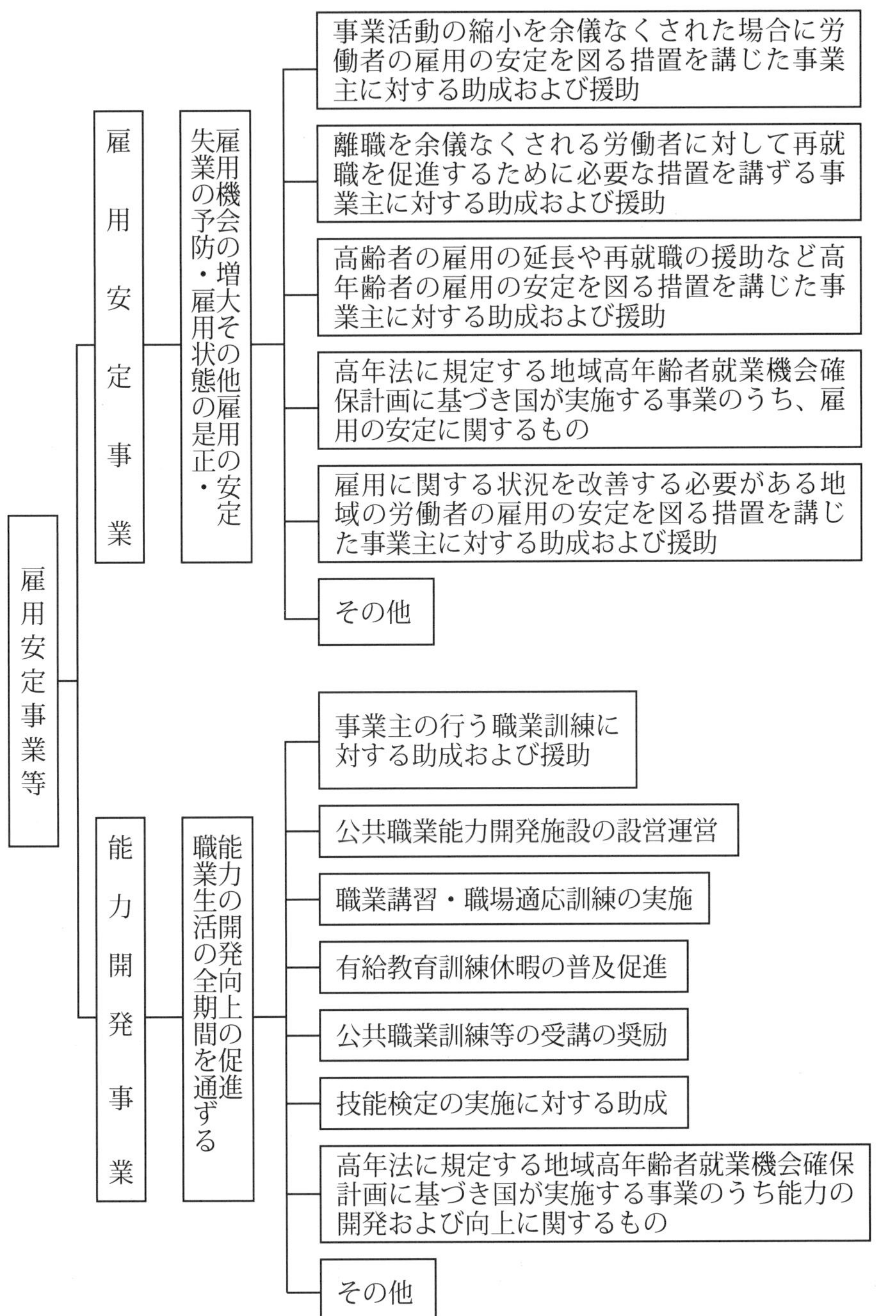
雇用安定事業等
雇用安定事業
雇用機会の増大その他雇用の安定
失業の予防・雇用状態の是正・
事業活動の縮小を余儀なくされた場合に労働者の雇用の安定を図る措置を講じた事業主に対する助成および援助
離職を余儀なくされる労働者に対して再就職を促進するために必要な措置を講ずる事業主に対する助成および援助
高齢者の雇用の延長や再就職の援助など高年齢者の雇用の安定を図る措置を講じた事業主に対する助成および援助
高年法に規定する地域高年齢者就業機会確保計画に基づき国が実施する事業のうち、雇用の安定に関するもの
雇用に関する状況を改善する必要がある地域の労働者の雇用の安定を図る措置を講じた事業主に対する助成および援助
その他
能力開発事業
能力の開発向上の促進
職業生活の全期間を通ずる
事業主の行う職業訓練に対する助成および援助
公共職業能力開発施設の設営運営
職業講習・職場適応訓練の実施
有給教育訓練休暇の普及促進
公共職業訓練等の受講の奨励
技能検定の実施に対する助成
高年法に規定する地域高年齢者就業機会確保計画に基づき国が実施する事業のうち能力の開発および向上に関するもの
その他

なお、新型コロナ対策のため、支給要件・基準・手続き等の変更を伴う特例が期間限定（令和４年 11 月末までコロナ特例措置、令和５年３月末まで経過措置あり）で実施されていますが、本欄では、雇用則の本則（第 102 条の２）に基づく助成金について仕組みをご紹介します。

2　対象となる措置

本助成金は、事業活動の縮小を余儀なくされる中で、雇用する労働者（雇用保険被保険者に限ります。以下同様）の雇用の維持を図るため、次の①～③のいずれかの措置（以下「雇用調整」といいます）を実施した場合に受給できます。

雇用調整を実施する場合には、事前に計画を策定し、管轄の労働局またはハローワークに届出る必要があります。

①　休業

次のイ～ホのすべてに該当する休業を行うこと

イ　労使間の協定により行われるものであること

ロ　「判定基礎期間」（賃金締切日の翌日から次の賃金締切日までの期間）における対象労働者に係る休業または教育訓練の実施日の延日数が、対象労働者に係る所定労働延日数の１／ 20（大企業の場合は１／ 15）以上となるものであること

ハ　休業手当の支払が労働基準法第 26 条の規定に違反していないものであること

ニ　所定労働日の所定労働時間内において実施されるものであること

ホ　次のいずれかであること

（イ）所定労働日の全１日にわたるもの

（ロ）当該事業所における対象労働者全員について一斉に１時間以上行われるもの

②　教育訓練

次のイ～ホのすべてに該当する教育訓練を行うこと

イ　労使間の協定により行われるものであること

ロ　「判定基礎期間」（賃金締切日の翌日から次の賃金締切日までの期

間）における対象労働者に係る休業または教育訓練の実施日の延日数が、対象労働者に係る所定労働延日数の１／20（大企業の場合は１／15）以上となるものであること

ハ　職業に関する知識、技術を習得させ、または向上させることを目的とする教育、訓練、講習等であって、かつ、受講者を当該受講日に業務に就かせないものであること

ニ　所定労働日の所定労働時間内において実施されるものであること

ホ　次のいずれかであること

（イ）事業所内訓練の場合

事業主が自ら実施するものであって、受講する労働者の所定労働時間の全１日または半日（３時間以上で所定労働時間未満）にわたり行われるものであること

（ロ）事業所外訓練の場合

（イ）以外の教育訓練で、受講する労働者の所定労働時間の全１日または半日（３時間以上で所定労働時間未満）にわたり行われるものであること

③　出向

次のイ～ワのすべてに該当する出向を行うこと

イ　雇用調整を目的として行われるものであって、人事交流のため、経営戦略のため、業務提携のため、実習のため等に行われるものではなく、かつ、出向労働者を交換しあうものでないこと

ロ　労使間の協定によるものであること

ハ　出向労働者の同意を得たものであること

ニ　出向元事業主と出向先事業主との間で締結された契約によるものであること

ホ　出向先事業所が雇用保険の適用事業所であること

ヘ　出向元事業主と出向先事業主が、資本的、経済的・組織的関連性等からみて、独立性が認められること

ト　出向先事業主が、当該出向労働者の出向開始日の前日から起算して６カ月前の日から１年を経過した日までの間に、当該出向者の受入れに際し、その雇用する被保険者を事業主都合により離職させて

いないこと

チ　出向期間が３カ月以上１年以内であって出向元事業所に復帰するものであること

リ　本助成金の対象となる出向の終了後６カ月以内に当該労働者を再度出向させるものでないこと

ヌ　出向元事業所が出向労働者の賃金の一部（全部を除く）を負担していること

ル　出向労働者に出向前に支払っていた賃金とおおむね同じ額の賃金を支払うものであること

ヲ　出向元事業所において、雇入れ助成の対象となる労働者や他の事業主から本助成金等の支給対象となる出向労働者を受け入れていないこと

ワ　出向先事業所において、出向者の受入れに際し、自己の労働者について本助成金等の支給対象となる出向を行っていないこと

なお、以下に該当する従業員は支給対象とならないので、注意が必要です。

イ　同一事業主に引き続き雇用保険被保険者として雇用された期間が６カ月未満である者

ロ　解雇を予告された者、退職願を提出した者または事業主による退職勧奨に応じた者

ハ　日雇労働被保険者

ニ　特定就職困難者雇用開発助成金等の支給対象となる者

3　対象となる事業主

本助成金を受給する事業主は、次のすべての要件を満たしていることが必要です。

①　基本要件（全助成金共通、一部略）

イ　雇用保険適用事業所の事業主であること

ロ　支給のための審査に協力すること

ハ　次のいずれかに該当しない事業主であること

・不正受給（平成31年４月１日以降）をしてから５年以内に支給

申請をした事業主、あるいは支給申請日後、支給決定日までの間に不正受給をした事業主

・他の事業主の役員等として不正受給（平成31年4月1日以降）に関与した役員等がいる場合

・支給申請日の属する年度の前年度より前のいずれかの保険年度の労働保険料を納入していない事業主（支給申請日の翌日から起算して2カ月以内に納付を行った事業主を除きます）

・支給申請日の前日から起算して1年前の日から支給申請日の前日までの間に、労働関係法令の違反があった事業主

・性風俗関連営業、接待を伴う飲食等営業またはこれら営業の一部を受託する営業を行う事業主

・暴力団関係事業主

・支給申請日・決定日の時点で倒産している事業主

・不正受給発覚の際に都道府県労働局等が実施する事業主名等の公表について、あらかじめ同意していない事業主

② 本助成金に関する要件

イ 次のいずれかに該当すること

a 一般事業主（b～d以外の事業主）

b 特に雇用の維持その他の労働者の雇用の安定を図る必要があるものとして厚生労働大臣が指定する地域（雇用維持等地域）内に所在する事業所の事業主（雇用維持等地域事業主）

c 厚生労働大臣が指定する事業主（大型倒産等事業主・大型生産激減事業主）の関連事業主（下請事業主等）

d 認定港湾運送事業主

ロ 景気の変動、産業構造の変化などの経済上の理由により、「事業活動の縮小」を余儀なくされたものであること。「事業活動の縮小」とは次のaまたはbの要件を満たす場合をいいます。

a 「一般事業主」の場合（イのa）

以下のすべてを満たすこと

・売上高または生産量などの事業活動を示す指標の最近3カ月間の月平均値が、前年同期に比べ10％以上減少していること

・雇用保険被保険者数および受け入れている派遣労働者数の最近３カ月間の月平均値が、前年同期と比べ、中小企業の場合は10％を超えてかつ４人以上、中小企業以外の場合は５％を超えてかつ６人以上増加していないこと

※中小企業とは、原則として、下表の「資本または出資額」か「常時雇用する労働者数」のいずれかを満たす企業を指します。

産業分類	資本または出資額	常時雇用する労働者数
小売業（飲食店を含む）	5,000万円以下	50人以下
サービス業	5,000万円以下	100人以下
卸売業	1億円以下	100人以下
その他の業種	3億円以下	300人以下

・過去に雇用調整助成金の支給を受けたことがある事業主が新たに対象期間を設定する場合、直前の対象期間の満了の日の翌日から起算して１年を超えていること

b　厚生労働大臣が指定する事業主の関連事業主（イのｃ）

・売上高または生産量などの事業活動を示す指標の最近３カ月の月平均値が、前年同期に比べ減少していること

c　上記以外の事業主の場合（イのｂまたはｄ）
次の両方を満たすこと

・売上高または生産量などの事業活動を示す指標の最近３カ月間の月平均値が、前年同期に比べ減少していること

・雇用保険被保険者数の最近３カ月間の月平均値が前年同期に比べ増加していないこと

4　支給額

本助成金は、次の「①対象期間」中に行われた休業、教育訓練または当該期間中に開始された出向（ただし３カ月以上１年以内の出向に限ります）について、②によって算定された額が支給されます。

①　対象期間

イ　「一般事業主」の場合（イのａ）

・「休業等実施計画届」（5 受給手続を参照）の初回提出の際に事業主が指定した雇用調整の初日から起算して１年間（１年間で100日、３年間で150日を上限日数とします）

・「出向実施計画届」（5 受給手続を参照）の提出の際に事業主が指定した雇用調整の初日から起算して１年間

ロ　「雇用維持等地域事業主」の場合（イのｂ）

地域ごとに厚生労働大臣の指定する日から起算して１年間

ハ　「大型倒産事業主または大型生産激減事業主の関連事業主」の場合（イのｃ）

大型倒産等事業主ごとに厚生労働大臣が指定する日から起算して２年間

ニ　「認定港湾運送事業主」の場合（イのｄ）

事業主ごとに認定を受けた日から２年間

②　支給額

イ　休業の場合

休業を実施した際に支給対象者に対して支払われた休業手当相当額に、次ページの「助成率」を乗じて得た額

ロ　教育訓練の場合

教育訓練を実施した際に支給対象者に対して支払われた賃金相当額に、次ページの「助成率」を乗じて得た額に、次ページの「加算額」を加えた額

ハ　出向を実施した際の出向元事業主の負担額（出向前の通常賃金の２分の１を上限とします）に、次ページの「助成率」を乗じて得た額

助成内容と受給できる金額	中小企業	中小企業以外
助成率	2／3	1／2
教育訓練の場合の加算額 （支給対象者１人１日当たり）	1,200円	

支給額は１人１日当たり雇用保険基本手当日額の最高額を上限額とします（教育訓練の場合の加算額は上限額に含みません）。

出向の場合の支給額は１人１日当たり雇用保険基本手当日額の最高額に330／365を乗じて得た額を上限額とします。

5　受給手続

休業または教育訓練を実施する場合に本助成金を受給するためには、次の①②の順に手続を行います。

①　休業等実施計画届の提出

対象期間内の各「支給対象期間※1」ごとに、当該支給対象期間の前日までに（初回は、「雇用調整実施事業所の事業活動の状況に関する申出書」「雇用調整実施事業所の雇用指標の状況に関する申出書」を添付のうえ、休業等開始前２週間前をめどに提出）、当該期間に係る「休業等実施計画書」に必要な書類を添えて管轄労働局※2へ提出します。

②　支給申請

対象期間内の「支給対象期間※1」ごとに、当該支給対象期間の末日の翌日から２カ月以内に、「支給申請書」に必要な書類を添えて、管轄労働局※2へ支給申請を行います。

※1　事業所における賃金締切日の翌日から次の賃金締切日までの期間を「判定基礎期間」といいますが、事業主は、初回分の計画届の提出時に、「判定基礎期間」の１～３回（１～３カ月）分のいずれかを「支給対象期間」の単位として指定できます。

※2　申請書等の提出は、管轄公共職業安定所を経由してできる場合があります。

出向を実施する場合に本助成金を受給するためには、次の①②の順に手続を行います。

① 出向実施計画書の届出

出向開始日の２週間前をめどに、「雇用調整実施事業所の事業活動の状況に関する申出書」「雇用調整実施事業所の雇用指標の状況に関する申出書」「出向実施計画書」に必要な書類を添えて、管轄労働局（前記※2参照）へ提出します。

② 支給申請

出向開始日から起算して最初の６カ月間を第１支給対象期、次の６カ月間を第２支給対象期とし、各期の末日の翌日から２カ月以内に「支給申請書」に必要な書類を添えて、管轄労働局へ支給申請します。

（2）65歳超雇用推進助成金

65歳以降の定年延長や継続雇用制度の導入を行う企業等に対して助成するものであり、高年齢者の雇用の推進を図ることを目的としています。

本助成金は次の３つのコースに分けられます。

① 65歳以上への定年引上げ等を行う場合に助成する「65歳超継続雇用促進コース」

②高年齢者の雇用管理制度の整備を行う場合に助成する「高年齢者評価制度等雇用管理改善コース」

③高年齢の有期契約労働者を無期雇用に転換する場合に助成する「高年齢者無期雇用転換コース」

《1》65歳超継続雇用促進コース

1 趣 旨

65歳以上への定年引上げ等を実施する事業主に対して助成するものであり、高年齢者の雇用の推進を図ることを目的としています。

2 対象となる措置

本助成金は、次のイ～ニのいずれかを就業規則または労働協約に規定し、実施した場合に受給できます。

イ　旧定年年齢を上回る65歳以上への定年の引上げ

ロ　定年の定めの廃止

ハ　希望者全員を対象とした旧定年年齢および継続雇用年齢を上回る66歳以上の年齢まで雇用する継続雇用制度の導入

ニ　他社による継続雇用制度の導入（実施は問いません）

3　対象となる事業主

本助成金を受給する事業主は、次の要件のすべてを満たすことが必要です。

①　全助成金共通の要件を満たしているとともに、支給申請日の前日において、当該事業主に1年以上継続して雇用されている60歳以上の雇用保険被保険者（期間の定めのない労働契約を締結する労働者または定年後に継続雇用制度により引き続き雇用されている者に限ります）が1人以上いること。

②　定年引上げ等の措置の実施に要した費用を支払っていること

③　高年齢者雇用等推進者の選任に加え、次のイ～トの高年齢者雇用管理に関する措置を1つ以上実施していること

イ　職業能力の開発および向上のための教育訓練の実施等

ロ　作業施設・方法の改善

ハ　健康管理、安全衛生の配慮

ニ　職域の拡大

ホ　知識、経験等を活用できる配置、処遇の推進

ヘ　賃金体系の見直し

ト　勤務時間制度の弾力化

なお、定年引上げ等の措置を実施した日から起算して6カ月前の日から支給申請日の前日までの間に、労働協約または就業規則において、高年法第8条（60歳以上定年）または第9条1項（高年齢者雇用確保措置）の規定と異なる定めをしていた場合は、支給対象となりません。

4　支給額

本助成金は、実施した対象措置の内容に応じて、下表の額が支給されます。

<①定年の引上げまたは定年の定めの廃止>

措置内容（引上げ年齢）／60歳以上被保険者数	65歳	66～69歳		70歳未満から70歳以上	定年（70歳未満に限る）の定めの廃止
		5歳未満	5歳以上		
1～3人	15万円	20万円	30万円	30万円	40万円
4～6人	20万円	25万円	50万円	50万円	80万円
7～9人	25万円	30万円	85万円	85万円	120万円
10人以上	30万円	35万円	105万円	105万円	160万円

<②希望者全員を対象とした66歳以上の年齢まで雇用する継続雇用制度の導入>

措置内容（雇用延長年齢）／60歳以上被保険者数	66～69歳	70歳未満から70歳以上
1～3人	15万円	30万円
4～6人	25万円	50万円
7～9人	40万円	80万円
10人以上	60万円	100万円

<③他社による継続雇用制度の導入>

措置内容	66～69歳	70歳未満から70歳以上
支給額（上限）	10万円	15万円

5　受給手続

本助成金を受給しようとする事業主は、当該措置の実施日の属する月の翌月から起算して4カ月以内の各月月初から5開庁日までに、「65歳超雇用推進助成金（65歳超継続雇用促進コース）支給申請書」に必要な書類を添えて、㈱高齢・障害・求職者雇用支援機構の都道府県支部高齢・障害者業務課（東京支部、大阪支部は高齢・障害者窓口サービス課）に支給申請します。

《2》高年齢者評価制度等雇用管理改善コース

1　趣　旨

高年齢者の雇用管理制度の整備に係る措置を実施する事業主に対して助成するものであり、高年齢者の雇用の推進を図ることを目的としています。

2　対象となる措置

本助成金は、企業内における高年齢者の雇用の推進を図るための「高年齢者雇用管理整備の措置」を、次の①および②により実施した場合に受給できます。

①　雇用管理整備計画書の認定

高年齢者の雇用の推進のための次の「高年齢者雇用管理整備の措置」を記載した「雇用管理整備計画書」（実施期間1年以内）を作成し、(独)高齢・障害・求職者支援機構理事長に提出して認定を受けること

・　高年齢者の雇用の機会を増大するための能力開発、能力評価、賃金体系、労働時間等の雇用管理制度の見直しまたは導入および医師または歯科医師による健康診断を実施するための制度の導入

55歳以上の高年齢者を対象とした次のａ～ｇのいずれかの措置を労働協約または就業規則に定めて実施すること

a　高年齢者の意欲および能力に応じた適正な配置および処遇を行うため、高年齢者の職業能力を評価する仕組みおよびこれを活用した賃金・人事処遇制度の導入または改善を行うこと

b　短時間勤務制度、隔日勤務制度など、高年齢者の希望に応じた勤務が可能となる労働時間制度の導入または改善を行うこと

c　高年齢者の負担を軽減するための在宅勤務制度の導入または改善を行うこと

d　高年齢者が意欲と能力を発揮して働けるために必要となる知識を付与するための研修制度の導入または改善を行うこと

e　高年齢者の意欲と能力を活かすため、高年齢者向けの専門職制度の導入等、高年齢者に適切な役割を付与する制度の導入または改善を行うこと

f　高年齢者に対して、医師または歯科医師による健康診断を実施するための制度の導入を行うこと

g　上記に掲げるもののほか、高年齢者の雇用の機会の増大のために必要な高年齢者の雇用管理制度の導入または改善を行うこと

②　高年齢者雇用管理整備の措置の実施

①の雇用管理整備計画に基づき、当該雇用管理整備計画の実施期間内に「高年齢者雇用管理整備の措置」を実施すること

3　対象となる事業主

本助成金を受給する事業主は、次の要件のすべてを満たすことが必要です。

①　全助成金共通の要件を満たしているとともに、支給申請日の前日において、当該事業主に1年以上継続して雇用されている60歳以上の雇用保険被保険者であって高年齢者雇用管理整備の措置により雇用管理整備計画の終了日の翌月から6カ月以上継続して雇用されている者が1人以上いること。

②　高年齢者雇用管理整備の措置の実施に要した費用を支払っていること

なお、雇用管理整備計画書提出日から起算して6カ月前の日から支給申請日の前日までの間に、労働協約または就業規則において、高年法第8条（60歳以上定年）または第9条1項（高年齢者雇用確保措置）の規定と異なる定めをしていた場合等は、支給対象となりません。

4　支給額

本助成金は、事業主が雇用環境整備計画の実施期間内に要した次の支給対象経費に、60％（中小企業以外は45％）を乗じて得た額（100円未満切り捨て）が支給されます。なお、「生産性要件」(注) を満たしている事業主については、支給対象経費に75％（中小企業以外は60％）

を乗じて得た額（100円未満切り捨て）が支給されます。

① 対象となる措置のａからｇのいずれかの措置に必要な専門家等に対する委託費、コンサルタントとの相談に要した経費

② 上記のほか、対象となる措置のａからｇのいずれかの措置の実施に伴い必要となる機器、システムおよびソフトウェア等の導入に要した経費

ただし、措置の導入を実施した場合は、①および②の経費として50万円の費用を要したものとみなします。2回目以降の申請は、50万円を上限とする経費の実費が支給対象経費となります。

（注）生産性要件

企業における生産性向上の取組を支援するために、事業主が次の①②の要件を満たしている場合に、助成金の増額を行います。

① 助成金の支給申請等を行う直近の会計年度における「生産性」が、その3年前に比べて6％以上伸びていること。

「生産性」は次の算式によって計算します。

$$\text{生産性}=\frac{\text{営業利益}+\text{人件費}+\text{減価償却費}+\text{動産・不動産貸借料}+\text{租税公課}}{\text{雇用保険被保険者数}}$$

② ①の算定対象となった期間（支給申請を行った年度の直近年度および当該会計年度から3年前の期間）について、雇用する雇用保険被保険者（短期雇用特例被保険者および日雇労働被保険者を除きます）を事業主都合によって解雇（退職勧奨を含みます）していないこと。

5 受給手続

助成金を受給しようとする事業主は、次の①～②の順に受給手続をします。

① 計画の認定申請

「雇用管理整備計画」の実施期間の開始日から起算して6カ月前の日から3カ月前の日までに、当該計画を記載した「雇用管理整備計画書」に必要な書類を添えて、㈱高齢・障害・求職者雇用支援機構の都道府県支部高齢・障害者業務課（東京支部、大阪支部は高齢・障害

者窓口サービス課）に認定申請します。認定の後、「雇用管理整備計画認定通知書」が交付されます。

② 支給申請

「雇用管理整備計画」の実施期間の終了日の翌日から起算して6カ月後の日の翌日からその2カ月後の日までの間に、「65歳超雇用推進助成金（高年齢者評価制度等雇用管理改善コース）支給申請書」に必要な書類を添えて、㈱高齢・障害・求職者雇用支援機構の都道府県支部高齢・障害者業務課（東京支部、大阪支部は高齢・障害者窓口サービス課）に支給申請します。

《3》高年齢者無期雇用転換コース

1 趣 旨

50歳以上かつ定年年齢未満の有期契約労働者を無期雇用労働者に転換する事業主に対して助成するものであり、高年齢者の雇用の推進を図ることを目的としています。

2 対象となる措置

本助成金は、次の①の対象労働者に対して、有期契約労働者を無期雇用労働者に転換する措置を、②と③により実施した場合に受給できます。

① 対象労働者

本コースにおける対象労働者は、次のイ～ヘのいずれにも該当する労働者です。

イ 申請事業主に雇用されている通算雇用期間が転換日において6カ月以上5年以内で50歳以上かつ定年年齢（65歳以上である場合は65歳）未満の有期契約労働者であること

ロ 無期雇用への転換日において、64歳以上の者でないこと

ハ 労働契約法第18条に基づき、労働者からの申込みにより無期雇用に転換した者でないこと

ニ 無期雇用労働者として雇用することを約して雇い入れられた有期契約労働者でないこと

ホ　無期雇用への転換日の前日から過去３年以内に、当該事業主の事業所に無期雇用労働者として雇用されたことがないこと

ヘ　転換日から支給申請日の前日において、当該事業主の事業所の雇用保険被保険者であること

②　無期雇用転換計画書の認定

「無期雇用転換計画書」（実施期間３年〜５年）を作成して、㈱高齢・障害・求職者雇用支援機構理事長に提出してその認定を受けること

なお、無期雇用転換計画書提出日の前日において、次のイおよびロを満たしていることが必要です。

イ　有期契約労働者を無期雇用労働者に転換（契約期間が通算５年以内の者を無期雇用労働者に転換する制度に限ります）する制度を労働協約または就業規則その他これらに準ずるものに規定していること

ロ　高年齢者雇用等推進者の選任に加え、次のａ〜ｇの高年齢者雇用管理に関する措置を１つ以上実施していること

ａ　職業能力の開発および向上のための教育訓練の実施等

ｂ　作業施設・方法の改善

ｃ　健康管理、安全衛生の配慮

ｄ　職域の拡大

ｅ　知識、経験等を活用できる配置、処遇の推進

ｆ　賃金体系の見直し

ｇ　勤務時間制度の弾力化

③　無期雇用への転換の実施

②の無期雇用転換計画に基づき、対象労働者に対するイ〜ニのすべてを満たす措置を実施したこと

イ　対象となる有期契約労働者を計画実施期間内に無期雇用労働者（被保険者）に転換すること

ロ　イの転換後、６カ月以上継続して雇用し、６カ月分の賃金を支払ったこと（勤務した日数が 11 日未満の月は除く）

ハ　支給申請日において制度を継続して運用していること

ニ　転換した対象労働者を 65 歳以上まで雇用する見込みがあること

3　対象となる事業主

本助成金を受給する事業主は、全助成金共通の要件等を満たしていることが必要です。

ただし、次のいずれかに該当する事業主は支給対象となりません。

① 転換日の前日から起算して６カ月前の日から１年間を経過した日までの間に、その雇用する雇用保険被保険者を事業主都合によって解雇（退職勧奨等を含む）したことがある場合

② 転換日の前日から起算して６カ月前の日から１年を経過した日までの間に、当該転換を行った適用事業所において、その雇用する雇用保険被保険者を、特定受給資格者となる離職理由により、当該雇入れ日における雇用保険被保険者数の６％を超えて、かつ４人以上離職させていた場合

③ 無期雇用転換計画書提出日から起算して６カ月前の日から支給申請日の前日までの間に、労働協約または就業規則において、高年法第８条（60歳以上定年）または第９条１項（高年齢雇用確保措置）の規定と異なる定めをしていた場合

4　支給額

本助成金の支給額は、対象労働者１人につき48万円（中小企業以外は38万円）です。

生産性要件（232ページ参照）を満たしている事業主については、対象労働者１人につき60万円（同48万円）が支給されます。

対象労働者の合計人数は１支給申請年度１適用事業所当たり10人を上限とします。

5　受給手続

本助成金を受給しようとする申請事業主は、次の①②の順に受給手続をします。

① 計画の認定申請

「無期雇用転換計画」の実施期間の開始日から起算して６カ月前の

日から３カ月前の日まで（認定申請期間）に、当該計画を記載した「無期雇用転換計画書」に必要な書類を添えて、㈱高齢・障害・求職者雇用支援機構の都道府県支部高齢・障害者業務課（東京支部、大阪支部は高齢・障害者窓口サービス課）に認定申請します。当該認定の後、「無期雇用転換計画認定通知書」が交付されます。

② 支給申請

無期雇用転換計画に基づき、無期雇用への転換後、６カ月分（勤務した日数が 11 日未満の月は除く）の賃金を支払った日の翌日から２カ月以内（支給申請期間）に、「65 歳超雇用推進助成金（高年齢者無期雇用転換コース）支給申請書」に必要な書類を添えて、㈱高齢・障害・求職者雇用支援機構の都道府県支部高齢・障害者業務課（東京支部、大阪支部は高齢・障害者窓口サービス課）に支給申請します。

（3）高年齢労働者処遇改善促進助成金

雇用形態にかかわらない公正な待遇の確保を推進する観点から、60 歳から 64 歳までの高年齢労働者の処遇改善に向けて、就業規則や労働協約（以下「就業規則等」という）の定めるところにより高年齢労働者に適用される賃金に関する規定または賃金テーブル（以下「賃金規定等」という）の改定に取り組む事業主に対して助成金を支給することで、高年齢労働者が継続して働くことができる環境を整備することを目的としています。

1 対象となる措置

本助成金は、下記の「対象となる事業主」に該当する事業主が、次の取り組みを実施し、賃金規定等の増額改定を行った場合に受給することができます。

① 賃金規定等改定計画書の提出・認定

賃金規定等改定予定年月日や算定対象労働者（事業所において高年齢雇用継続基本給付金を受給しているすべての労働者）を記載した賃金規定等改定計画書（以下「計画書」といいます）を適用事業所ごとに作成し、賃金規定等改定予定日の前日までに必要書類を添えて管轄の労働局に提出して労働局長の認定を受けてください。

② 支給要件

本助成金を受給する事業主は、次の要件を満たしていることが必要です。

イ 就業規則等の定めるところにより賃金規定等を増額改定し、増額改定後の賃金規定等を6カ月以上運用していること。支給申請日において増額改定後の賃金規定等を継続して運用していること。

ロ 増額改定前の賃金規定等を6か月以上運用していたこと（新たに賃金規定等を整備する場合は、賃金規定等改定の措置に基づき増額された賃金が支払われた日の属する月前6カ月間の算定対象労働者の賃金支払状況が確認できること）。

ハ 賃金規定等改定の措置に基づき増額された賃金が支払われた日の属する月前6カ月間に算定対象労働者が受給した増額改定前の賃金の額で算定した高年齢雇用継続基本給付金の総額と賃金規定等を増額改定後、各支給対象期において当該算定対象労働者が受給した増額改定後の賃金の額で算定した高年齢雇用継続基本給付金の総額を算出し全体の減少率が95％以上となっていることが確認できること。

③ 支給対象労働者

本助成金の支給対象となる労働者は、次の要件を満たしていることが必要です。

イ 計画書の認定を受けた者であること。ただし、認定された者であっても各支給対象期に除外対象者（支給申請日において離職している者など）となった場合は除きます。

ロ 支給申請日において継続して、支給対象事業主に雇用されている者

ハ 増額改定した賃金規定等を適用されている者

2　対象となる事業主

本助成金を受給する事業主は、次の要件を満たしていることが必要です。

① 全助成金共通の要件を満たしていること

② 上記「対象となる措置」に示す措置を受ける対象労働者の出勤状況および支払い状況等を明らかにする書類（労働者名簿、賃金台帳、出勤簿等）およびその措置の状況を明らかにする書類等を整備・保管し、労働局等から提出を求められた場合にそれに応じること

3　支給額

事業所に雇用される労働者に係る、賃金規定等改定前後を比較した高年齢雇用継続基本給付金の減少額に以下の助成率を乗じた額を支給します。

※助成率は、増額改定した賃金規定等を適用した年度の助成率が適用されます。

① 令和３年度又は令和４年度
４／５（中小企業以外　２／３）

② 令和５年度又は令和６年度
２／３（中小企業以外　１／２）

4　受給手続

本助成金を受給しようとする事業主は、次の①～②の順に受給手続をします。

① 賃金規定等改定計画書の届出

賃金規定等改定予定日の前日までに、計画書に必要な書類を添えて管轄労働局へ提出して計画書の認定を受けてください。

② 支給申請

認定された計画に基づき賃金規定等の増額改定を行った場合、各支給対象期末月分にかかる管轄のハローワークが指定した高年齢雇用継続基本給付金の支給申請月の翌月の初日から起算して２カ月以内に支給申請書並びに支給申請書（別紙）に必要な書類を添えて管轄労働局へ提出してください。申請回数は支給対象期の第１期から第４期ま

で（6ヵ月ごと）の最大4回（2年間）までとします。

（4）特定求職者雇用開発助成金

高年齢者や障害者などの就職が特に困難な者を、公共職業安定所または民間の職業紹介事業者等の紹介により、継続して雇用する労働者として雇い入れる事業主に対して助成するものであり、これらの人の雇用機会の増大および雇用の安定を図ることを目的としています。

本助成金は次の7つのコースに分けられます。

① 高年齢者（60歳以上65歳未満）や障害者などの就職が特に困難な者を雇い入れることに対して助成を行う「特定就職困難者コース」

② 65歳以上の離職者を雇い入れることに対して助成を行う「生涯現役コース」

③ 東日本大震災による被災離職者等を雇い入れることに対して助成を行う「被災者雇用開発コース」

④ 発達障害者または難治性疾患患者を雇い入れることに対して助成を行う「発達障害者・難治性疾患患者雇用開発コース」

⑤ 正規雇用の機会を逃したこと等により、十分なキャリア形成がなされなかったために、正規雇用労働者としての就業が困難な者を正規雇用労働者として雇い入れることに対して助成を行う「就職氷河期世代安定雇用実現コース」

⑥ 生活保護受給者等を雇い入れることに対して助成を行う「生活保護受給者等雇用開発コース」

⑦ ①～⑥のいずれかに該当する事業主が成長分野等の業務に従事させ人材育成や職場定着に取り組む場合や人材開発支援助成金による人材育成を行い賃上げを行った場合に助成額を引き上げる「成長分野等人材確保・育成コース」

本書では①②⑤について説明します。

※令和5年度より、②③コースの廃止や、他コースにおいても要件の変更等の見直しが行われる予定となっています（2022年12月時点の情報）。最新の情報は厚生労働省のHPをご確認下さい。

《1》特定就職困難者コース

1　趣　旨

高年齢者（60 歳以上 65 歳未満）や障害者など就職が特に困難な者を、公共職業安定所または民間の職業紹介事業者等の紹介により、継続して雇用する労働者として雇い入れる事業主に対して助成するもので、これらの人の雇用機会の増大および雇用の安定を図ることを目的としています。

2　対象となる措置

本助成金は、①の対象労働者を②の労働条件により雇い入れたときに受給できます。

①　対象労働者

本助成金の「対象労働者」は、次のイまたはロに該当する求職者（雇入れ日現在において 65 歳未満の者に限ります）です。

イ　重度障害者等以外の者

次のａ～ｐに該当する者（ロに該当する者を除きます）であって、紹介を受けた日に雇用保険の被保険者でない者（失業等の状態にある者）

a　60 歳以上の者

b　身体障害者

c　知的障害者

d　精神障害者

e　母子家庭の母等

f　父子家庭の父（児童扶養手当を受けている者に限ります）

g　中国残留邦人等永住帰国者

h　北朝鮮帰国被害者等

i　認定駐留軍関係離職者（45 歳以上の者に限ります）

j　沖縄失業者求職手帳所持者（同上）

k　漁業離職者求職手帳所持者（同上）

l　手帳所持者である漁業離職者等（同上）

m　一般旅客定期航路事業等離職者求職手帳所持者（同上）

n　認定港湾運送事業離職者（同上）

o　その他就職困難者（同上）

p　ウクライナ避難民

ロ　重度障害者等

次のａ～ｅのいずれかに該当する者。短時間労働者以外として雇い入れる場合には、公共職業安定所等から紹介を受けた日に雇用保険被保険者（在職者）であっても差し支えありません。

a　重度身体障害者

b　身体障害者のうち45歳以上の者

c　重度知的障害者

d　知的障害者のうち45歳以上の者

e　精神障害者

②　雇入れの条件

対象労働者を次のイとロの条件によって雇い入れること

イ　公共職業安定所または民間の職業紹介事業者等※の紹介により雇い入れること

※地方運輸局（船員として雇い入れる場合）、特定地方公共団体、雇用関係給付金に係る取扱いを行う旨の標識の交付を受け、これを事業所内に掲げる職業紹介事業者等

ロ　雇用保険一般被保険者として雇い入れ、継続して雇用することが確実※であると認められること

※65歳以上に達するまで継続して雇用し、かつ、２年以上（重度障害者等を短時間労働者以外として雇い入れる場合は３年以上）であることをいいます。

3　対象となる事業主

本助成金を受給する事業主は、全助成金共通の基本要件を満たしていることが必要です。

なお、次のいずれかに該当する事業主は支給対象となりません（一部略）。

イ　対象労働者の雇入れの日の前日から起算して６カ月前の日から１

年間を経過する日までの間（以下「基準期間」といいます）に、雇用する雇用保険被保険者（短期雇用特例被保険者および日雇労働被保険者を除きます）を事業主都合によって解雇（勧奨退職等を含みます）したことがある場合

ロ　基準期間に、雇用する雇用保険被保険者を、特定受給資格者となる離職理由により、雇入れ日における雇用保険被保険者数の６％を超えて、かつ４人以上離職させていた場合

ハ　対象労働者の雇入れ日よりも前に特定求職者雇用開発助成金（特定就職困難者コース）の支給対象となった者のうち、雇入れ日から起算して１年を経過する日が基準期間内にある者が５人以上いる場合であって、それらの者が、確認日の時点で離職している割合が25％を超えているなど支給対象者の離職率が高い場合

ニ　高年法第10条第２項または同法第10条の３第２項に基づく勧告を受け、支給申請日までにその是正がなされていない場合

4　支給額

本助成金は、支給対象者の雇入れに係る日から起算した「助成対象期間」に示す期間を対象として助成が行われます。

本助成金は、この助成対象期間を６カ月単位で区分した「支給対象期」ごとに、最大２～６回にわたって支給されます。

ただし、支給対象期ごとの支給額は、支給対象期中に支給対象者に支払った賃金額を上限とします。

	対象労働者	支給額	助成対象期間	支給対象期ごとの支給額
短時間労働者以外	①　②③を除く者	60万円 (50万円)	1年 （1年）	30万円×2期 (25万円×2期)
	②　重度障害者等を除く身体・知的障害者	120万円 (50万円)	2年 （1年）	30万円×4期 (25万円×2期)
	③　重度障害者等(上記「対象労働者」のロに該当する者)	240万円 (100万円)	3年 （1年6カ月）	40万円×6期 (33万円※×3期) ※第3期は34万円

短時間労働者（※）	④　⑤を除く者	40万円 （30万円）	1年 （1年）	20万円×2期 （15万円×2期）
	⑤　重度障害者等を含む身体・知的・精神障害者	80万円 （30万円）	2年 （1年）	20万円×4期 （15万円×2期）

注：（　）内は中小企業以外に対する支給額および助成対象期間です。

※「短時間労働者」とは、一週間の所定労働時間が、20時間以上30時間未満である者をいいます。

支給対象者について最低賃金法第7条の最低賃金の減額の特例の許可を受けている場合は、支給対象期について支給対象者に支払った賃金に次の助成率を乗じた額となります。

助成率

支給対象者①②④⑤に該当する者の場合　1／3（中小企業以外1／4）

支給対象者③に該当する者の場合　1／2（中小企業以外1／3）

5　受給手続

本助成金を受給しようとする事業主は、支給対象期ごとに、それぞれの支給対象期の末日の翌日から起算して2カ月以内に、支給申請書に必要な書類を添えて、管轄の労働局（公共職業安定所を経由して行うことができる場合もあります）へ支給申請します。

《2》生涯現役コース

1　趣　旨

65歳以上の離職者を、公共職業安定所または民間の職業紹介事業者等の紹介により、1年以上継続して雇用する事業主に対して助成するもので、高年齢者がその経験等を生かして働き、引き続き社会で活躍することへの支援を目的としています。

※本コースは令和4年度末で廃止を予定しています。65歳以上の対象労働者の方は特定就職困難者コースの対象となる予定です（2022年12月時点の情報）。
最新の情報は厚生労働省のHPをご確認下さい。

2　対象となる措置

本助成金は、①の対象労働者を②の労働条件により雇い入れたときに受給できます。

① 対象労働者

本助成金の「対象労働者」は、次のいずれにも該当する求職者です。

イ　雇入れ日現在において満65歳以上の者であること

ロ　紹介を受けた日に、雇用保険被保険者でない者（失業等の状態にある者）

② 雇入れの条件

対象労働者を次のイとロの条件によって雇い入れること

イ　公共職業安定所または民間の職業紹介事業者等※の紹介により雇い入れること

※地方運輸局（船員として雇い入れる場合）、特定地方公共団体、雇用関係給付金に係る取扱いを行う旨の標識の交付を受け、これを事業所内に掲げる職業紹介事業者等

ロ　雇用保険の高年齢被保険者として雇い入れ、1年以上雇用することが確実であると認められること

ただし、対象労働者が、その雇い入れの日の前日から過去3年間に、雇用、出向、派遣、請負、委任等により、雇入れ事業主の事業所で就労したことがある場合等には、支給対象となりません。

3　対象となる事業主

本助成金を受給する事業主は、全助成金共通の基本要件を満たしていることが必要です。

なお、次のいずれかに該当する事業主は支給対象となりません（一部略）。

イ　支給対象者の雇入れの日の前日から起算して６カ月前の日から１年間を経過する日までの間（以下「基準期間」といいます）に、雇用する雇用保険被保険者（短期雇用特例被保険者および日雇労働被保険者を除きます）を事業主都合によって解雇（勧奨退職等を含みます）したことがある場合

ロ　基準期間に、雇用する雇用保険被保険者を、特定受給資格者となる離職理由により、雇入れ日における雇用保険被保険者数の６％を超えて、かつ４人以上離職させていた場合

ハ　対象労働者の雇入れ日よりも前に特定求職者雇用開発助成金（生涯現役コース）の支給対象となった者を、支給申請日の前日から過去３年間に、その助成対象期間中に事業主都合によって解雇等（勧奨退職を含みます）をしたことがある場合

ニ　高年法第 10 条第２項または同法第 10 条の３第２項に基づく勧告を受け、支給申請日までにその是正がなされていない場合

4　支給額

本助成金は、支給対象者の雇入れに係る日から起算して１年間を対象として助成が行われます。

本助成金は、この助成対象期間を６カ月単位で区分した「支給対象期」ごとに、最大２回にわたって支給されます。

本助成金の支給額は、下表のとおりです。

対象労働者	支給額	助成対象期間	支給対象期ごとの支給額
短時間労働者以外の者	70 万円（60 万円）	１年（１年）	35（30）万円×２期
短時間労働者（※）	50 万円（40 万円）	１年（１年）	25（20）万円×２期

注：（　）内は中小企業以外に対する支給額および支給対象期間です。

※短時間労働者とは、１週間の所定労働時間が 20 時間以上 30 時間未満である者をいいます。

ただし、支給対象期ごとの支給額は、支給対象期中に支給対象者に支

払った賃金額を上限とします。

支給対象者について最低賃金法第７条の最低賃金の減額の特例の許可を受けている場合は、支給対象期について支給対象者に支払った賃金に次の助成率を乗じた額となります。

助成率

１／３（中小企業以外１／４）

5　受給手続

本助成金を受給しようとする事業主は、支給対象期ごとに、それぞれの支給対象期の末日の翌日から起算して２カ月以内に、支給申請書に必要な書類を添えて、管轄の労働局（公共職業安定所を経由して行うことができる場合もあります）へ支給申請します。

《3》就職氷河期世代安定雇用実現コース

1　趣　旨

いわゆる就職氷河期に就職の機会を逃したこと等により、十分なキャリア形成がなされなかったために、正規雇用労働者としての就業が困難な者（以下「就職氷河期世代長期不安定雇用者」といいます）を、公共職業安定所または民間の職業紹介事業者等の紹介により、正規雇用労働者として雇い入れる事業主に対して助成するもので、就職氷河期世代長期不安定雇用者の正規雇用労働者としての就職支援を目的としています。

2　対象となる措置

本助成金は、次の①の労働者を②の条件により雇い入れた場合に受給できます。

①　対象労働者

次のイ～ニのすべてに該当する求職者です。

イ　雇入れ日現在の満年齢が 35 歳以上 55 歳未満の者

ロ　雇入れ日前直近５年間に正規雇用労働者として雇用された期間が

1年以下であり、かつ、雇入れの日の前日から起算して過去1年間に正規雇用労働者として雇用されたことがない者

ハ　下記②イの紹介の時点で失業の状態にある者または非正規雇用労働者であって、公共職業安定所や職業紹介事業者等において、個別支援等の就労に向けた支援を受けている者

ニ　正規雇用労働者として雇用されることを希望している者

②　雇入れの条件

次のイとロの条件によって雇い入れること

イ　公共職業安定所または民間の職業紹介事業者等※の紹介により雇い入れること

※地方運輸局（船員として雇い入れる場合）、特定地方公共団体、雇用保険給付金に係る取扱いを行う旨の標識の交付を受け、これを事業所内に掲げる職業紹介事業者等

ロ　次のaからcまでのいずれにも該当する者（正規雇用労働者について就業規則等について規定）、かつ、雇用保険一般被保険者（週の所定労働時間が20時間以上30時間未満である短時間労働者を除きます）として雇い入れること

a　期間の定めのない労働契約を締結している労働者であること

b　所定労働時間が同一の事業主に雇用される通常の労働者の所定労働時間（週30時間以上）と同じ労働者であること

c　同一の事業主に雇用される通常の労働者に適用される就業規則等に規定する賃金の計算方法および支給形態、賞与、退職金、休日、定期的な昇給や昇格の有無等の労働条件について長期雇用を前提とした待遇が適用されている労働者であること

ただし、対象労働者が、その雇入れの日の前日から過去3年間に雇用、出向、派遣、請負、委任等により、雇入れ事業主の事業所で就労したことがある場合等は、支給対象となりません。

3　対象となる事業主

本助成金を受給する事業主は、全助成金共通の要件を満たしていることが必要です。

なお、次のいずれかに該当する事業主等は支給対象となりません。（一部略）

イ　支給対象者の雇入れの日の前日から起算して６カ月前の日から１年間を経過するまでの間（以下「基準期間」といいます）に、雇用する雇用保険被保険者（短期雇用特例被保険者および日雇労働被保険者を除きます）を事業主都合によって解雇する等事業主都合により離職させたことがある場合

ロ　基準期間に、雇用する雇用保険被保険者を、特定受給資格者となる離職理由により、雇入れ日における雇用保険被保険者数の６％を超えて、かつ、４人以上離職させていた場合

ハ　高年法第10条第２項または同法第10条の３第２項に基づく勧告を受け、支給申請日までにその是正がなされてない場合

4　支給額

本助成金は、対象労働者の雇入れの日から起算して１年間（以下「助成対象期間」といいます）に示す期間を対象として助成が行われます。

本助成金は、この助成対象期間を６カ月単位で区分した「支給対象期」ごとに、最大２回にわたって支給されます。

支給額は、下表の額です。

支給額	助成対象期間	支給対象期ごとの支給額
60万円 （50万円）	１年 （１年）	30万円×２期 （25万円×２期）

注：（　）内は中小企業以外に対する支給額および助成対象期間です。

ただし、支給対象期ごとの支給額は、支給対象期間中に支給対象者に支払った賃金額を上限とします。

支給対象者について最低賃金法第７条の最低賃金の減額の特例の許可を受けている場合は、支給対象期について支給対象者に支払った賃金に次の助成率を乗じた額となります。

助成率

１／３（中小企業以外は１／４）

支給対象期の途中で対象労働者が離職したときは、本助成金は支給されません。

5　受給手続き

本助成金を受給しようとする事業主は、支給対象期ごとに、それぞれの支給対象期の末日の翌日から起算して２カ月以内に、支給申請書に必要な書類を添えて、管轄の労働局（公共職業安定所を経由して行うことができる場合もあります）へ支給申請します。

（5）トライアル雇用助成金

1　趣　旨

職業経験、技能、知識等から安定的な就職が困難な求職者を、公共職業安定所または職業紹介事業者等の紹介により、一定期間試行雇用する事業主に助成することにより、その適性や業務遂行可能性を見極め、求職者および求人者の相互理解を促進すること等を通じて、これらの者の早期就職の実現や雇用機会の創出を図ることを目的としています。

本助成金は対象者や労働時間等により次の６つのコースに分けられます。

①　一般トライアルコース
②　障害者トライアルコース
③　障害者短時間トライアルコース
④　新型コロナウイルス感染症対応トライアルコース
⑤　新型コロナウイルス感染症対応短時間トライアルコース
⑥　若年・女性建設労働者トライアルコース

本書では、①一般トライアルコースについて説明します。

2　対象となる措置

本助成金は、①の対象労働者を②の労働条件により雇い入れ、トライアル雇用を行った場合に受給できます。

①　対象労働者

次のイ、ロに該当する求職者を、本助成金の対象労働者とします。

イ　常用雇用を希望している者であって、トライアル雇用制度を理解したうえで、トライアル雇用による雇入れについても希望している者であること

ロ　次のａ～ｅのいずれかに該当する者

ａ　紹介日前２年以内に、２回以上離職または転職を繰り返している者

ｂ　紹介日前において離職している期間が１年を超えている者

ｃ　妊娠、出産または育児を理由として離職した者であって、紹介日前において安定した職業に就いていない期間（離職前の期間は含めません）が１年を超えているもの

ｄ　紹介日において、満55歳未満かつ安定した職業に就いていない者であって、安定所・紹介事業者等においてⓐおよびⓑのいずれにも該当する支援を受けている者

ただし、当該支援の実施体制にない紹介事業者等においてはⓒに該当すること

ⓐ　職業紹介窓口や就職氷河期世代専門窓口等において、より就職困難性が高いと認められるものに対し行われる支援であって、支援開始から支援終了まで１人または複数の担当者が行う個別支援（マンツーマンによる担当者制やチーム支援）であること

ⓑ　次のⅰからⅷのいずれかの支援を実施していること（個別支援）

ⅰ　就職の不安に対する相談対応

ⅱ　セミナー等の案内

ⅲ　就職に向けた本人の希望、経験や能力の把握

ⅳ　履歴書・職務経歴書の作成指導

ⅴ　ニーズにあった求人情報の提供

ⅵ　模擬面接指導

ⅶ　応募・面接が不調に終わった場合のフォローアップ

ⅷ　その他、通常の支援と比較して特に手厚い支援

ⓒ　紹介事業者等において、個別支援を実施する体制にない場合において、ⓐおよびⓑに照らし実質的に個別支援と同等の支援であること

e　紹介日において次のいずれかに該当する者

・生活保護受給者

・母子家庭の母等

・父子家庭の父

・日雇労働者

・季節労働者

・中国残留邦人等永住帰国者

・ホームレス

・住居喪失不安定就労者

・生活困窮者

・ウクライナ避難民

②　雇入れの条件

対象労働者を次の条件によって雇い入れること

イ　公共職業安定所・紹介事業者等※に提出された求人に対して、公共職業安定所・紹介事業者等の紹介により雇い入れること

※地方運輸局（船員として雇い入れる場合）、特定地方公共団体、雇用関係給付金に係る取り扱いを行う旨の標識の交付を受け、これを事業所内に掲げる職業紹介事業者等

ロ　原則３カ月のトライアル雇用をすること

トライアル雇用を行う事業者と対象者との合意により、１カ月または２カ月としても差し支えありません（ただし、１カ月とする場合 31 日以上でなければなりません）

ハ　１週間の所定労働時間が原則として通常の労働者と同程度（かつ30時間(日雇労働者、ホームレス、住居喪失不安定就労者は20時間)を下回らないこと）であること

ただし、トライアル雇用を開始した日の前日から過去３年間に、対象労働者がトライアル雇用事業主の事業所で雇用、出向、派遣、委任等により就労したことがある場合等は、対象となりません。

3　対象となる事業主

本助成金を受給する事業主は、次の①～②のすべての要件を満たすことが必要です。

①　全助成金共通の基本要件を満たしていること

②　季節労働者のトライアル雇用を実施する事業主にあっては、指定地域に所在する事業所において、指定業種以外の事業を行う事業主であること

なお、次のいずれかに該当する事業主は支給対象となりません。

イ　トライアル雇用を開始した日の前日から起算して過去３年間に、トライアル雇用事業主の事業所において、トライアル雇用を実施した後に常用雇用へ移行しなかったトライアル雇用労働者の数等が３人を超え、かつ、トライアル雇用を実施した後に常用雇用へ移行したトライアル雇用労働者の数を上回っている場合

ロ　トライアル雇用を開始した日の前日から起算して６カ月前の日からトライアル雇用を終了する日までの間（以下「基準期間」といいます）に、雇用する雇用保険被保険者（短期雇用特例被保険者および日雇労働被保険者を除きます）を事業主都合によって解雇（勧奨退職等を含みます）したことがある場合

ハ　基準期間に、雇用する雇用保険被保険者を、特定受給資格者となる離職理由により、雇入れ日における雇用保険被保険者数の６％を超えて、かつ４人以上離職させていた場合

ニ　高年法第10条第２項または同法第10条の３第２項に基づく勧告を受け、支給申請日までにその是正がなされていない場合

4　支給額

本助成金は、支給対象者のトライアル雇用に係る雇入れの日から１カ月単位で最長３カ月を対象として助成が行われます。支給対象期間中の各月の月額の合計額がまとめて１回で支給されます。

金額は支給対象者１人につき月額４万円です。対象者が母子家庭の母等または父子家庭の父である場合は５万円が支給されます。ただし、本人の都合による退職や途中で常用雇用へ移行した場合等には、金額の調整が行われます。

5　受給手続

本助成金を受給しようとする事業主は、次の①②の順に受給手続をします。

①　計画書の提出

トライアル雇用の開始日から２週間以内に、支給対象者の同意の署名のあるトライアル雇用実施計画書、雇用契約書等労働条件が確認できる書類ならびに職業紹介証明書（紹介事業者の紹介による場合に限ります）を次のイ～ハに提出します。

イ　ハローワークから紹介の場合　ハローワーク

ロ　地方運輸局から紹介の場合　地方運輸局

ハ　職業紹介事業者等から紹介の場合　労働局またはハローワーク（提出先は職業紹介事業者に確認）

②　支給申請

トライアル雇用が終了した日の翌日から起算して２カ月以内に、「トライアル雇用結果報告書兼トライアル雇用助成金支給申請書」に必要な書類を添えて、管轄の労働局（公共職業安定所を経由して行うことができる場合もあります）へ支給申請します。

（6）中途採用等支援助成金

1　趣旨

中途採用の拡大や移住者の採用等を行う事業主に対して助成し、転職・再就職者の採用機会の拡大および人材移動の促進を図るとともに、生涯現役社会の実現を促進することを目的としています。

本助成金は次の２つのコースに分けられます。

①　中途採用者の雇用管理制度を整備したうえで中途採用者の採用を拡大する事業主に助成を行う「中途採用拡大コース」

②　内閣府の地方創生推進交付金（移住・起業・就業タイプ）を活用して地方公共団体が実施する移住支援制度を利用したＵＩＪターン者を採用した中小企業等の事業主に助成を行う「ＵＩＪターンコース」

本書では、②ＵＩＪターンコースについて説明します。

2　対象となる措置

本助成金は、次の①および②の措置を実施し、③の対象労働者を雇い入れた場合に助成できます。

①　計画書の提出・認定

②の採用活動に係る計画書を管轄労働局に提出し、労働局長の認定を受けます。

②　採用活動の実施

計画書に定めた計画期間（6カ月以上 12 カ月以内）内に、次のイ～ニいずれかの採用活動を行います。

イ　募集・採用パンフレット等の作成・印刷

ロ　自社ホームページ等の作成・改修

ハ　就職説明会・面接会・出張面接等（オンラインによるものを含みます）

ニ　外部専門家（社会保険労務士、中小企業診断士、民間有料職業紹介事業者等）によるコンサルティング

③　対象労働者

次のイ～ニのすべてに該当する労働者です。

イ　東京圏からの移住者（地方創生推進交付金を活用して地方公共団体が実施する移住支援事業を利用したＵＩＪターン者に限ります。新規学卒者および新規学卒者と同一の枠組みで採用された者は除きます）であること

ロ　地方創生推進交付金を活用して地方公共団体が開設・運営するマッチングサイトに掲載された求人に応募し、計画期間中に雇い入れられた者であること

ハ　雇入れ当初より雇用保険の一般被保険者または高年齢被保険者として雇い入れられた者であること

ニ　継続して雇用することが確実※であると認められる者であること

※65歳以上に達するまで継続して雇用し、かつ、１年以上であることをいいます。

ただし、次のいずれかに該当する場合は支給対象となりません（一部略）。

イ　雇入れ日から６カ月以内に離職した場合

ロ　雇入れ日の前日から過去３年間に、雇用関係、出向、派遣または請負により、雇入れ事業主の事業所で就労したことがある場合

ハ　雇入れ事業所の代表者または取締役の３親等内の親族である場合

3　対象となる事業主

本助成金を受給する事業主は、次の①～③のすべての要件を満たすことが必要です。

①　全助成金共通の基本要件を満たしていること

②　計画期間内に、１人以上の移住者を新たに継続して雇用する労働者として雇い入れること

③　地方創生推進交付金を活用して地方公共団体が開設・運営するマッチングサイトに求人を掲載していること

なお、次のいずれかに該当する事業主は支給対象となりません。

イ　計画期間の始期の前日から起算して６カ月前の日から支給申請書の提出日までの間に、当該雇入れ事業所において雇用する雇用保険被保険者を事業主都合によって解雇等（勧奨退職等を含む）した場合

ロ　計画期間の始期の前日から起算して６カ月前の日から支給申請書の提出日までの間に、当該雇入れ事業所において雇用する雇用保険被保険者を、特定受給資格者となる離職理由により、計画期間の始期における雇用保険被保険者数の６％を超えて、かつ４人以上離職させている場合

ハ　高年法第 10 条第２項または同法第 10 条の３第２項に基づく勧告を受け、支給申請日までにその是正がなされていない場合

4　支給額

本助成金は、企業規模に応じて、助成対象経費の合計額に、下表の助成率を乗じた額が支給されます。

	助成率	上限
中小企業	1／2	100 万円
中小企業以外	1／3	100 万円

雇入れ事業主が計画期間内に行った採用活動に要した費用のうち、計画期間内に支払いの発生原因が生じ、支給申請書の提出日までに弁済期が到来し支払われた費用を対象とします。

助成対象となるのは、以下の費用です。

イ　募集・採用パンフレット等の作成・印刷費

ロ　自社ホームページ等の作成・改修費

ハ　就職説明会・面接会・出張面接等の実施費用（ブース出展費、会場借上げ費等）

ニ　ハに要した費用のうち採用担当者が要した宿泊費（１人１泊 8,700 円が上限）

ホ　ハに要した費用のうち採用担当者が要した交通費（国家公務員等

の旅費に関する法律に準じた制限等あり）
へ　外部専門家によるコンサルティング費用

5　受給手続

本助成金を受給しようとする事業主は、次の①および②の順に受給手続きをします。

① 計画書の提出
採用活動および雇入れを行う前に、「計画書」に必要な書類を添えて管轄労働局（公共職業安定所を経由して行うことができる場合もあります）へ提出します。

② 支給申請書の提出
計画期間の終期（計画の終期にあって対象労働者の雇入れ日から6カ月を経過していない場合は当該雇入れ日から6カ月を経過する日）の翌日から起算して2カ月以内に「支給申請書」に必要な書類を添えて管轄労働局（同上）へ提出します。

（7）両立支援等助成金

労働者の職業生活と家庭生活を両立させるための制度の導入や事業内保育施設の設置運営、女性の活躍推進のための取組を行う事業主等に対して助成するものであり、仕事と家庭の両立支援、女性の活躍推進のための事業主の取組の促進を目的としています。

本助成金は次の7つのコースに分けられます。

① 男性の育児休業等取得を促進するための取組に助成する「出生時両立支援コース」

② 仕事と介護の両立支援のための取組に対して助成する「介護離職防止支援コース」

③ 労働者の円滑な育児休業取得・職場復帰や育児休業者の代替要員の確保や育休から復帰後の支援の取組に対して助成する「育児休業等支援コース」

④ 事業所内保育施設の設置・運営費用を助成する「事業所内保育施設コー

ス」（新規受付停止）

⑤　新型コロナウイルス感染症に関する母性健康管理措置による「休暇取得支援コース」

⑥　不妊治療をしやすい環境整備のための取組に助成する「不妊治療両立支援コース」

⑦　小学校等の臨時休業等に伴い、子どもの世話を行う労働者に有給の休暇を取得させた事業主に対して助成する「新型コロナウイルス感染症による小学校休業等対応助成金」

本書では、上記のうち育児休業等支援コースについて説明します。

1　趣　旨

育児休業の円滑な取得・職場復帰のため取組を行った事業主に対して助成金を支給するものであり、育児を行う労働者が安心して育児休業を取得しやすく、職場に復帰しやすい環境の整備を図ることを目的としています。

2　対象となる措置

A　育休取得時

本助成金は、中小企業事業主が次のイおよびロを実施した場合に受給できます。ただし、出生時両立支援コースとの併給はできません。

イ　育休復帰支援プランによる労働者の円滑な育児休業の取得および職場復帰の支援

事業主が、次のａからｃのすべてを満たす取組を実施していることが必要です。

ａ　労働者の円滑な育児休業の取得および職場復帰について、プランにより支援する方針をあらかじめ全労働者に周知していること

ｂ　次のロによって育児休業取得者またはその配偶者の妊娠の事実等について把握後、育児休業取得者の上司または人事労務担当者と育児休業取得者が面談を実施したうえで結果について記録し、当該面談結果を踏まえてプランを作成すること

ｃ　作成したプランに基づき、育児休業取得予定者の育児休業（産

前休業の終了後引き続き産後休業および育児休業をする場合には産前休業、また、産後休業の終了後引き続き育児休業をする場合には産後休業）の開始日の前日までに業務の引継ぎを実施させていること

ロ　育児休業取得

事業主が、イのｂ、ｃに該当し、育児休業（産後休業の終了後引き続き育児休業をする場合には産後休業）を開始する日において、雇用保険被保険者として雇用している者に、３カ月以上の育児休業（産後休業の終了後引き続き育児休業をする場合には、産後休業も含め３カ月以上）を取得させることが必要です。

育児休業取得の直前に在宅勤務している場合は、個別の労働者との取決めではなく、在宅勤務規定を整備し、業務日報等により勤務実態を確認できなければなりません。

Ｂ　職場復帰時

中小企業事業主が、Ａの支給を受け、さらに次のイおよびロを実施した場合に受給できます。ただし、出生時両立支援コースとの併給はできません。

イ　プランによる労働者の職場復帰の支援

同一の育児休業取得者に対し、次のａからｃのすべてを満たす取組を実施していることが必要です。

ａ　プランに基づく措置を実施し、育児休業取得者が職場復帰するまでに、育児休業取得者の育児休業中の職務や業務内容に関する情報および資料の提供を実施していること

ｂ　育児休業取得者の育児休業終了前に、育児休業取得者の上司または人事労務担当者と育児休業取得者が面談を実施したうえで結果について記録すること

ｃ　育児休業終了後、上記ｂの面談結果を踏まえ、育児休業取得者を原則として原職または原職相当職（以下、原職等）に復帰させること

ロ　職場復帰後の継続雇用

上記イの対象育児休業取得者を、育児休業終了後、申請日まで雇用保険被保険者として６カ月以上雇用していること。また当該６カ月の間に雇用形態や給与形態の不合理な変更を行っていないこと。

C　業務代替支援

中小企業事業主が（1）または（2）を実施した場合に受給することができます。なお、同一育児休業取得者の同一の育児休業については（1）または（2）のいずれかの支給となります。

（1）新規雇用

中小企業事業主が、次のイ～ニのすべてを実施した場合に受給できます。

イ　育児休業取得者を原職等に復帰させることの規定

育児休業取得者を、育児休業終了後、原職または原職相当職に復帰させる旨の取扱いを労働協約または就業規則に規定していることが必要です。

ロ　事業主が、雇用する労働者に次のａおよびｂを満たす育児休業を取得させることが必要です。

ａ　連続して１カ月以上休業した期間が合計して３カ月以上の育児休業（産後休業の終了後引き続き育児休業をする場合には、産後休業を含みます）であること

ｂ　該当労働者について、育児休業（産後休業の終了後引き続き育児休業をする場合には産後休業を含みます）を開始する日において、雇用保険被保険者として雇用されている者であること

ハ　代替要員の確保

次のａ～ｆのすべてを満たす育児休業取得者の代替要員を確保することが必要です。

ａ　育児休業取得者の業務を代替する者であること

ｂ　育児休業取得者と同一の事業所および部署で勤務していること

ｃ　育児休業取得者と所定労働時間がおおむね同等であること

ｄ　新たな雇入れまたは新たな派遣により確保する者であること

ｅ　確保の時期が、育児休業取得者（またはその配偶者）の妊娠の

事実について事業主が知り得た日以降であること

f　育児休業取得者の育児休業期間（産後休業期間を含む）において、連続して1カ月以上a～cを満たして勤務した期間が3カ月以上または90日以上あること

なお、同一企業内で育児休業取得者の業務を他の労働者が担当し、その労働者の業務に代替要員を確保する場合（いわゆる「玉突き」）も、支給対象となります。

ニ　原職復帰後の継続雇用

育児休業取得者を原職等に復帰させ、申請日までの間引き続き雇用保険被保険者として6カ月以上雇用していること。また当該6カ月の間に雇用形態や給与形態の不合理な変更を行っていないこと。

（2）手当支給等

次のイ～トのすべてを満たしていることが必要です。

イ　育児休業取得者を原職等に復帰させることの規定

育児休業取得者を、育児休業終了後、原職等に復帰させる旨の取扱いを労働協約または就業規則に規定していることが必要です。

ロ　育児休業取得

事業主が雇用する労働者に次のaおよびbを満たす育児休業を取得させることが必要です。

a　連続して1か月以上休業した期間が合計して3カ月以上の育児休業（産後休業の終了後引き続き育児休業をする場合には産後休業を含む）であること

b　当該労働者について、育児休業（産後休業の終了後引き続き育児休業をする場合には、産後休業を含む）を開始する日について、雇用保険被保険者として雇用している者であること

ハ　他の労働者による業務の代替

育児休業取得者の従事する業務を当該事業主が雇用する他の雇用保険被保険者（業務代替者）に代替させており、かつ、業務を代替する期間（業務代替期間）が、連続1カ月以上の期間が合計3カ月以上あることが必要です。

ニ　業務の見直し・効率化の取組

次のａおよびｂを満たすことが必要です。

ａ　育児休業取得者または業務代替者の業務について、見直し・効率化を検討し、次のアからウのいずれかの結果が確認できること

ア　業務の一部の休止・廃止

イ　手順・工程の見直し等による効率化、業務量の減少

ウ　マニュアル等の作成による業務、作業手順の標準化

ｂ　育児休業取得者の育児休業中の業務分担を明確にし、業務代替者の上司または人事労務担当者が業務代替者に代替業務の内容、賃金について、面談により説明していること

ホ　業務代替に対応した賃金制度（例：業務代替手当、特別業務手当等）を労働協約または就業規則に規定していること。当該賃金制度は、業務代替者が代替する職務内容、業務内容を評価するものであり、労働時間に応じて支給される賃金ではないこと

ヘ　ホの賃金制度に基づき、業務代替期間における業務代替者の賃金が増額されており、１カ月ごとの業務代替期間について１人あたり１万円以上増額されている期間が合計３か月以上あること

ト　現職復帰後の継続雇用

Ｄ　職場復帰後支援

中小企業事業主が、イまたはロを実施した場合に受給できます。

イ　子の看護休暇制度の導入・運用

次のａ～ｄのいずれも満たしていることが必要です。

ａ　労働協約または就業規則の定めるところにより、その雇用する雇用保険被保険者について、有給かつ時間単位で取得できる子の看護等のための休暇制度を整備していること

ｂ　労働協約または就業規則に規定する育児休業を１カ月以上（産後休業を含みます）取得した労働者が、育児休業から原則として原職等に復帰後６カ月以内に、ａの制度に基づき、当該休暇制度の利用実績があり、かつ当該労働者１人につき10時間以上（ただし、配偶者が同一事業主に雇用されているときは、配偶者の取

得時間と合計して10時間以上）取得させたこと

c　対象育児休業取得者を当該育児休業（産後休業の終了後引き続き育児休業をする場合には産後休業）開始日において雇用保険被保険者として雇用していたこと

d　対象育児休業取得者を育児休業終了後申請日まで、雇用保険被保険者として6カ月以上継続雇用していること

また、当該6カ月の間に雇用形態や給与形態の不合理な変更を行っていないこと

ロ　保育サービス費用補助制度の導入・運用

次のａ～ｅのいずれも満たしていることが必要です。

a　労働協約または就業規則に定めるところにより、小学校就学の始期に達するまでの子に係る保育サービスの費用の一部を補助するための制度を整備していること

b　労働協約または就業規則に規定する育児休業を1カ月以上（産後休業を含みます）取得した労働者が、育児休業から原則として原職等に復帰後6カ月以内に、ａの制度に基づき、当該費用補助制度を利用した実績があり、かつ労働者1人につき3万円以上補助していること

c　内閣府の「企業主導型ベビーシッター利用者支援事業」を受給していないこと

d　対象育児休業取得者を当該育児休業（産後休業の終了後引き続き育児休業をする場合には産後休業）開始日において雇用保険被保険者として雇用していたこと

e　対象育児休業取得者を育児休業終了後申請日まで、雇用保険被保険者として6カ月以上継続雇用していること

また、当該6カ月の間に雇用形態や給与形態の不合理な変更を行っていないこと

3　対象となる事業主

本助成金を受給する事業主は、次の要件を満たすことが必要です。

①　全助成金共通の基本要件を満たしていること

②　中小事業主であること

③　育介休業法第2条第1号の育児休業制度および同法第23条の所定労働時間の短縮措置について、労働協約または就業規則に規定していること

④　次世代法に規定する一般事業主行動計画を策定し、その旨を労働局長に届け出ており、申請時において当該行動計画が有効なものであること。また、当該一般事業主行動計画を公表し、労働者に周知させるための措置を講じていること。ただし、特例認定一般事業主（プラチナくるみん）の認定を受けた事業主を除く

なお、次のいずれかに該当する場合には支給対象となりません。

イ　支給申請日の前日から起算して過去1年間において育介休業法、次世代法、均等法、パート・有期雇用労働法、労働施策総合推進法、女性活躍推進法の重大な違反があることにより、助成金を支給することが適切でないと認められる場合

ロ　支給申請時点で、育介休業法に違反し、同法第56条に基づく助言または指導を受けたが是正していない場合

4　支給額

本助成金は、1事業主当たり下表の額が支給されます。

	支給額	加算等
育休取得時（注1）	28.5万円〈36万円〉	
職場復帰時	28.5万円〈36万円〉	
業務代替支援時（注2）	新規雇用 47.5万円〈60万円〉 手当支給等 10万円〈12万円〉	対象育児休業取得者が有期雇用労働者の場合 9.5万円〈12万円〉

職場復帰後支援 (注3)	制度導入時 28.5万円〈36万円〉 制度利用時 ・子の看護休暇 　休暇1時間当たり 　1,000円〈1,200円〉 ・保育サービス費用補助制度 　事業主が負担した費用の 　3分の2	

注1　1事業主当たり無期雇用者1人、有期雇用者1人の計2人まで

注2　1事業主当たり新規雇用と手当支給等を合計して1年度10人まで5年間支給

注3　制度導入時のみの申請は不可

〈　〉内は生産性要件（232ページ参照）を満たした場合の支給額です。

5　受給手続

「A　育休取得時」を受給しようとする事業主は、育児休業（産後休業の終了後引き続き育児休業をする場合には、産後休業）開始日から起算して3カ月を経過する日の翌日から2カ月以内に支給申請書に必要な書類を添えて、管轄の労働局雇用環境・均等部(室)へ支給申請します。

「B　職場復帰時」「C　業務代替支援」「D　職場復帰後支援」を受給しようとする事業主は、育児休業終了日の翌日から起算して6カ月を経過する日の翌日から2カ月以内に支給申請書に必要な書類を添えて、管轄の労働局雇用環境・均等部(室)へ支給申請します。

（8）キャリアアップ助成金

有期契約労働者、短時間労働者、派遣労働者といったいわゆる非正規雇用の労働者（以下「有期雇用労働者等」といいます）の企業内でのキャリアアップ等を促進する取組を実施した事業主に対して助成をするものです。

本助成金は6つのコースに分けられます。

① 有期雇用労働者等の正規雇用労働者への転換等を助成する「正社員化コース」

② 障害のある有期雇用労働者等の正規雇用労働者等への転換を助成する「障害者正社員化コース」

③ 有期雇用労働者等の賃金規定等の増額改定を助成する「賃金規定等改定コース」

④ 正規雇用労働者との共通の賃金規定等の導入実施を助成する「賃金規定等共通化コース」

⑤ 有期雇用労働者等への賞与・退職金制度の導入実施を助成する「賞与・退職金制度導入コース」

⑥ 有期雇用労働者等の週所定労働時間を延長するとともに、処遇の改善を図り、新たに社会保険に適用した場合に助成する「短時間労働者労働時間延長コース」

本助成金（全コース）は、ガイドライン（「有期雇用労働者等のキャリアアップに関するガイドライン～キャリアアップ促進のための助成措置の円滑な活用に向けて～」厚生労働省ＨＰ上に掲載）に沿って、各コース措置を対象労働者に対して実施した場合に受給できます。受給に際しては、キャリアアップ計画の作成等が前提となります。

① キャリアアップ計画の提出

ガイドラインに沿ってキャリアアップ計画を作成し、各コースにおける取組実施日の前日までに、必要な書類を添えて、管轄の労働局（公共職業安定所を経由して行うことができる場合もあります）に提出して、労働局長の認定を受けます。

② キャリアアップ計画について

キャリアアップ計画は、次のイからトまでのいずれにも該当する必要があります。

イ 雇用保険適用事業所ごとに作成されたものであること

ロ キャリアアップ管理者（事業主または役員がなることも可）に係る情報が記載されていること

ハ ガイドラインに沿って、対象労働者のキャリアアップに向けて計画的に講じようとする取組の全体像が記載されていること

ニ ハに係る個々の取組の内容が記載されていること

ホ 計画の対象者、目標、期間、目標を達成するために事業主が講ずる

措置及び計画全体の流れが記載されていること

ヘ　計画の期間が３年以上５年以内であること

ト　計画の作成に当たって、当該計画の対象労働者の意見も反映されるよう、労働組合等の代表者（事業所における全ての労働者の代表）から意見を聴いたものであること

③　キャリアアップ管理者の配置・キャリアアップ計画の認定

ガイドラインに沿って、事業所ごとにキャリアアップ管理者を配置するとともに、キャリアアップ計画について管轄の労働局長の認定を受けたこと

本書では、①正社員化コース、③賃金規定等改定コース、④賃金規定等共通化コースをご紹介します。

〈1〉正社員化コース

1　趣　旨

有期雇用労働者等の正規雇用労働者への転換、または派遣労働者を直接雇用した事業主に対して助成するものであり、有期雇用労働者等のより安定度の高い雇用形態への転換を通じたキャリアアップを目的としています。

2　対象となる措置

①　対象労働者

イ　雇用される期間が通算して６カ月以上３年以下（昼間学生であった期間を除きます）である有期雇用労働者

ロ　雇用される期間が６カ月以上(昼間学生であった期間を除きます)である無期雇用労働者

※イとロの令和４年 10 月以降の支給要件に「賃金の額または計算方法が正規雇用労働者と異なる雇用区分の就業規則等の適用を６カ月以上受けていること」が追加されています。

ハ　６カ月以上（昼間学生であった期間を除きます）の期間継続して派遣先の事業所等の同一の組織単位における業務に従事している有期派遣労働者または無期派遣労働者（派遣元に有期雇用労働者とし

て雇用される期間（昼間学生であった期間を除きます）が３年以下の者に限ります）

ニ　有期実習型訓練を受講し、修了した有期雇用労働者等（ただし、有期雇用労働者から転換する場合は、雇用期間が３年以下の者に限る）

ホ 新型コロナウイルス感染症の影響を受け、就労経験のない職業に就くことを希望する者であって、紹介予定派遣により２カ月以上６カ月未満の期間（昼間学生であった期間を除く）継続して派遣先の事業所等の同一の組織単位における業務に従事している有期派遣労働者または無期派遣労働者（派遣元に有期雇用労働者として雇用される期間（昼間学生であった期間を除きます）が３年以下の者に限ります）

ただし、正規雇用労働者等への転換または直接雇用される場合、その前日から過去３年間に、当該事業主または関係事業主の事業所において、正規雇用労働者等として雇用されたことがある者、請負・委任の関係にあった者等は、本助成金の対象になりません。

②　正規雇用労働者への転換等の実施

キャリアアップ計画に基づき、対象労働者に対する次のイ～トのすべてを満たす措置を実施したこと。また、支給額の加算措置の適用を受ける場合は、チ～ヌのいずれかを満たしていること

イ　次のａ～ｃのいずれかの措置を、制度として労働協約または就業規則その他これに準ずるものに定め、当該規定に基づき転換等をしたこと

ａ　有期雇用労働者を正規雇用労働者に転換すること

ｂ　無期雇用労働者を正規雇用労働者に転換すること

ｃ　派遣労働者を正規雇用労働者として直接雇用すること

ロ　対象労働者に対して転換後６カ月分の賃金を支払ったこと

ハ　多様な正社員（勤務地限定正社員、職務限定正社員、短時間正社員）への転換の場合にあっては転換した日において対象労働者以外に正規雇用労働者を雇用していたこと

ニ　支給申請日においてイのａ～ｃの制度を継続していること

ホ　転換後の６カ月間の賃金を、転換前６カ月間の賃金より３％以上増額させていること

ヘ　正規雇用労働者に転換した日以降の期間について、当該者を雇用保険被保険者として適用させていること

ト　正規雇用労働者に転換した日以降の期間について、当該者を社会保険の被保険者として適用させていること

チ　母子家庭の母等または父子家庭の父の転換に係る支給額の適用を受ける場合、当該転換日において母子家庭の母等または父子家庭の父の有期雇用労働者等を転換したこと

リ　勤務地限定正社員制度または職務限定正社員制度または短時間正社員制度に係る支給額の加算を受ける場合、キャリアアップ計画書に記載されたキャリアアップ期間中に、勤務地限定正社員制度または職務限定正社員制度または短時間正社員制度のうち、当該雇用区分を労働協約または就業規則に、当該転換制度を労働協約または就業規則その他これに準ずるものに新たに規定し、有期雇用労働者等を当該雇用区分に転換したこと

ヌ　生産性要件（232ページ参照）を満たした場合の支給額の適用を受ける場合にあっては、当該生産性要件を満たすこと

3　対象となる事業主

本助成金を受給する事業主は、全助成金共通の基本要件を満たす必要があります。

なお、次のいずれかに該当する事業主は支給対象となりません。

イ　転換日または直接雇用日の前日から起算して６カ月前の日から１年を経過した日までの日において、事業所で雇用する雇用保険被保険者を事業主都合（退職勧奨を含みます）により解雇等している場合

ロ　転換日または直接雇用日の前日から起算して６カ月前の日から１年を経過した日までの日において、事業所で雇用する雇用保険被保険者を、特定受給資格者となる離職理由により、当該転換または雇

入れを行った日における雇用保険被保険者数の6％を超えて離職させていた場合

4　支給額

本コースの助成金は、次表の額が支給されます。

（　）内は中小企業以外の額

〈　〉内は生産性要件（232 ページ参照）を満たした場合の支給額です。

措置内容	対象労働者1人あたり支給額	対象者が母子家庭の母等・父子家庭の父の場合に支給額へ加算	対象者が人材開発支援助成金の特定の訓練を修了した者の場合に支給額へ加算	派遣労働者を直接雇用した場合に支給額へ加算
有期雇用から正規雇用への転換等	57 万円＜ 72 万円＞（42.75 万円＜ 54 万円＞）	9.5 万円＜ 12 万円＞	9.5 万円＜ 12 万円＞※1	28.5 万円＜ 36 万円＞
無期雇用から正規雇用への転換等	28.5 万円＜ 36 万円＞（21.375 万円＜ 27 万円＞）	4.75 万円＜6万円＞	4.75 万円＜6万円＞※2	28.5 万円＜ 36 万円＞

注：勤務地限定・職務限定・短時間正社員制度を新たに規定し、有期雇用労働者等を当該雇用区分に転換等した場合に1事業所あたり 9.5 万円＜ 12 万円＞（7.125 万円＜9万円＞）加算

対象労働者の支給申請人数は、1年度1事業所あたり 20 人までを上限とします。

※1　人材開発支援助成金の対象となる特定の訓練のうち、「人への投資促進コース」における「定額制訓練」「自発的職業能力開発訓練」を修了後に転換した場合は、加算額が11万円＜14万円＞となります。

※2　※1の訓練修了後に転換した場合は、加算額が 5.5 万円＜7万円＞となります。

5　受給手続

本コースの助成金を受給する事業主は、正規雇用労働者等への転換（派遣労働者においては、直接雇用）後、6カ月分の賃金を支払った日の翌日から起算して2カ月以内に、「支給申請書」に必要な書類を添えて管

轄の労働局（公共職業安定所を経由して行うことができる場合もあります）へ支給申請します。

〈2〉賃金規定等改定コース

1　趣　旨

有期雇用労働者等の賃金規定等を増額改定し、昇給させた事業主に対して助成するものであり、有期雇用労働者等の処遇改善を通じたキャリアアップを目的としています。

2　対象となる措置

①　対象労働者

本コースにおける「対象労働者」は、申請事業主が雇用する次のイ～へのすべてに該当する労働者です。

イ　賃金規定等を増額改定した日の前日から起算して３カ月以上前の日から増額改定後６カ月以上の期間継続して雇用されている有期雇用労働者等であること

ロ　増額改定した賃金規定等を適用され、かつ、増額改定前の基本給に比べ３％以上昇給している者であること

ハ　賃金規定等を増額改定した日の前日から起算して３カ月前の日から支給申請日までの間に、合理的な理由なく基本給および定額で支給されている諸手当を減額されていない者

ニ　賃金規定等を増額改定した日以降の６カ月間、事業主の事業所における雇用保険被保険者であること

ホ　賃金規定等の増額改定を行った事業所の事業主または取締役の３親等以内の親族以外の者であること

ヘ　支給申請日において離職（本人の都合による離職および天災その他やむを得ない理由のために事業の継続が困難になったこと、または本人の責めに帰すべき理由による解雇を除きます）していない者であること

②　賃金規定等の増額改定

キャリアアップ計画に基づき、対象労働者に対する賃金規定等を次のイ～ヘのすべてを満たして改定したこと。

イ　有期雇用労働者等に適用される賃金規定等を作成していること

ロ　すべてまたは一部の賃金規定等を３％以上増額改定し、当該賃金規定等に属するすべてまたは一部の有期雇用労働者等に適用し昇給させたこと

ハ　増額改定前の賃金規定等を、３カ月以上運用していること

ニ　増額改定後の賃金規定等を、６カ月以上運用し、かつ、定額で支給されている諸手当を減額していないこと

ホ　支給申請日において改定された賃金規定等を継続して運用していること

ヘ　職務評価を経て行う場合、雇用するすべてまたは一部の有期雇用労働者等および正規雇用労働者を対象に職務評価を実施していること

3　対象となる事業主

本助成金を受給する事業主は、全事業主共通の基本要件を満たす必要があります。

4　支給額

本助成金は令和４年９月１日以降に賃金規定等を増額改定した場合、次の額が支給されます。

賃金引上げ率　３％以上５％未満：５万円（3.3万円）

賃金引上げ率　５％以上：6.5万円（4.3万円）

職務評価を活用した場合の加算額（1事業所1回限り）は20万円（15万円）です。

（　）内は中小企業以外の額です。生産性要件を満たした場合の加算は廃止されました。

1年度1事業所あたり100人までは複数回の申請ができます。

令和４年９月１日から令和５年３月31日までの間に賃金規定等を増額改定した場合は改正前の制度による申請も可能ですが、その場合は

1年度1回限りの申請となります。

5　受給手続

本助成金を受給しようとする事業主は、賃金規定等の増額改定後、6カ月分の賃金を支払った日の翌日から起算して2カ月以内に、「支給申請書」に必要な書類を添えて、管轄の労働局（公共職業安定所を経由して行うことができる場合もあります）に支給申請します。

〈3〉賃金規定等共通化コース

1　趣旨

有期雇用労働者等に対して正規雇用労働者と共通の賃金規定等を新たに作成し、適用した事業主に対して助成するものであり、有期雇用労働者等の処遇改善を通じたキャリアアップを目的としています。

2　対象となる措置

①　対象労働者

本助成金における「対象労働者」は、申請事業主が雇用する次のイ～ホのすべてに該当する労働者です。

イ　労働協約または就業規則の定めるところにより、賃金に関する規定または賃金テーブル（賃金規定等）を共通化した日の前日から起算して3カ月以上前の日から共通化後6カ月以上の期間継続して、事業主に雇用されている有期雇用労働者等であること

ロ　正規雇用労働者と同一の区分に格付けされている者であること

ハ　賃金規定等を共通化した日以降の6カ月間、当該対象適用事業所における雇用保険被保険者であること

ニ　賃金規定等を作成し、適用した事業所の事業主または取締役の3親等以内の親族以外の者であること

ホ　支給申請日において離職（本人の都合による離職および天災その他やむを得ない理由のために事業の継続が困難になったこと、または本人の責めに帰すべき理由による解雇を除きます）していない者

であること

② 賃金規定等の共通化

キャリアアップ計画に基づき、次のイ～ヌのすべてを満たす賃金規定を導入し、適用したこと

イ 労働協約または就業規則の定めるところにより、その雇用する有期雇用労働者等に関して、正規雇用労働者と共通の職務等に応じた賃金規定等を新たに設け、賃金規定等の区分に対応した基本給等の待遇を定めていること

ロ 正規雇用労働者に係る賃金規定等を、新たに作成する有期雇用労働者等の賃金規定等と同時またはそれ以前に導入していること

ハ 当該賃金規定等の区分を有期雇用労働者等と正規雇用労働者についてそれぞれ３区分以上設け、かつ、有期雇用労働者等と正規雇用労働者の同一の区分を２区分以上設け適用していること（※）

※ 同一区分に対象労働者及び比較対象となる正規雇用労働者が格付けされている必要があります。

ニ 上記ハの同一区分における、有期雇用労働者等の基本給など職務の内容に密接に関連して支払われる賃金の時間当たりの額を、正規雇用労働者と同額以上とすること

ホ 当該賃金規定等が適用されるための合理的な条件を労働協約または就業規則に明示していること

ヘ 当該賃金規定等をすべての有期雇用労働者等と正規雇用労働者に適用させたこと

ト 当該賃金規定等を６か月以上運用していること

チ 当該賃金規定等の適用を受けるすべての有期雇用労働者等と正規雇用労働者について、適用前と比べて基本給や定額で支給されている諸手当を減額していないこと

リ 支給申請日において当該賃金規定等を継続して運用していること

ヌ 生産性要件を満たした場合の支給額の適用を受ける場合にあっては当該生産性要件を満たすこと

3　対象となる事業主

本助成金を受給する事業主は、全事業主共通の基本要件を満たす必要があります。

4　支給額

本助成金は、1事業所当たり57万円〈72万円〉(42.75万円〈54万円〉)が支給されます。

〈　〉内は生産性要件(232ページ参照)を満たした場合の加算額、(　)内は中小企業以外の額です。

1事業所当たり1回のみの支給です。

5　受給手続

本助成金を受給しようとする事業主は、賃金規定等共通化後、6カ月分の賃金を支払った日の翌日から起算して2カ月以内に、「支給申請書」に必要な書類を添えて、管轄の労働局（公共職業安定所を経由して行うことができる場合もあります）へ支給申請します。

（9）その他の雇用安定事業

以上に述べたほかにも、労働移動支援助成金、地域雇用開発助成金、通年雇用助成金、人材確保等支援助成金等の支給等を行っています。

2　能力開発事業

能力開発事業は、労働者の能力開発と向上を促進するために行う事業であり、生涯訓練の推進という基本的理念を根拠としています。

すなわち、今後、産業構造の変化や高齢化社会への移行に対応して、企業間移動をも含めたかたちでの職業転換がより大規模に行われることが予想され、離職者の再就職を容易にするための訓練体制の拡充が重要となっています。また、在職労働者についてもこれらの変化に十分対応できるよう訓練体制を整備する必要があります。さらに技術革新の進展等に伴い、高度な技能を有する者に対する需要の増大に応えるための訓練体制の充実が必要となっています。

このように、今後は、すべての労働者がその能力を十分に発揮できるよう職業生活の各段階における能力の開発向上の機会の供与とこれを実施する生涯訓練体制の確立を図る必要があります。

能力開発事業は、このような基本的な考えのもとに、雇用保険の被保険者等が、職業生活の全期間を通じて、その適性や希望に応じて、その能力を開発向上させ、能力にふさわしい評価が受けられるようにするため、政府が各種の総合的な施策を行うことを内容としています（法第63条）。

（1）事業主等の行う職業訓練に対する助成援助

在職労働者に対する職業訓練については、民間の職業訓練の果たすべき役割は極めて大きなものがあります。このため、民間の事業主等の行う職業訓練を推進し、振興することを目的として、事業主、事業主団体等に対して必要な助成や援助を行うとともに、当該助成や援助を行う都道府県に対して補助を行うこととしております（法第63条第1項第1号）。

1　広域団体認定訓練助成金

広域団体認定訓練助成金は、その構成員または連合団体の構成員である中小企業事業主に雇用される労働者を対象として、複数の都道府県にわたって認定訓練を実施する中小企業事業主の団体またはその連合団体に対し、訓練の運営に要する費用の一部を助成します（則第122条）。

2　認定訓練助成事業費補助金

認定訓練助成事業費補助金は、民間の事業主等の行う職業訓練を振興するため、職業能力開発促進法第13条に規定する事業主等（事業主にあっては中小企業事業主に、事業主の団体またはその連合団体にあっては中小企業事業主の団体またはその連合団体に限る）が行う認定職業訓練に必要な運営費および施設・設備費について、都道府県が行う助成または援助に係る額の2分の1に相当する額を交付するものです（則第123条）。

（2）人材開発支援助成金

人材開発支援助成金は、労働者の職業生活設計の全期間を通じて段階的かつ体系的な職業能力開発を促進するため、雇用する労働者に対して職務に関連した専門的な知識および技能の習得をさせるための職業訓練などを計画に沿って実施した場合等に、訓練経費や訓練期間中の賃金等の一部等を助成する制度です。

本助成金は、次の9つのコースから構成されます。

① OJTとOff-JTを組み合わせた訓練、若年者に対する訓練、労働生産性の向上に資する訓練など、訓練効果が高い10時間以上の訓練について助成する「特定訓練コース」

② 職務に関連した知識・技能を習得させるための20時間以上の訓練に対して助成する「一般訓練コース」

③ 有給の教育訓練休暇制度もしくは長期にわたる教育訓練休暇制度を導入し、実施した場合に助成する「教育訓練休暇等付与コース」

④ 有期契約労働者、短時間労働者、派遣労働者といったいわゆる非正規雇用の労働者（正社員待遇を受けていない無期雇用労働者を含みます）に対する職業訓練について助成する「特別育成訓練コース」

⑤ 中小建設事業主等が職業能力開発促進法による認定訓練を行った場合

や、雇用する建設労働者に認定訓練を受講させた場合に助成する「建設労働者認定訓練コース」

⑥　中小建設事業主等が雇用する建設労働者に技能実習を受講させた場合に助成する「建設労働者技能実習コース」

⑦　障害者に対して職業能力開発訓練事業を実施する場合に助成する「障害者職業能力開発コース」

⑧　高度デジタル人材等の育成のための訓練、定額制訓練（サブスクリプション型）等を実施した場合に助成する「人への投資促進コース」

⑨　新規事業の立ち上げなどの事業展開等に伴い、新たな分野で必要となる知識及び技能を習得させるための訓練を実施する場合に助成する「事業展開等リスキリング支援コース」

本書では、①特定訓練コースをご紹介します。

1　趣　旨

労働生産性の向上に資するなど訓練効果が高い訓練を実施した事業主に対して助成することにより、企業内における人材育成を促進することを目的としています。

2　対象となる措置

本コースは、次の①イ～ニに規定する対象訓練を雇用する被保険者（雇用保険法第 4 条に規定する被保険者のうち、有期契約労働者、短時間労働者、派遣労働者を除いた者。以下同様）に対して実施する事業主、または、次の①イ～ハに規定する対象訓練を構成事業主の雇用する被保険者に対して実施する事業主団体等が、②の要件を満たした上で事前に届け出た計画に沿って訓練等を実施した場合に受給することができます。

①　対象訓練

イ　労働生産性向上訓練

被保険者に次のａ～ｇのいずれかの訓練等を受けさせること

ａ　職業能力開発促進センターや職業能力開発大学校等で実施する高度職業訓練

b　中小企業等経営強化法において認定された事業分野別経営力向上推進機関が行う訓練

c　中小企業大学校が実施する訓練等

d　教育訓練給付指定講座のうち専門実践教育訓練および特定一般教育訓練

e　ITSS レベル２となる職業訓練のうち一定の要件を満たす訓練

f　生産性向上人材育成支援センターが実施する訓練等

g　当該分野において労働生産性の向上に必要不可欠な専門性・特殊性が認められる技能に関する訓練（喀痰吸引等研修および特定行為研修）

ロ　若年人材育成訓練

訓練開始日において、当該事業主の事業所の雇用保険被保険者となった日から５年以内かつ３５歳未満の若年労働者を対象に訓練等を受けさせること

ハ　熟練技能育成・承継訓練

被保険者に次のａ～ｃのいずれかの訓練等を受けさせること

a　熟練技能者の指導力強化のための訓練等（雇用している熟練技能者に対して、技能者育成のための指導力を強化するための訓練等）

b　熟練技能者による技能承継のための訓練等（雇用している被保険者に対して社内外の熟練技能者の指導により行う技能を承継するための訓練等）

c　認定職業訓練

ニ　認定実習併用職業訓練

事業主が、実施計画について、ｂの要件を満たすことについて厚生労働大臣の認定を受けた実習併用職業訓練を、次のａのア～ウのいずれかの要件を満たす 15 歳以上 45 歳未満の雇用する被保険者に受けさせること

a　対象労働者

次のア～ウのいずれかの要件を満たす被保険者

ア　新たに雇い入れた被保険者（雇い入れた日から訓練開始日ま

でが３カ月以内である者）

イ　実習併用職業訓練実施計画の大臣認定の前に既に雇用されている短時間等労働者であって引き続き同一の事業主において、短時間労働者以外の通常の労働者に転換した者（通常の労働者への転換日から訓練開始日までが３カ月以内である者）

ウ　既に雇用している短時間等労働者以外の労働者（学校教育法に規定する大学（大学院を含む）と連携して実施されるOFFJTを訓練カリキュラムに組み込んだ認定実習併用職業訓練に限る）

b　大臣認定の要件

ア　訓練実施期間が６カ月以上２年以下であること

イ　総訓練時間が１年あたりの時間数に換算して850時間以上であること

ウ　総訓練時間に占めるOJTの割合が２割以上８割以下であること

エ　訓練終了後に職業能力証明シートにより職業能力の評価を実施すること

オ　上記ａの対象労働者のアのうち新規学卒予定者以外の者、イおよびウの者はキャリアコンサルタントまたはジョブ・カード作成アドバイザーによるキャリアコンサルティングを受け、ジョブ・カードを交付されること

②　事業内職業能力開発計画、年間職業能力開発計画の作成・提出および職業能力開発推進者の選任

事前に事業内職業能力開発計画を作成するとともに、年間職業能力開発計画を作成し、管轄の労働局に提出すること（事業主団体等の場合は訓練実施計画）。また、職業能力開発推進者を選任していること。

③　訓練の実施

②により提出した年間職業能力開発計画に基づき、対象労働者に訓練を実施すること

④　生産性向上助成

上記①の訓練を実施し、助成を受給した事業主が以下の要件を満た

した場合に受給できます。

イ　訓練開始日が属する会計年度の前年度とその3年度後の会計年度の生産性と比べて6％以上伸びていること

ロ　生産性向上助成の対象となる事業所において、生産性要件の伸び率を算定する期間について、雇用する雇用保険被保険者（短期雇用特例被保険者および日雇労働被保険者を除きます）を事業主都合で解雇等（退職勧奨を含みます）していないこと

3　対象となる事業主および事業主団体等

本助成金を受給する事業主は、次の①～⑤のすべてを満たすことが必要です。

また、事業主団体等については、次の⑥または⑦に該当し②の要件を満たす必要があります。

①全助成金共通の基本要件を満たしていること

②労働組合等の意見を聴いて事業内職業能力開発計画およびこれに基づく年間職業能力開発計画を作成し、当該計画の内容をその労働者に対して周知していること

③職業能力開発推進者を選任していること

④職業訓練等を受ける期間において、当該訓練を受ける被保険者に対して賃金を適正に支払っていること。ただし、育児休業中の訓練は除きます。

⑤就業規則等に従業員に対する定期的なキャリアコンサルティングの機会の確保を規定する事業主であること

⑥事業主団体

次のイからタのいずれか、かつレに該当する事業主団体

イ　事業協同組合

ロ　事業協同小組合

ハ　信用協同組合

ニ　協同組合連合会

ホ　企業組合

ヘ　協業組合

ト　商工組合

チ　商工組合連合会

リ　都道府県中小企業団体中央会

ヌ　全国中小企業団体中央会

ル　商店振興組合

ヲ　商店街振興組合連合会

ワ　商工会議所

カ　商工会

ヨ　一般社団法人および一般財団法人

タ　上記以外であって、次のａおよびｂのいずれにも該当する団体

ａ　団体の目的、組織、運営および事業内容を明らかにする規約、規則等を有する団体であること

ｂ　代表者が置かれているほか、事務局の組織が整備されていること

レ　雇用保険適用事業所であること

⑦共同事業主

次のイ～ハのすべてに該当する複数の事業主

イ　共同するすべての事業主の合意に基づく協定書等を締結していること

ロ　上記イの協定書等は、代表事業主名、共同事業主名、職業訓練等に要するすべての経費の負担に関する事項（助成金の支給申請を行い、労働局長からの支給を受けようとする代表事業主名を記載していること）、有効期間および協定年月日を掲げたものであること

ハ　職業能力開発推進者を選任している事業主であること

4　支給額

1　特定訓練コースの助成金は、次の表の額が支給されます。事業主団体等の場合は経費助成のみとなり、生産性要件や賃金助成はありません。

また、受講料収入がある場合は経費から差し引いた額を助成対象経費とします。

対象	助成区分	支給額
事業主 事業主団体等	賃金助成	1 時間あたり 760 円（380 円） < 960 円（480 円）>
	経費助成	45%（30%） < 60%（45%）>
	OJT 実施助成※	1 人 1 コースあたり 20 万円（11 万円） < 25 万円（14 万円）>

( ) 内は中小企業以外の場合

< >内は生産性向上助成が適用された場合

※ OJT を実施する特定分野認定実習併用職業訓練または認定実習併用職業訓練に限ります

2　賃金助成の支給限度額は 1 人 1 訓練あたり 1,200 時間です。認定職業訓練または専門実践教育訓練の場合は 1,600 時間です。

3　経費助成の支給限度額は、実訓練時間数に応じて下表のとおりです。

企業規模	10 時間以上 100 時間未満	100 時間以上 200 時間未満	200 時間以上
事業主 事業主団体等	15 万円	30 万円	50 万円
中小企業以外	10 万円	20 万円	30 万円

4　受講回数の上限は、1 労働者につき年間職業能力開発計画期間の 1 年間で、特定訓練コースおよび一般訓練コース合わせて 3 回までです。

5　1 年度中に受給できる助成額は、特定訓練コースを含む場合、一般訓練コースと合わせて 1,000 万円までです。

5　受給手続

特定訓練コースにより本助成金を受給しようとする場合、事業主または事業主団体等は次の①～②の順に手続きをします。

認定実習併用職業訓練を実施する事業主は次の①の手順の前に実習併用職業訓練の大臣認定を受ける必要があります。

①　事業内職業能力開発計画の作成と訓練実施計画届の作成・提出

事業主が、事業内職業能力開発計画を作成するとともに、これに基づく年間職業能力開発計画を作成し、訓練実施計画届やその他の必要な書類と併せて職業訓練等開始日の前日から起算して１カ月前までに管轄の労働局に提出します。

② 支給申請

提出した年間職業能力開発計画に沿った職業訓練等を実施した後、訓練の終了した日の翌日から起算して２カ月以内に必要な書類を添えて管轄の労働局に支給申請を行います。

③ 生産性向上助成

本区分を受給しようとする申請事業主は、訓練開始日が属する会計年度の前年度から３年度後の会計年度の末日の翌日から起算して５カ月以内に提出します。

（３）公共職業能力開発施設の充実

失業者に対して就職を容易にするための職業訓練を実施し、または現に雇用されている労働者に対する職業訓練の受講機会を確保するためには、公共職業能力開発施設を拡充整備していかなければなりません。そこで、高齢・障害・求職者雇用支援機構を通じて、職業能力開発総合大学校、職業能力開発大学校、職業能力開発短期大学校および職業能力開発促進センターを設置運営しています。また、都道府県が設置する公共職業能力開発施設に要する経費の一部についても、補助を行うこととしています（法第63条第１項第２号）。

（４）職業講習および職場適応訓練

定年退職者その他の中高年齢者にあっては、体力的、技能的な面において若年労働者よりも不利な条件にあるため、再就職が必ずしも容易ではありません。そのため退職を予定する者および一定の求職者に対して、再就職を容易にするために必要な知識および技能を習得させるための講習（職業講習）を実施するとともに、作業環境に適応させるための訓練（職場適応訓練および介護労働講習）を実施することとしています（法第63条第1項第3号）。

1　職場適応訓練

職場適応訓練は、職場の作業環境に適応することが困難な者の再就職を促進するため、雇用保険の受給資格者等に対して、事業所において、その事業所の業務に係る作業について訓練を行い、もって作業の環境に適応することを容易にさせることを目的とし、職場適応訓練修了後は、当該事業所に雇用されることを予定して実施するものです。

職場適応訓練は、都道府県を実施主体とし、都道府県知事が事業主に委託して実施されます。職場適応訓練を受託する事業主は、職場適応訓練を行う設備的余裕があること、指導員として適当な従業員がいることなど一定の条件を満たす事業所の事業主です。

訓練職種は、対象者の能力に適合する作業を内容とする職種です。

訓練期間は、原則として6カ月以内であり、そのうち1カ月を準備訓練に、当該期間から準備訓練期間を差し引いた期間を実務訓練にあてることとされています。ただし、中小企業における職場適応訓練および重度の心身障害者に係る職場適応訓練の訓練期間は、1年まで延長できるとされています。

なお、短期の職場適応訓練の訓練期間は2週間（重度の心身障害者については、4週間）以内です。

職場適応訓練の委託を受けた事業主に対しては、対象労働者1人につき月額24,000円（重度の心身障害者については、25,000円）が支給されます。なお短期の職場適応訓練については、日額960円（重度の心身障害者については、1,000円）が支給されます。

2　介護労働講習

介護労働講習は、介護の仕事に就くことを希望している方のために、都道府県の（公財）介護労働安定センターの支部(所)で介護労働講習（実務者研修＋現場実習＋就職支援）等を実施しています。

（5）職業能力開発協会の助成

職業訓練および技能検定の普及および振興を図るため、民間事業主およびその団体等を会員として、中央には中央職業能力開発協会が、各都道府県には都道府県職業能力開発協会がそれぞれ設立されています。能力開発事業においては、これら両協会に対して補助が行われることとなっています（法第63条第1項第1号、第7号および第9号ならびに則第134条、第135条および第136条）。

（6）その他の職業能力開発事業

以上述べた他に、卓越した技能者の表彰、地域雇用活性化推進事業、地域活性化雇用創造プロジェクト等の能力開発事業が行われています。

第７章
費用の負担

1 概 要

雇用保険事業に要する費用は、事業主および被保険者が負担する保険料と国庫負担とで賄われます。

この雇用保険事業の運営のための主要な財源の1つである保険料は、原則として、労働者災害補償保険事業の運営に充てるための保険料と併せて労働保険料として一元的に徴収することになっており、その納付の手続等については、後述のように、労働保険の保険料の徴収等に関する法律（以下「徴収法」といいます）に規定されています。労働保険料のうち労働者災害補償保険事業の運営に充てる保険料は全額事業主負担ですが、雇用保険事業の運営に要する費用に充てるための保険料は、事業主および労働者の双方が負担することを原則としています。

令和4年度の雇用保険の保険料率（雇用保険料率）は、1000分の13.5（令和4年4月1日から9月30日までは1000分の9.5）ですが、このうち、1000分の3.5の部分の保険料は、雇用安定事業および能力開発事業に要する経費にあてられるものとして事業主のみの負担となっており、その余の部分の保険料は、失業等給付および育児休業給付に要する経費にあてられるものとして労使折半で負担することとされています。この結果、労働者負担分1000分の5（同1000分の3）、事業主負担分1000分の8.5（同1000分の6.5）となります。

令和5年度においては※失業等給付に要する費用にあてられる部分が1000分の8に引き上げられる予定です。育児休業給付に要する費用と雇用安定事業および能力開発事業に要する費用にあてられる部分は変わりません。この結果、保険料率は1000分の15.5となり、労働者の負担は1000分の6、事業主の負担は1000分の9.5となります。

なお、農林水産業、建設業、清酒製造業については、保険料率の特例があります。

※2022年12月時点の情報です。

2　保険料

雇用保険事業に要する費用に充てるための保険料、すなわち、雇用保険の保険料は、労働保険料として、通常の場合、労災保険事業に要する費用に充てるための保険料、すなわち労災保険の保険料と一元的に徴収されることになっています。これらの保険料を一般保険料といい、このほかに雇用保険の保険料には日雇労働被保険者について一般保険料とは別に徴収する印紙保険料と保険関係成立の届出をしていなかった事業主を対象とする特例納付保険料があります（徴収法第 10 条第２項)。

これらの保険料（労働保険料といいます）を種類別に分けますと次のとおりです。

（1）一般保険料

事業主が使用する労働者に支払う賃金の総額を基礎として算定する通常の保険料であり、原則として雇用保険と労災保険の双方の保険についての１つの保険料として徴収されます。両保険についての１つの保険料ですから、原則として、保険料の算定基礎となる賃金総額も１つ、保険料の納付義務も１つということになります。

ただし、農林・水産業および建設の事業等の二元適用事業については、労災保険および雇用保険関係ごとに別個の２つの事業とみなされますので、保険料についても、当該の２つの事業ごとに別個の一般保険料として別々に徴収されます。

（2）印紙保険料

雇用保険の日雇労働被保険者について、一般保険料のほかに事業主から徴収する保険料であり、その額は、日雇労働被保険者の賃金の日額に応じ、定額（賃金日額が 11,300 円以上の者については 176 円、賃金日額が 8,200 円以上 11,300 円未満の者については 146 円、賃金日額が 8,200 円未満の者については96円）とされています（徴収法第22条第1項）。

印紙保険料を納付する場合には、原則として、日雇労働被保険者手帳に雇用保険印紙を貼り、これに消印する方法によります（徴収法第23条第2項）。

（3）第1種特別加入保険料

労災保険の特別加入者として承認を受けた中小事業主等についての保険料であり、その額は、給付基礎日額に応じて定められている保険料算定基礎額の総額に第1種特別加入保険料率を乗じて算定します（徴収法第13条）。

（4）第2種特別加入保険料

労災保険の特別加入者として承認を受けた一人親方等についての保険料であり、その額は、給付基礎日額に応じて定められている保険料算定基礎額の総額に第2種特別加入保険料率を乗じて算定します（徴収法第14条）。

（5）第3種特別加入保険料

労災保険の特別加入者として承認を受けた海外派遣者についての保険料であり、その額は、給付基礎日額に応じて定められている保険料算定基礎額の総額に第3種特別加入保険料率を乗じて算定します（徴収法第14条の2）。

（6）特例納付保険料

特例納付保険料の性格と計算方法は6 特例納付保険料の納付を参照ください。

3　保険料の算定方法

労働保険料のうち、第１種特別加入保険料、第２種特別加入保険料および第３種特別加入保険料は雇用保険には直接関係はありませんし、また、印紙保険料については前記（２）で述べたとおりの算定方法ですから、これらについては省略することとし、ここでは、一般保険料および特例納付保険料の算定方法等について説明します。

（１）一般保険料の算定方法

一般保険料の額は、労働保険の適用単位である事業ごとに、その事業に使用するすべての労働者に支払う賃金の総額に一般保険料についての保険料率（一般保険料率）を乗じて算定することを原則としています（徴収法第11条第１項）。

（２）一般保険料の算定基礎となる賃金総額の意味

一般保険料の額の算定基礎となる賃金総額とは、事業主がその事業に使用するすべての労働者に支払う賃金の総額をいいます（徴収法第11条第２項）。

この場合、賃金とは、賃金、給料、手当、賞与その他名称のいかんを問わず、労働の対償として事業主が労働者に支払うものをいい、通貨で支払われるもののみに限らず、一定範囲の現物給与も含まれます（徴収法第２条第２項）。

ここで、労働の対償として支払うものとは、現実に提供された労働の直接的な対価として支払われるものだけを意味するものではなく、労働関係のもとで提供される労働に対する報酬として支払われるものを広く意味すると解されます。労働の対償ですから、一般に、労働協約、就業規則（賃金規程を含む）、労働契約などにより、その支払が事業主に義務づけられているものであり、任意的なもの、恩恵的なもの、実費弁償的なものは、事業主が労働者に支払うものではあっても、労働の対償として支払うものではないので、賃金には該当しません。この意味で、結婚祝金、死亡弔慰金、災害見舞金などは賃金ではありません。

（3）一般保険料の算定の単位となる事業

事業とは、一般に反復継続する意思をもって業として行われるものをいいますが、徴収法において、事業とは労災保険に係る保険関係および雇用保険に係る保険関係の成立単位としての事業、すなわち、1つの経営組織として独立性をもったもの、つまり、一定の場所において一定の組織のもとに有機的に相関連して行われる一体的な経営活動がこれに当たります。

したがって、事業とは、経営上一体をなす本店、支店、工場等を総合した企業そのものを指すのではなく、個々の本店、支店、工場、鉱山、事務所のように、1つの経営組織として独立性をもった経営体をいうこととなります。

また事業場とは、経営体ないし経営活動としての事業を場所的、施設的な面においてとらえたものです。

なお、事業主とは、事業についての法律上の権利義務の主体となるものをいい、自然人の行う個人企業にあってはその自然人自体が、会社その他法人の行う企業にあってはその会社その他の法人が、法人格のない社団等の行う企業にあってはその社団等が、それぞれ事業主となります。

更に、事業は、労災保険の保険関係と雇用保険の保険関係の双方の保険関係を1つの事業についての労働保険の保険関係として取り扱うか否かにより、一元適用事業と二元適用事業とに分けられます。

一元適用事業とは、二元適用事業以外の事業、すなわち、労災保険の保険関係と雇用保険の保険関係の双方を1つの労働保険の保険関係として取り扱い、保険料の算定、徴収等を両保険につき一元的に処理する事業をいい、大部分の事業がこれに該当します。

二元適用事業とは、両保険の適用のしくみ等の著しい相違から、労災保険の保険関係と雇用保険の保険関係ごとに別個の2つの事業として取り扱い、保険料の算定、徴収等をそれぞれこの2つの事業ごとに二元的に処理する事業をいい、次に掲げる事業がこれに該当します（徴収法第39条、徴収則第70条)。

① 都道府県および市町村ならびにこれらに準ずるものの行う事業

② 港湾労働法の適用される港湾における港湾運送の事業

③ 農林・水産業

④　建設の事業

「事業」の意義は以上のとおりであり、通常、この「事業」ごとに、事業の種類（事業内容）、法人格の有無、常時使用労働者数等を判断し、これにより、適用除外事業か否か、当然適用事業か任意適用事業か、各種の一括適用の要件に該当するか否か、適用すべき雇用保険料率や保険料の納付手続等がきまることとなります。

（4）一般保険料の算定の対象となる労働者

一般保険料の算定の対象となる労働者の範囲は、雇用保険の日雇労働被保険者をも含め、雇用形態のいかんを問わず、すべての労働者をいいますが、次の者は雇用保険の適用が除外されているため、一般保険料の算定の対象となる労働者には含まれません（法第6条）。

①　1週間の所定労働時間が20時間未満である者（日雇労働被保険者になる者除く）

②　同一事業主に継続して31日以上雇用されることが見込まれない者（前2カ月に18日以上同一事業主に使用された者および日雇労働者であって日雇労働被保険者になる者除く）

③　季節的に雇用される者で、4カ月以内の期間を定めて雇用される者または1週間の所定労働時間が20時間以上30時間未満の者（日雇労働被保険者になる者除く）

④　学生または生徒で、前掲①から③に準ずる者

⑤　船員であって、漁船に乗り組むために雇用される者（1年を通じて船員として適用事業に雇用される場合を除く）

⑥　国、都道府県、市町村その他これらに準ずるものの事業に雇用される者のうち離職した場合に、他の法令、条例、規則等に基づいて支給を受けるべき諸給与の内容が、雇用保険の求職者給付および就職促進給付の内容を超えると認められる者

4　雇用保険料率

令和4年度の雇用保険料率は、1000分の13.5（令和4年4月1日から9月30日までは1000分の9.5）とされています。令和5年度は1000分の15.5の予定です（2022年12月時点）。

また、農林水産業、清酒製造業および建設業については、保険料率の特例が定められており、次のとおりとなっています。

①　農林水産業および清酒製造業　1000分の15.5（同1000分の11.5）
　※令和5年度は1000分の17.5（2022年12月時点）

②　建設業　1000分の16.5（同1000分の12.5）
　※令和5年度は1000分の18.5（2022年12月時点）

なお、農林水産業のうち、牛馬育成、酪農、養鶏または養豚の事業、園芸サービスの事業および内水面養殖の事業については、保険料率の特例の適用はなく、一般の事業と同じ保険料率が適用されます。

5　保険料の負担

雇用保険に係る労働保険料の負担については、雇用安定事業および能力開発事業（法第63条に規定するものに限る）に要する経費に充てるべき1000分の3.5（建設の事業にあっては4.5）の率に応ずる部分の額はすべて事業主負担とし、失業等給付および就業支援法事業に要する費用に充てるべきその余の部分の額は労使で折半負担するのを原則としています（法第68条、徴収法第31条）。

この結果、保険料の負担については、それぞれ下記の表のとおりとなります。

※令和4年10月～令和5年3月の場合。() 内は令和5年度（2022年12月時点）

事業の種類		雇用保険料率	事業主負担率	被保険者負担率
1	2および3以外の事業	計1000分の13.5（計1000分の15.5）	計1000分の8.5（計1000分の9.5）	計1000分の5（計1000分の6）
2	○　土地の耕作もしくは開墾または植物の栽植、栽培、採取もしくは伐採の事業その他農林の事業(園芸サービスの事業を除く) ○　動物の飼育または水産動植物の採捕もしくは養殖の事業その他畜産、養蚕または水産の事業(牛馬の育成、酪農、養鶏または養豚の事業および内水面養殖の事業は除く) ○　清酒の製造の事業	計1000分の15.5（計1000分の17.5）	計1000分の9.5（計1000分の10.5）	計1000分の6（計1000分の7）
3	土木、建築その他工作物の建設、改造、保存、修理、変更、破壊もしくは解体またはその準備の事業	計1000分の16.5（計1000分の18.5）	計1000分の10.5（計1000分の11.5）	計1000分の6（計1000分の7）

また、印紙保険料の額については、労使折半で負担することとされています（徴収法第31条第2項、第3項）。

なお、事業主は、被保険者が負担する一般保険料額を支払賃金から控除することができます（徴収法第32条）。

被保険者の負担すべき一般保険料の額は、被保険者の賃金総額に前掲表の被保険者負担率を乗じて得た額となります。

6　特例納付保険料の納付

雇用保険の未手続者に対する救済措置の制定（平成23年10月1日施行）に伴い、対象となる未手続者を雇用する事業主が、雇用保険に関する保険関係成立の届出をしていなかった場合には、特例納付保険料の納付を促す仕組みが設けられています（徴収法第26条第1項）。特例納付保険料は、徴収する権利が時効（2年）により消滅している一般保険料のうち、救済措置の対象者に係る額に相当する額に100分の10を加算した額です。

厚生労働大臣は、対象事業主に対して、やむを得ない場合を除き、納付を勧奨しなければなりません（同条第2項）。勧奨を受けた事業主は、納付を書面で申請することができ、この場合指定された期限までに保険料を納付しなければいけません（同条第3項から第5項）。

7　国庫負担

雇用保険事業に要する費用の主たる財源の1つは、被保険者および事業主が負担する保険料ですが、国庫も次のとおり、求職者給付（高年齢求職者給付金を除く）及び雇用継続給付（介護休業給付金に限る）、育児休業給付並びに第六十四条に規定する職業訓練受講給付金の支給に要する費用の一部を負担することとなっています（法第66条）。

（一）　日雇労働求職者給付金以外の求職者給付（高年齢求職者給付金を除

く）

⑴　求職者給付の支給に支障が生じるおそれがあるものとして政令で定める基準に該当する場合　費用の4分の1

※広域延長給付は費用の3分の1

⑵　⑴に掲げる場合以外の場合　費用の40分の1

※広域延長給付は費用の30分の1

（二）　日雇労働求職者給付金

⑴　（一）の⑴に掲げる場合　費用の3分の1

⑵　（一）の⑵に掲げる場合　費用の30分の1

（三）　雇用継続給付（介護休業給付金に限る）　費用の8分の1

（四）　育児休業給付　費用の8分の1

（五）　第64条に規定する職業訓練受講給付金　費用の2分の1

なお、(三)～(五)については、当分の間、国庫が負担すべきこととされている額の100分の55に相当する額とされ（法附則第13条）、さらに、(三)(四)については令和4年度から令和6年度までは国庫が負担すべきこととされている額の100分の10に相当する額とする時限措置が設けられています（法附則第14条の3）。政府は、引き続き検討を行い、令和7年4月1日以降できるだけ速やかに、安定した財源を確保した上で国庫負担の軽減措置を廃止する方針です（法附則第15条）。

このほか、国庫は、毎年度、予算の範囲内で、雇用保険事業の事務の執行に要する経費（いわゆる事務費）を負担することとなっています（法第66条）。

雇用保険制度の実務解説 改訂第 12 版

2004 年　2 月 26 日　初版
2023 年　2 月 27 日　第 12 版第 1 刷

編　　者　株式会社労働新聞社

発 行 所　株式会社労働新聞社

〒 173-0022　東京都板橋区仲町 29-9
TEL：03-5926-6888（出版）　03-3956-3151（代表）
FAX：03-5926-3180（出版）　03-3956-1611（代表）
https://www.rodo.co.jp　　　pub@rodo.co.jp

印　　刷　株式会社ビーワイエス

ISBN 978-4-89761-912-5